本书受教育部人文社会科学基金资助，

本书为"当代中国大学生道德状况调查与分析研究"（20JHQ020）项目成果。

杨峻岭 等◎著

新时代中国大学生
道德状况研究

知识产权出版社

全国百佳图书出版单位

—北 京—

图书在版编目（CIP）数据

新时代中国大学生道德状况研究/杨峻岭等著. —北京：知识产权出版社，2025.1
ISBN 978 - 7 - 5130 - 9101 - 5

Ⅰ.①新…　Ⅱ.①杨…　Ⅲ.①大学生—品德教育—研究—中国　Ⅳ.①G641.6

中国国家版本馆 CIP 数据核字（2024）第 008758 号

责任编辑：贺小霞　　　　　　　　　责任校对：谷　洋
封面设计：邵建文　　　　　　　　　责任印制：刘译文

新时代中国大学生道德状况研究

杨峻岭　等著

出版发行：	知识产权出版社 有限责任公司	网　址：http://www.ipph.cn	
社　址：北京市海淀区气象路 50 号院		邮　编：100081	
责编电话：010 - 82000860 转 8129		责编邮箱：2006HeXiaoXia@ sina.com	
发行电话：010 - 82000860 转 8101/8102		发行传真：010 - 82000893/82005070/82000270	
印　刷：三河市国英印务有限公司		经　销：新华书店、各大网上书店及相关专业书店	
开　本：787mm×1092mm　1/16		印　张：20	
版　次：2025 年 1 月第 1 版		印　次：2025 年 1 月第 1 次印刷	
字　数：300 千字		定　价：98.00 元	

ISBN 978 - 7 - 5130 - 9101 - 5

序

　　"青年兴则国家兴，青年强则国家强。"作为青年特殊群体的大学生，是国家宝贵的人才资源，是实现中华民族伟大复兴的主力军。大学生明大德、立公德、严私德，国家就有前途，民族就有希望。因此，党和国家历来高度重视高校思想政治工作，把立德树人作为教育的根本任务常抓不懈。中国特色社会主义跨入新征程，坚持问题意识和问题导向，有针对性地创新高校德育工作，增强高校德育的实效性、吸引力和影响力，引导、帮助大学生健康成长为堪当民族复兴大任的时代新人，是一项事关中国式现代化建设和中华民族伟大复兴的战略任务，也是时代赋予广大德育工作者的光荣使命和责任担当。

　　杨峻岭教授等撰写的《新时代中国大学生道德状况研究》一书，基于当代中国大学生道德状况调查获取的第一手数据资料，立足社会公德、职业道德、家庭美德、个人品德等社会道德生活基本领域，紧扣爱国主义、集体主义、社会主义这一社会主义道德价值取向主旋律，详细勾勒了党的十八大以来我国大学生群体的思想道德发展轨迹和总体道德价值趋向，展现了新时代大学生群体的整体道德风貌，为新时代我国高校实施大学生公民道德建设工程提供了客观、科学、可信的数据分析资料和实证研究成果。

　　《新时代中国大学生道德状况研究》一书，还对当前我国大学生道德领域面临的突出问题进行了系统、全面、深入的研究和探索。改革开放以来，在国际国内形势发生深刻变化，我国社会体制发生深刻变革的大背景下，由于受各种不良思想文化、价值观念和网络有害信息的消极影响和冲击，广大社会成员的思想道德状况呈现出多层、多元、多样的复杂局面。大学生群体在市场经济、多元社会思潮和价值观念纷繁复杂、相互激荡的现代社会环境中，也面临着道德领域的严峻考验，也不同程度地存在着道德观念模糊甚至缺失，精致个人主义、学术不端、不讲信用等道德失范现象。这些问题是制约当代大学生思想道德境界提升的瓶颈，必须在调查研究的基础上，采取有力措施切实加以解决。本书探究当前我国大学生群体在社会、职业、家庭，乃至个体自身等不同生活领域面临的突出道德问题，深入剖析其危害和形成原因；结合新中国成立以来我国高校在不同历史时期开展大学生思想政治教育积累的丰富经验，从社会、学校、家庭以及大学生自身等多个维度，探究新时代高校治理大学生道德领域的突出问题，提出了提升大学生群体整体道德水准和文明素养的有效举措，其中含有不少富有启发性的新观点、新见解。

　　本书是一部拥有翔实、可信数据资料的实证研究报告，也是一部助推新时代高校思政工作创新发展的有益参考书。希望杨峻岭教授带领的研究团队持续追踪新时代中国大学生道德状况发展，不断为高校德育的理论创新和实践发展提供实证依据和学理支撑。

清华大学文科资深教授　吴潜涛
于清华园南楼寓所

前　言

一、研究缘起

　　青年学生是社会中最有生气、最有闯劲、最少保守思想的群体，在他们中间蕴含着改造客观世界、推动社会进步的无穷力量。作为党和国家的未来和希望，他们既拥有广阔的发展空间，也肩负着时代赋予的伟大使命。党的十八大以来，习近平总书记高度重视大学生思想道德建设工作，多次强调崇德向善之于广大青年的重要意义，指出"人生的扣子从一开始就要扣好……一个人只有明大德、守公德、严私德，其才方能用得其所。"① 他号召广大青年"要把正确的道德认知、自觉的道德养成、积极的道德实践紧密结合起来，自觉树立和践行社会主义核心价值观，带头倡导良好社会风气。要加强思想道德修养，自觉弘扬爱国主义、集体主义、社会主义思想，积极倡导社会公德、职业道德、家庭美德……始终保持积极的人生态度、良好的道德品质、健康的生活情趣。"② 因此，广泛、深入而持久地关注大学生的思想道德状况，并在此基础上，有针对性地开展大学生思想道德建设，助力大学生思想道德素质的普遍提升，既是高校思想政治工作的重要任务，也是新时代中国特色社会主义道德建设的重要目标。

---

　　① 习近平. 青年要自觉践行社会主义核心价值观——在北京大学师生座谈会上的讲话 [M]. 北京：人民出版社，2014：10.
　　② 中共中央党史和文献研究院. 习近平关于注重家庭家教家风建设论述摘编 [M]. 北京：中央文献出版社，2021：63.

二、调查对象和方法

本研究从大学生对当前我国社会道德的总体状况、社会主义道德价值取向、中华优秀传统美德，以及大学生在社会公德、职业道德、家庭美德、个人品德、网络道德的认知、践行等多个维度设计调研观测点，用以考察当前我国大学生总体道德状况、发展规律、态势及其存在的突出问题。

研究采取无记名问卷调查的形式，采用分层抽样的方式，在北京、上海、湖北、广东、四川、甘肃、吉林七个省份，选取了有代表性的30所高等院校，并在这些高校随机抽取大学生作为调查对象，现场发放并回收问卷。调查共发放问卷6000份，回收有效问卷5673份，有效回收率为94.55%。

三、问卷设计

本研究采用自编的"全国大学生道德状况调查问卷"对青年大学生道德品质的影响因素进行调查研究，所设计的问卷包括调查对象基本信息、道德认知状况、道德情感倾向和道德行为选择等（问卷见书末附录）。

四、问卷施测程序

本调研采用团体施测方式。采用统一指导语，要求被试现场填写并回收问卷。

五、数据分析方法

本调查采用SPSS 18.0统计软件进行数据分析，主要运用频数分析、独立样本T检验，以及方差分析等统计方法。

六、数据赋值标准与计算方式

课题组根据受访者满意度（赞同度）评价，采取从高到低、逐级递减的评分模式进行施测。其中，"非常赞同"计 1 分，"赞同"计 2 分，"比较赞同"计 3 分，"不赞同"计 4 分；最后的分数采用加权平均的方法计算获得。

七、研究框架逻辑结构

本研究以马克思主义道德观为理论基础，以党的十八大以来习近平总书记关于思想道德建设的重要论述为指导，紧扣爱国主义、集体主义、为人民服务等体现社会主义道德价值取向的关键问题，以社会公德、职业道德、家庭美德、个人品德四大道德生活领域为主要观测视角，同时结合"两个结合"的时代要求，将中华优秀传统文化的重要组成部分——中华传统美德，也纳入本次大学生思想道德状况调查的观测范围。全书由前言和九章正文构成。其中，第一章主要考察大学生群体对我国社会道德现状的整体认知、评价状况；第二章、第三章主要考察大学生群体对爱国主义、集体主义、社会主义、为人民服务等彰显社会主义道德价值取向关键问题的认知、践行状况；第五章至第八章主要考察大学生群体在社会公德、职业道德、家庭美德和个人品德四大道德生活领域的道德认知及践行状况；第四章和第九章则选取了大学生思想道德建设的两个重点问题，即诚信和传统美德，用以考察大学生群体对诚信等中华美德传统的认知和践行状况。各章节内容均按照认知状况数据描述、差异性分析、存在问题、原因剖析及应对策略的逻辑思路，展开铺陈叙述。各章内容相互联系、相互支撑、有机统一，共同构成了研究和把握当前我国大学生思想道德状况完整而严谨的逻辑体系。

目　录

第一章　大学生对我国社会道德现状整体认知状况调查与分析 ………… 1

　第一节　大学生道德状况影响因素研究的理论假设 ……………… 2

　第二节　大学生道德状况影响因素的数据分析 ………………… 4

　第三节　大学生对我国社会道德现状整体认知状况及差异性分析 …… 8

　第四节　大学生道德总体状况、存在问题与原因分析 ………… 24

　第五节　提升大学生道德素质的对策思考 …………………… 47

第二章　大学生社会主义道德价值取向状况调查与分析 …………… 55

　第一节　大学生社会主义道德价值取向状况及差异性分析 ……… 55

　第二节　大学生社会主义道德价值取向状况及其成因分析 ……… 63

　第三节　引领大学生社会主义道德价值取向的对策思考 ………… 67

第三章　大学生爱国主义道德认知状况调查与分析 ……………… 73

　第一节　大学生爱国主义道德认知状况及差异性分析 ………… 73

　第二节　大学生爱国主义道德认知总体状况、存在问题与原因分析 … 78

　第三节　加强大学生爱国主义教育的对策思考 ………………… 84

第四章　大学生诚信道德认知状况调查与分析 …………………… 93

　第一节　大学生诚信道德认知状况及差异性分析 ……………… 93

　第二节　大学生诚信道德总体状况、存在问题及原因分析 ……… 104

　第三节　加强大学生诚信道德建设的对策思考 ……………… 108

第五章　大学生社会公德状况调查与分析 ……………………… 121
　　第一节　大学生社会公德状况及差异性分析 ……………………… 121
　　第二节　大学生社会公德认知与实践中存在的突出问题与原因分析…… 139
　　第三节　提高大学生社会公德的对策思考 ……………………… 149

第六章　大学生职业道德状况调查与分析 ……………………… 158
　　第一节　大学生职业道德状况及差异性分析 ……………………… 158
　　第二节　大学生职业道德认知基本状况、存在问题与原因分析 …… 161
　　第三节　增强大学生职业道德修养的对策思考 ……………………… 172

第七章　大学生家庭美德认同状况调查与分析 ……………………… 192
　　第一节　大学生家庭美德认同状况及差异性分析 ……………………… 192
　　第二节　大学生家庭美德认同状况的特点及原因分析 ……………… 202
　　第三节　大学生家庭美德培育的对策思考 ……………………… 210

第八章　大学生个人品德状况调查与分析 ……………………… 221
　　第一节　大学生个人品德状况及差异性分析 ……………………… 221
　　第二节　大学生个人品德状况的特点及原因分析 ……………… 240
　　第三节　完善大学生个人品德修养的对策思考 ……………… 254

第九章　大学生对中华传统美德的认同状况调查与分析 ………… 265
　　第一节　大学生对中华传统美德认同状况及差异性分析 ………… 265
　　第二节　大学生认知与践行中华传统美德的总体状况、存在问题
　　　　　　与原因分析 ……………………… 272
　　第三节　引领大学生继承和弘扬中华民族优秀传统道德的对策思考…… 281

后　记 ……………………… 289

参考文献 ……………………… 291

附录　全国大学生道德状况调查问卷 ……………………… 300

第一章　大学生对我国社会道德现状整体认知状况调查与分析

2014 年 5 月 4 日，习近平总书记在与北京大学师生座谈时指出："道德之于个人、之于社会，都具有基础性意义，做人做事第一位的是崇德修身。这就是我们的用人标准为什么是德才兼备、以德为先，因为德是首要、是方向，一个人只有明大德、守公德、严私德，其才方能用得其所。"① 的确，现代社会塑造良好的公民道德，对于弘扬中华民族优良的道德传统，营造风清气正的社会道德风尚，建构社会主义新型人际关系，促进社会主义道德建设的发展进步，实现中华民族伟大复兴的中国梦具有至关重要的意义。那么，当代中国大学生群体的道德整体状况及其发展态势如何？还存在哪些突出的道德问题？以及引发问题的原因何在？回答这些问题，既不能凭直觉感官判断，也不能仅仅依据大学生群体中偶然出现的某些个别现象片面地得出结论。本章在对我国社会整体道德风尚认知状况进行深入调查研究与分析的基础上，借助影响大学生道德状况主要因素的理论假设，提出提升大学生道德素质的对策建议。

---

① 习近平谈治国理政：第 1 卷［M］．北京：外文出版社，2014：172 – 173．

第一节　大学生道德状况影响因素研究的理论假设

个体道德品质的养成往往受到内外两种因素的影响。内因影响指个体自身的身心特点或身心状况的影响。外因影响指个体所处环境的影响，诸如家庭环境、学校环境、社会环境等。本研究从大学生的个体属性及其各自所处的社会环境、学校环境和家庭环境等几个方面，对可能影响大学生道德状况的因素做出如下假设。

一、个体属性假设

道德是人所特有的社会意识现象。时代性、民族性和阶级性是道德自身的鲜明特征。不同大学生个体因家庭出身、学科背景、学历层次、政治面貌、生活阅历和性格特质的不同，在道德认知水平、道德情感倾向、道德意志能力以及道德行为价值取向方面呈现出非常明显的差异性。而所有这些通过知、情、意、行表现出来的道德个体差异，特别是行为主体在道德认知水平以及思想政治素养方面表现出来的差异，必然会影响个体道德品质的养成。因此，本研究做出如下假设：

H1：个体的认知水平影响个体道德状况。

H2：个体的思想政治素养影响个体道德状况。

二、家庭因素假设

家庭是子女道德养成的第一环境，父母长辈是孩子道德成长的第一任启蒙老师。父母长辈是否秉承正确的道德价值观念，能否在孩子道德养成塑造过程中给予正确合理的道德示范或道德引导，是影响大学生道德品格塑造的直接因素。因此，课题组假设父母的榜样示范作用是影响大学生道德品质养成的重要外部因素，并提出如下假设：

H3：父母的榜样示范作用影响个体道德状况。

三、学校教育假设

高校是大学生生活、学习的主要场所。高校思想政治教育，特别是高校的道德教育引导在大学生道德成长过程中发挥着重要作用。学校的校园文化、校园风气及思想政治教育内容、形式、方法、效果等都会对大学生的道德价值观塑造以及道德品质的养成产生潜移默化的影响。基于此，本研究提出如下假设：

H4：高校思想政治教育影响个体道德状况。

四、社会环境假设

恩格斯说："人们自觉地或不自觉地，归根到底总是从他们阶级地位所依据的实际关系中——从他们进行生产和交换的经济关系中，吸取自己的道德观念。"[①] "每一个社会的经济关系首先是作为利益表现出来的。"[②] 从恩格斯论断中我们不难看出，任何社会道德的形成与发展必然受到其所处社会经济关系的影响和制约，而利益则是道德产生的直接根源。在阶级社会中，人们由于所处经济地位不同，形成了不同的，乃至根本对立的阶级利益，并由此而产生了各个阶级不同的，甚至完全对立的道德价值观念和道德行为规范体系。同样，社会改革、社会进步，尤其是社会经济以及政治体制的改革、转型、发展都会对人们的道德观念和社会道德行为规范体系产生重要影响。在国际国内形势深刻变化、我国经济社会深刻变革的大背景下，受不良思想文化侵蚀和网络有害信息影响，道德领域依然存在不少问题。一些地方、一些领域不同程度存在拜金主义、享乐主义、极端主义等道德失范现象；部分社会成员道德观念模糊，突破良俗底线、妨害人民幸福生活、伤害国家尊严和民族感情的事件时有发生"。[③] 这些社会现象也不同程度地折射到大学校园，成为影响大学生道德价值观念形成和道

---

①　马克思恩格斯全集：第 20 卷 [M]．北京：人民出版社，1971：101．
②　马克思恩格斯全集：第 18 卷 [M]．北京：人民出版社，1964：307．
③　新时代公民道德建设实施纲要 [M]．北京：中国法制出版社，2019：2－3．

德品格塑造的重要因素。基于此，本研究提出如下假设：

H5：社会环境影响个体道德状况。

H6：经济关系和经济体制影响个体道德状况。

H7：多元价值观念影响个体道德状况。

H8：道德奖惩机制影响个体道德状况。

第二节　大学生道德状况影响因素的数据分析

一、道德状况调查的数据分析方法

（一）统计方法

本研究采用 SPSS 18.0 统计软件进行数据分析，主要统计方法为二元逻辑（logistic）回归分析方法。

（二）变量描述

1. 因变量

道德是依靠社会舆论、内心信念和风俗习惯对人们的思想和行为进行善恶价值判断的规范或原则。我们很难用直接、客观度量的方法对个体道德状况进行分析和揭示，因而需要借助二分类变量的方法进行分析和解释，即将受访大学生的道德行为作为因变量，并同时将其设置为哑变量，若大学生道德行为发生，则赋值为 1；相反，则赋值为 0。

2. 自变量

本研究在进行自变量体系的构建过程中主要依据前述理论假设，同时结合大学生自身属性对自变量进行调整和完善，最终从个体属性因素、家庭因素、学校因素以及社会环境因素四个方面选取了 13 个具体变量，以期全方位地构建变量体系，具体变量信息如表 1 - 1 所示。

表 1 –1　具体变量解释与说明

类别	变量名	变量赋值规则		预期符号
个体属性因素	性别	1. 男　2. 女		+／–
	年级	1. 本科一年级　2. 本科二年级　3. 本科三年级 4. 本科四年级　5. 本科五年级　6. 研究生		+／–
	学科背景	1. 文科　2. 理科　3. 工科　4. 农科　5. 医科　6. 其他		+／–
	政治面貌	1. 中共党员　2. 共青团员　3. 民主党派　4. 群众		+
	独生子女	1. 是　2. 否		+／–
	宗教信仰	1. 有　2. 无		+／–
	认知水平	1. 很好　2. 较好　3. 一般　4. 较差		+
家庭因素	榜样效应	1. 很好　2. 较好　3. 一般　4. 较差		+
学校因素	道德教育	1. 很好　2. 较好　3. 一般　5. 较差		+
社会环境因素	社会环境	1. 无影响　2. 影响一般　3. 影响较大　4. 影响很大		+
	经济体制	1. 无影响　2. 影响一般　3. 影响较大　4. 影响很大		+
	多元价值	1. 无影响　2. 影响一般　3. 影响较大　4. 影响很大		+
	奖惩机制	1. 无影响　2. 影响一般　3. 影响较大　4. 影响很大		+

（三）变量的显著性检验

经二元逻辑回归分析，在研究所设定的变量体系中，个体层面的性别、年级、学科背景、是否有宗教信仰以及是否独生子女等变量 Sig 值大于 0.05，不具有统计学意义。也就是说，Sig 值在 0.05 水平上的这些自变量不构成影响大学生道德状况的因素体系。除此之外，个体属性视阈内的政治面貌和认知水平、家庭环境视阈内的榜样效应、学校教育视阈内的道德教育状况以及社会环境视阈内的社会环境、经济体制、多元价值、奖惩机制等自变量对于因变量的影响得以验证，即假设 H1、H2、H3、H4、H5、H6、H7、H8 在显著性水平为 0.05 的条件下得到验证，具体检验结果如表 1 –2 所示。

综合前文相关论证结果，依托二元逻辑模型研究新时代大学生道德状况的影响因素，达到了预期目的，具有研究价值。

表1－2　二元逻辑回归结果

变量	β	S. E.	Wald	df	显著性 Sig（p）	Exp（B）
性别	0.347	0.170	4.174	1	0.051	1.415
学科背景	0.040	0.070	0.330	1	0.566	1.041
年级	0.027	0.031	0.759	1	0.384	0.974
政治面貌	0.454	0.095	22.782	1	0.000	0.635
宗教信仰	0.463	0.351	1.746	1	0.186	1.589
独生子女	－0.044	0.176	0.061	1	0.804	0.957
认知水平	1.751	0.460	14.458	1	0.000	5.760
榜样效应	0.893	0.792	1.274	1	0.049	2.244
道德教育	1.568	0.404	15.084	1	0.000	4.799
社会环境	1.270	0.344	13.601	1	0.000	3.560
经济体制	1.219	0.365	11.176	1	0.001	3.385
多元价值	1.678	0.415	16.372	1	0.000	5.353
奖惩机制	1.237	0.405	9.346	1	0.002	3.447
常数	2.714	0.537	25.567	1	0.000	15.089

注：Sig 值即为统计出来的 p，可根据 p 进行显著性检验，如果 p 值于 $0.01 < p < 0.05$，则为差异显著，如果 $p < 0.01$，则差异极显著。

二、大学生道德状况调查的结果解读

课题组采用二元逻辑回归分析方法，着重考察了青年大学生道德品质塑造的主要影响因素。研究结果表明，大学生个体的认知水平及政治面貌、父母的榜样示范作用、学校道德教育水平以及社会环境、经济体制、多元价值、道德奖惩机制等因素，均会对大学生的道德品质塑造产生一定影响，需予以重点关注。

第一，青年大学生道德状况受个体认知水平及政治面貌影响。调查结果显示，大学生个体道德认知水平不同，其道德发展状况也存在显著差异。如表 1 - 2 所示，个体属性层面的个体认知水平自变量 Sig 值为 0. 000，小于 Sig 值为 0. 001 的显著性水平，具有统计学意义。表明个体的道德认知水平越高，其道德发展状况越好。如调查结果显示，大学生对社会主义道德建设的核心——"为人民服务"价值取向的认同程度与其个人修养的完善程度呈正相关的关系，大学生越赞同社会主义道德建设的核心——"为人民服务"价值取向，就越注重个人道德修养的完善，其道德发展状况就越好。与此同时，课题组研究发现，个体属性层面的政治面貌自变量 Sig 值（0. 000）在 Sig 值为 0. 001 的水平下得到验证。这一研究结果说明：相对于受访群众大学生，受访党员大学生更加注重个人品德完善，表明政治面貌对大学生的道德价值取向具有正向积极影响。

第二，青年大学生道德状况受父母榜样示范作用影响。如前文所述，经过二元逻辑回归分析，家庭环境层面父母的榜样示范作用自变量 Sig 值为 0. 049，小于 0. 050，显著性良好。这表明家庭环境的研究假设与实际观测数据拟合情况良好，父母的榜样示范作用直接影响青年大学生道德品德的养成。

第三，青年大学生道德状况受学校道德教育影响。学校教育方面的道德教育自变量 Sig 值为 0. 000，小于 0. 001，显著性良好。这表明学校道德教育研究假设与实际观测数据拟合情况良好。表明学校道德教育对大学生道德品质养成具有正向积极影响，即学校道德教育开展效果越好，青年大学生道德意愿就越强烈，道德品行水平就越高。

第四，调查结果显示，青年大学生道德状况受经济体制、多元价值、奖惩机制等多种社会环境影响。如表 1 - 2 所示，社会环境方面社会环境因素、经济体制因素、多元价值因素和奖惩机制因素自变量 Sig 值分别为 0. 000（小于 Sig 值为 0. 001 的显著性水平）、0. 001（小于 Sig 值为 0. 01 的显著性水平）、0. 000（小于 Sig 值为 0. 001 的显著性水平）、0. 002（小于 Sig 值为 0. 01 的显著性水平），表明社会环境方面的自变量显著性良好，进一步验证了我们的理论假设，揭示出社会环境对大学生道德品质塑造具有重要影响。

第三节 大学生对我国社会道德现状
整体认知状况及差异性分析

社会道德总体状况涉及社会道德生活领域的方方面面，我们一般很难通过某个或某几个具体指标进行量化评价。为了从宏观整体的层面把握当前大学生群体对我国社会道德风尚的整体认知状况，课题组设计了涉及大学生对我国社会道德风尚、社会生活中的突出道德问题以及对我国社会道德教育对象的认知和态度取向等方面的问题进行分析。它们分别是："您对当前我国道德风尚的整体印象如何？""当前我国最突出的道德问题是什么？""导致道德问题的最大原因是什么？""我国社会哪个领域存在的道德问题最严重？""当前中国社会最应该接受道德教育的群体是谁？"

一、大学生对我国社会道德现状整体认知状况及差异性分析

（一）大学生对我国社会道德风尚的整体认知状况的数据描述与分析

调查数据显示，70.0%的受访大学生对当前我国道德风尚的整体印象持积极态度。其中，选择"非常满意"的占4.0%，选择"满意"的占11.0%，选择"比较满意"的占55.0%（见图1-1）。值得关注的是，有近30.0%的受访大学生对我国当前道德风尚的印象持消极态度。其中，

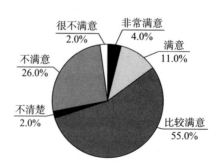

图1-1　大学生对当前我国道德风尚整体印象的认知

26.0%的受访大学生对当前我国社会道德风尚的总体状况表示"不满意"，还有2.0%的受访大学生表示"很不满意"。

（二）大学生对我国社会道德风尚整体认知状况的数据描述与差异性分析

在对当前我国社会道德风尚整体印象的满意度调查中，课题组以年级、学科、政治面貌、是否为独生子女为依据，对调查数据进行多层面差异分析。调查数据显示（见图1-2），大学生群体中不同年级、学科、政治面貌和是否为独生子女对当前我国道德风尚的整体印象存在显著差异（$p<0.05$）。（通过满意度反向赋分方式，图表中得分越低，代表对当前我国道德风尚的整体印象越好）

其一，课题组通过对不同年级大学生对我国社会道德风尚认同状况数据分析比较发现，大学一年级为3.10，二年级为3.19，三年级为3.15，四年级为3.13，研究生为3.22（见图1-2）。这一比较数据表明，受访一年级大学生对我国道德风尚的整体印象（3.10）显著好于其他年级的受访学生，受访研究生对于我国道德风尚的整体评价（3.22）明显低于受访本科生。

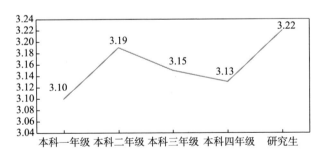

图1-2　不同年级大学生对我国社会道德风尚的认知

其二，课题组通过不同学科大学生对我国社会道德风尚认同状况数据分析比较发现，文科学生为3.20，理科学生为3.11，工科学生为3.17（见图1-3）。这一比较数据表明，受访理科大学生对我国道德风尚的整体印象好于受访工科及文科大学生。

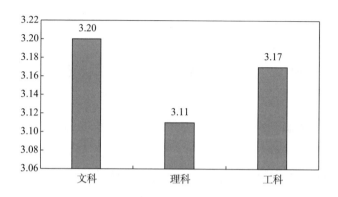

图1-3　不同学科大学生对我国社会道德风尚的认知

其三，不同政治面貌大学生对我国社会道德风尚认同状况数据分析比较发现，受访大学生党员为3.10，团员为3.17，群众为3.43（见图1-4）。这一数据表明，受访党员大学生对我国道德风尚的满意度明显高于受访团员和群众大学生，受访群众大学生对我国社会道德风尚的满意度最低。

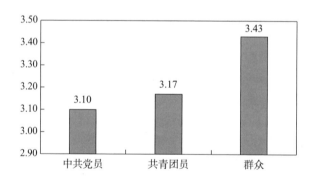

图1-4　不同政治面貌大学生对我国社会道德风尚的认知

其四，独生子女与非独生子女大学生对我国社会道德风尚认同状况的调查数据比较发现，独生子女（3.12）和非独生子女（3.21）的大学生对我国道德风尚的整体印象存在显著差异（$p < 0.05$），受访独生子女大学生对于我国社会道德风尚的整体满意度明显高于非独生子女受访大学生（见图1-5）。

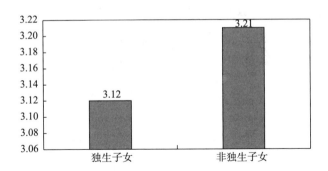

图1-5 独生子女和非独生子女大学生对我国社会道德风尚的认知

二、大学生对当前我国社会突出道德问题认知状况及差异性分析

(一) 大学生对当前我国突出的道德问题认知状况的数据描述

调查数据显示，受访大学生认为当前我国最突出的道德问题调查数据依次为：道德冷漠（36.0%）、诚信缺失（34.0%）、社会不公平（12.0%）、官员腐败（11.0%）、待人不友善（3.0%）（见图1-6）。这表明受访大学生对"道德冷漠"和"诚信缺失"这两大社会突出道德问题的关注度较高。

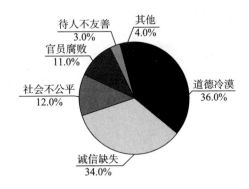

图1-6 大学生对当前我国最突出的道德问题的认知

(二) 大学生对当前我国突出的道德问题认知状况差异性分析

为了进一步全面深入细致地分析和考察受访大学生群体对当前我国社会道德突出问题的总体认知状况，课题组分别以性别、学科、有无宗教信

11

仰、是否为独生子女为参照，对调查数据进行了多个层面和角度的差异分析。调查数据显示，不同性别、学科以及是否有宗教信仰、是否为独生子女的大学生对当前我国最突出道德问题的看法差异表现不明显（$p >$ 0.05）。

其一，不同性别大学生对我国社会突出道德问题认知状况的调查数据比较显示，受访男性大学生认为当前我国最突出的道德问题依次为：诚信缺失（34.0%）、道德冷漠（32.7%）、官员腐败（12.4%）、社会不公平（12.0%）、待人不友善（3.6%）；受访女性大学生认为当前我国最突出的道德问题依次为：道德冷漠（36.8%）、诚信缺失（33.2%）、社会不公平（11.7%）、官员腐败（10.7%）、待人不友善（2.8%）（见图1-7）。这表明受访男性和女性大学生均认为道德冷漠和诚信缺失是当前我国社会最为突出的两大社会道德问题。其中，受访男性大学生对诚信缺失问题关注度最高，受访女性大学生对道德冷漠问题关注度最高。

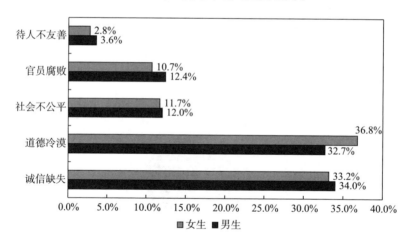

图1-7 不同性别大学生对当前我国最突出的道德问题的认知

其二，不同学科大学生对我国社会突出道德问题认知状况的调查数据比较显示，受访理科大学生认为当前我国最突出的道德问题依次是：道德冷漠（36.3%）、诚信缺失（31.5%）、社会不公平（13.1%）、官员腐败（11.7%）和待人不友善（3.3%）；受访文科大学生认为当前我国最突出的道德问题依次是：道德冷漠（36.2%）、诚信缺失（35.4%）、官员腐败（12.8%）、社会不公平（9.9%）、待人不友善（2.8%）；受访工科大学生认为当前我国最突出的道德问题依次是：道德冷漠（34.6%）、诚信缺失（32.5%）、官员腐败（12.1%）、社会不公平（11.9%）、待人不友善（3.6%）（见图1-8）。尽管数据占比有细微变化，但对突出道德问题的排序没有影响。这一调查数据表明不同学科背景对大学生对当前我国社会突出道德问题的影响不明显。

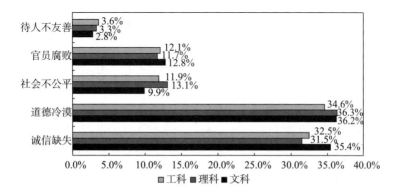

图1-8　不同学科大学生对当前我国最突出的道德问题的认知

　　其三，有无宗教信仰大学生对我国社会突出道德问题认知状况的调查数据比较显示，有宗教信仰的大学生认为当前我国最突出的道德问题依次是：诚信缺失（35.7%）、道德冷漠（33.4%）、官员腐败（14.5%）、社会不公平（10.6%）、待人不友善（3.6%）；无宗教信仰的大学生认为当前我国最突出的道德问题依次是：道德冷漠（36.2%）、诚信缺失（33.4%）、社会不公平（12.4%）、官员腐败（11.1%）、待人不友善（3.1%）（见图1-9）。尽管数据占比有细微变化，但对突出道德问题的排序没有影响。这表明有无宗教信仰对大学生对当前我国社会突出道德问题的影响不明显。

　　其四，是否独生子女大学生对我国社会突出道德问题认知状况的调查数据比较显示，受访独生子女大学生认为当前我国最突出的道德问题依次是：道德冷漠（38.0%）、诚信缺失（36.0%）、社会不公平（13.0%）、官员腐

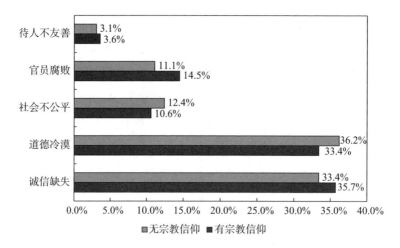

图1-9 有无宗教信仰大学生对当前我国最突出的道德问题的认知

败（10.0%）、待人不友善（3.0%）；受访非独生子女大学生认为当前我
国最突出的道德问题依次是：道德冷漠（37.0%）、诚信缺失（34.0%）、
官员腐败（13.0%）、社会不公平（13.0%）、待人不友善（3.0%）（见
图1-10）。尽管数据占比有细微变化，但对突出道德问题的排序没有影
响。这表明独生子女或非独生子女在我国社会道德突出问题的认识方面不
存在明显差异。

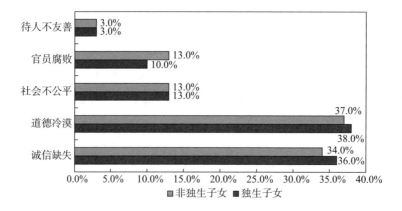

图1-10 独生子女和非独生子女大学生对当前我国最突出的道德问题的认知

三、大学生对当前导致我国社会道德问题最大原因的认知状况及差异性分析

（一）大学生对当前导致我国道德问题最大原因的认知状况的数据分析

调查数据显示，受访大学生认为当前导致我国道德问题的最大原因依次是：社会环境的影响（34.1%）、市场经济的负面影响（19.0%）、道德教育乏力（13.1%）、多元价值观念的影响（12.6%）、道德奖惩机制不完善（9.7%）、不重视个人修养（8.4%）、榜样影响力弱化（0.8%）（见图1-11）。这表明超过半数以上的受访大学生认为，引发社会道德问题的主要原因在于社会环境或市场经济的负面影响。

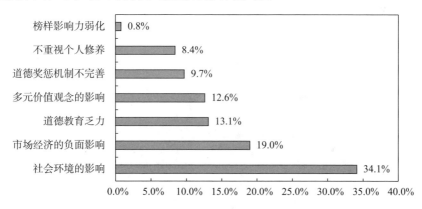

图1-11 大学生对导致道德问题最大原因的认知

（二）大学生对当前导致我国道德问题最大原因认知状况的差异性分析

为了进一步全面深入细致地分析和考察受访大学生群体对当前引发我国社会道德突出问题的主要原因的认知状况，课题组分别以性别、学科、有无宗教信仰为参照，对调查数据进行了多个层面和角度的差异分析。调查数据显示，不同性别、学科及有无宗教信仰是导致我国社会道德问题主要原因的看法不存在显著差异（ $p > 0.05$ ）。

其一，不同性别大学生对导致我国社会突出道德问题最大原因认知状况的调查数据比较显示，受访男性大学生认为导致我国社会突出道德问题的最大原因依次是：社会环境的影响（32.0%）、市场经济的负面影响

15

（18.8%）、道德教育乏力（13.3%）、多元价值观念的影响（12.7%）、道德奖惩机制不完善（9.9%）、不重视个人修养（9.1%）、榜样影响力弱化（0.9%）；受访女性大学生认为导致我国社会突出道德问题的最大原因依次是：社会环境的影响（35.9%）、市场经济的负面影响（19.2%）、道德教育乏力（12.9%）、多元价值观念的影响（12.5%）、道德奖惩机制不完善（9.6%）、不重视个人修养（7.8%）、榜样影响力弱化（0.7%）（见图1-12）。这表明在引发我国社会突出道德问题的主要原因这一问题的认知上，男性和女性受访大学生的认知差异不明显。

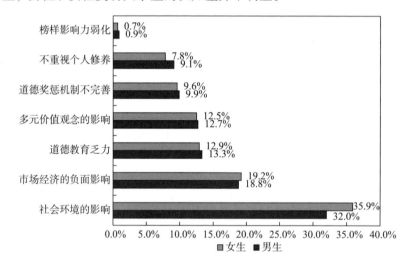

图1-12 不同性别大学生对导致道德问题最大原因的认知

其二，不同学科大学生对导致我国社会突出道德问题的最大原因认知状况的调查数据比较显示，受访文科大学生认为导致我国社会突出道德问题的最大原因依次是：社会环境的影响（32.0%）、市场经济的负面影响（22.5%）、多元价值观念的影响（13.6%）、道德教育乏力（12.5%）、道德奖惩机制不完善（8.7%）、不重视个人修养（7.8%）、榜样影响力弱化（0.6%）；受访理科大学生认为导致我国社会突出道德问题的最大原因依次是：社会环境的影响（35.9%）、市场经济的负面影响（16.3%）、道德教育乏力（14.2%）、多元价值观念的影响（11.6%）、道德奖惩机制不完善（10.8%）、不重视个人修养（8.1%）、榜样影响力弱化（1.1%）；受访工科大学生认为导致我国社会突出道德问题的最大原因依次是：社会环境的影响（35.5%）、市场经济的负面影响（14.7%）、道德教育乏力（13.3%）、多元价值观念的影响（12.3%）、道德奖惩机制不完善（10.5%）、不重视个人修养（10.1%）、榜样影响力弱化（1.0%）（见图1－13）。这表明超过半数的受访理科、文科和工科大学生都认为社会环境或市场经济的负面影响是引发我国社会突出道德问题的主要原因。

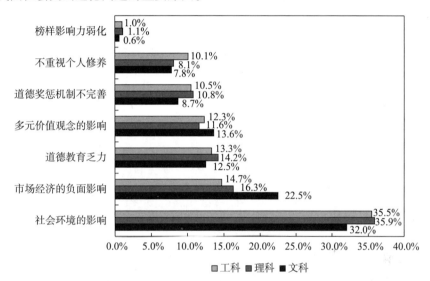

图1－13　不同学科大学生认为导致道德问题最大原因的认知

其三，有无宗教信仰大学生对导致我国社会突出道德问题的最大原因认知状况的调查数据比较显示，有宗教信仰的受访大学生认为导致我国社会突出道德问题的最大原因依次是：社会环境的影响（35.7%）、市场经济的负面影响（22.1%）、道德教育乏力（12.1%）、多元价值观念的影响（10.0%）、不重视个人修养（8.9%）、道德奖惩机制不完善（8.7%）、榜样影响力弱化（0.2%）；无宗教信仰的受访大学生认为导致我国社会突出道德问题的最大原因依次是：社会环境的影响（33.7%）、市场经济的负面影响（18.7%）、道德教育乏力（13.3%）、多元价值观念的影响（12.7%）、道德奖惩机制不完善（9.8%）、不重视个人修养（8.5%）、榜样影响力弱化（0.9%）（见图1－14）。这表明有无宗教信仰的受访大学生在这一问题上的认知差异不明显。

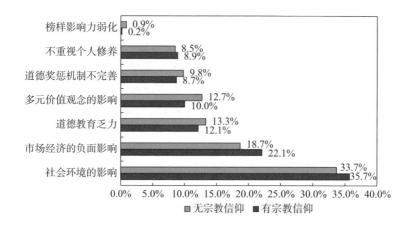

图 1－14 大学生有无宗教信仰对导致道德问题的最大原因的认知情况

四、大学生对我国社会道德问题最严重领域的认知状况及差异性分析

（一）大学生认为我国社会道德问题最严重领域的数据描述

调查数据显示，76.3%的受访大学生认为社会公共生活领域是我国社会道德问题最严重的领域。另外，18.1%的受访大学生选择"职业生活领域"，3.8%的受访大学生选择"家庭生活领域"。（见图 1－15）

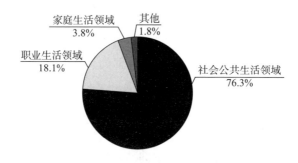

图 1－15 大学生认为我国社会道德问题最严重领域的认知

（二）大学生认为我国社会道德问题最严重领域的差异性分析

课题组以性别、学科、政治面貌、有无宗教信仰为依据，对调查数据进行多层面差异分析，发现不同性别、学科、政治面貌以及有无宗教信仰的大学

生，在对我国社会道德问题最严重领域的看法方面不存在显著差异（$p >$ 0.05）。

其一，不同性别大学生对我国社会道德问题最严重领域认知状况的调查数据显示，受访男性大学生认为我国社会道德问题最严重的领域依次是：社会公共生活领域（74.7%）、职业生活领域（18.7%）、家庭生活领域（4.1%）；受访女性大学生认为我国社会道德问题最严重的领域依次是：社会公共生活领域（77.8%）、职业生活领域（17.6%）、家庭生活领域（3.5%）（见图1－16）。这表明男性与女性受访大学生对上述问题的认知差异不明显。

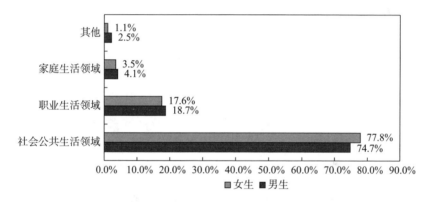

图1－16　不同性别大学生对我国社会道德问题最严重领域的认知

其二，不同学科受访大学生对我国社会道德问题最严重领域认知状况的调查数据显示，受访文科大学生认为我国社会道德问题最严重的领域依次是：社会公共领域（76.2%）、职业生活领域（18.5%）、家庭生活领域（3.9%）；受访理科大学生认为我国社会道德问题最严重的领域依次是：社会公共领域（74.5%）、职业生活领域（18.4%）、家庭生活领域（4.6%）；受访工科大学生认为我国社会道德问题最严重的领域依次是：社会公共领域（77.5%）、职业生活领域（17.4%）、家庭生活领域（3.4%）（见图1－17）。这表明不同学科的受访大学生在对上述问题的认知上也不存在明显差异。

其三，不同政治面貌大学生对我国社会道德问题最严重领域认知状况

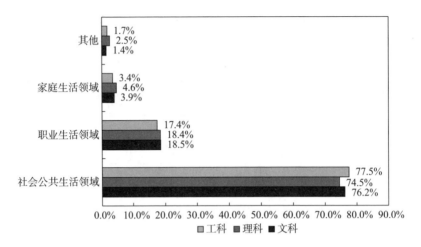

图 1-17　不同学科大学生认为我国社会道德问题最严重的领域的认知

的调查数据显示，受访中共党员大学生认为我国社会道德问题最严重的领域依次是：社会公共生活领域（76.0%）、职业生活领域（19.0%）、家庭生活领域（4.0%）；受访共青团员大学生认为我国社会道德问题最严重的领域依次是：社会公共生活领域（77.0%）、职业生活领域（17.0%）、家庭生活领域（4.0%）；受访群众大学生认为我国社会道德问题最严重的领域依次是：社会公共生活领域（72.0%）、职业生活领域（21.0%）、家庭生活领域（4.0%）（见图 1-18）。这表明不同政治面貌受访大学生在对上述问题的认知上不存在明显差异。

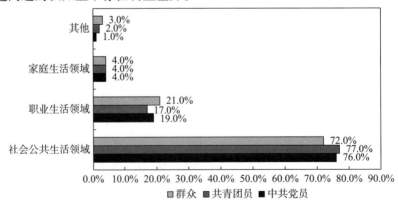

图 1-18　不同政治面貌大学生认为我国社会道德问题最严重的领域的认知

其四，有无宗教信仰大学生对我国社会道德问题最严重领域认知状况的调查数据显示，受访有宗教信仰的大学生认为我国社会道德问题最严重的领域依次是：社会公共生活领域（69.2%）职业生活领域（21.8%）家庭生活领域（6.0%）；受访无宗教信仰的大学生认为我国社会道德问题最严重的领域依次是：社会公共生活领域（77.3%）、职业生活领域（17.6%）、家庭生活领域（3.4%）（见图1-19）。这表明大学生有无宗教信仰在对上述问题的认知上也不存在明显差异。

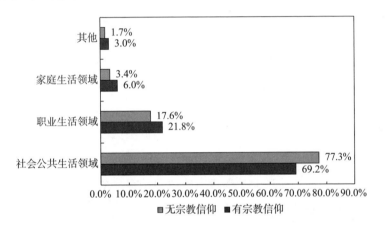

图1-19　有无宗教信仰大学生对我国社会道德问题最严重的领域的认知

五、大学生对当前中国社会最应该接受道德教育群体的认知状况及差异性分析

（一）大学生对当前中国社会最应该接受道德教育群体认知状况的数据描述

调查数据显示，49.2%的受访大学生认为当前我国社会最应该接受道德教育的是青少年，占比最高；34.8%的受访大学生选择党政干部、公众人物，6.3%的大学生选择农村外出务工人员，3.0%的大学生认为最应该接受道德教育的是企业家（见图1-20）。这表明青少年、党政干部和公众人物是受访大学生认为的最为关注的群体。

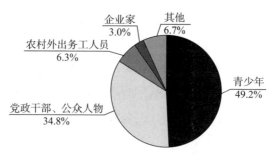

图1-20 大学生对当前中国社会最应该接受道德教育的群体的认知

（二）大学生对当前中国社会最应该接受道德教育群体状况的差异性分析

以受访大学生性别、学科、有无宗教信仰和是否独生子女为依据，对调查数据进行多层面差异分析。调查数据显示，不同性别、学科、有无宗教信仰和是否独生子女的大学生群体，对当前中国社会最应该接受道德教育的群体的看法差异不明显（$p > 0.05$）。

其一，不同性别受访大学生对当前中国社会最应该接受道德教育群体的认知状况的调查数据比较显示，受访男性大学生认为当前中国社会最应该接受道德教育的群体依次是：青少年（46.9%）、党政干部、公众人物（37.5%）、农村外出务工人员（5.7%）、企业家（3.2%）；受访女性大学生认为当前中国社会最应该接受道德教育的群体依次是：青少年（51.2%）、党政干部、公众人物（32.5%）、农村外出务工人员（6.8%）、企业家（2.8%）（见图1-21）。

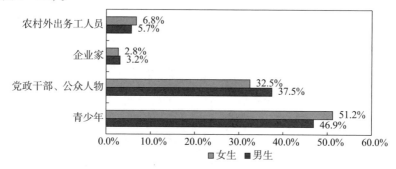

图1-21 不同性别大学生对当前中国社会最应该接受道德教育群体的认知

其二，不同学科受访大学生对当前中国社会最应该接受道德教育群体的认知状况的调查数据显示，受访文科大学生认为当前中国社会最应该接受道德教育的群体依次是：青少年（46.5%）、党政干部、公众人物（36.7%）、农村外出务工人员（6.2%）、企业家（3.2%）；受访理科大学生认为当前中国社会最应该接受道德教育的群体依次是：青少年（51.8%）、党政干部、公众人物（33.4%）、农村外出务工人员（5.5%）、企业家（2.9%）；受访工科大学生认为当前中国社会最应该接受道德教育的群体依次是：青少年（51.2%）、党政干部、公众人物（32.7%）、农村外出务工人员（7.0%）、企业家（2.7%）（见图1-22）。

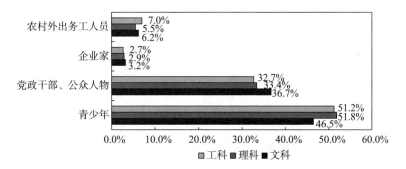

图1-22 不同学科大学生对当前中国社会最应该接受道德教育群体的认知

其三，有无宗教信仰受访大学生对当前中国社会最应该接受道德教育群体的认知状况的调查数据显示，有宗教信仰的受访大学生认为当前中国社会最应该接受道德教育的群体依次是：青少年（46.0%）、党政干部、公众人物（38.5%）、农村外出务工人员（5.5%）、企业家（3.0%）；无宗教信仰的受访大学生认为当前中国社会最应该接受道德教育的群体依次是：青少年（49.4%）、党政干部、公众人物（34.7%）、农村外出务工人员（6.4%）、企业家（3.0%）（见图1-23）。

其四，从是否独生子女受访大学生对当前中国社会最应该接受道德教育群体的认知状况的调查数据比较显示，受访独生子女大学生认为当前中国社会最应该接受道德教育的群体依次是：青少年（48.2%）、党政干部、公众人物（34.3%）、农村外出务工人员（7.4%）、企业家（3.0%）；受

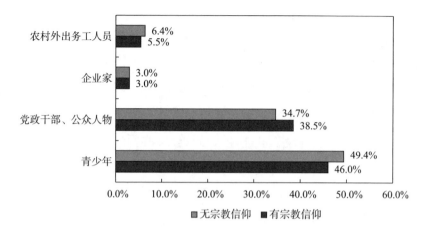

图1-23 有无宗教信仰的大学生对当前中国社会最应该接受道德教育群体的认知

访非独生子女大学生认为当前中国社会最应该接受道德教育的群体依次是：青少年（50.1%）、党政干部、公众人物（35.4%）、农村外出务工人员（5.3%）、企业家（2.9%）（见图1-24）。

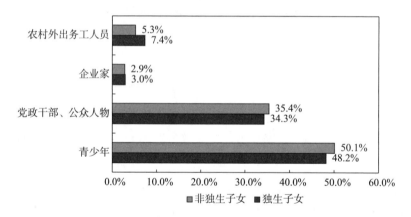

图1-24 独生子女和非独生子女大学生认为当前中国社会最应该接受道德教育的群体

第四节 大学生道德总体状况、存在问题与原因分析

党的十八大以来，随着中国特色社会主义建设进入新时代，中华民族

全面建成小康社会的任务顺利完成，截止到 2022 年 2 月国内生产总值从 54 万亿元增长到 114 万亿元；制造业规模、外汇储备稳居世界第一；在全球创新指数中的排名从 34 位升至 11 位；十年来，近 1 亿农村贫困人口实现脱贫，历史性地解决了绝对贫困问题。我国社会的主要矛盾已由人民群众日益增长的物质文化需要与落后的社会生产之间的矛盾转变为人民日益增长的美好生活需要和不平衡不充分的发展之间的矛盾。中国人民正在实现中华民族伟大复兴的历史征程上阔步前行。在这个崭新、伟大的时代，社会整体道德环境、社会道德风尚得到了明显改善，人民群众的满意度、幸福感显著提升，中国人民的道德精神风貌正在发生可喜的变化。人民群众对社会总体道德风尚的认可及满意程度，一方面可以反映出一个国家或民族道德环境的改善程度；另一方面也是判断社会道德建设水平高低的一个重要参照标准。调查数据显示，与十年前相比，我国人民对社会整体道德风尚的满意程度或满意率明显提升了，人们的道德精神风貌明显改善，风清气正的社会道德风尚、社会主义新型人际关系正在形成。调查数据显示，我国公民对当前我国社会道德风尚的整体印象，持满意态度的民众占受访公民总数的 66.3%，58.3% 的受访民众认为当前我国的总体道德水平和十年前相比提高了，与此同时，我们也应该看到，有 30% 以上的受访民众对我国的社会整体道德风尚持不满意的态度有 24.1% 的受访者认为当前我国的总体道德水平和十年前相比下降了，这表明民众对当前我国道德风尚整体印象的认识以及社会道德状况的整体发展变化趋势，因性别、年龄、受教育程度、婚姻状况、政治面貌、就业情况、职业身份、收入状况以及生活阅历的不同而存在较大差异。

一、大学生对当前我国社会道德现状总体认知趋向

（一）2/3 以上的受访大学生对当前我国道德现状整体认知是积极的

调查数据显示，70% 的大学生对当前我国道德风尚的整体印象持肯定态度（见图 1-2）。他们在关注我国社会存在的突出道德问题的同时，对我国道德风尚整体改善的前景依然充满信心。

调查数据表明：改革开放以来，我国经济、政治、文化、社会建设取得了令世人瞩目的伟大成就。特别是党的十八大召开以来，我国经济建设稳步推进，民主法治建设积极发展，人民生活不断改善，全面深化改革的国家战略取得重大突破，全面建成小康社会的建设目标顺利完成，全面建成社会主义现代化强国的目标指日可待。这些成就为我国公民道德水平的提高，以及社会主义道德建设的进步奠定了坚实的社会基础。与此同时，新时代以来，我国社会主义精神文明建设取得了巨大进步，社会主义思想道德建设效果显著。例如，在全社会倡导社会主义核心价值观，弘扬中华民族优良道德传统，评选道德模范，营造风清气正的社会道德氛围，倡导传承优良家风、家教，培育家庭新风正气。这些群众性精神文明创建活动的扎实开展，有效促进了民众对社会主义道德和中华传统美德的正确认知，为公民道德水平的提升奠定了坚实的思想基础，为公民把正确道德认知转化为实际道德行动提供了精神动力。大学生群体思想先进、积极，充满激情活力，他们既拥有广阔发展空间，也肩负着时代赋予的伟大使命；既是社会主义现代化的建设者和接班人，也是推动我国民众整体道德水平提升的主力军，理应成为我国社会主义道德建设中最积极、最先进、最进步的群体。

（二）超过1/3的大学生认为道德冷漠、诚信缺失是当前我国社会生活中最突出的道德问题

诚信是中华民族的传统美德。自古以来，诚信是国家执政之基、社会立业之本、个人处事之道。孔子曰："人而无信不知其可也。"意思是说，人言而无信，自欺欺人，就丢失了做人之根本。同样，社会生活中，倘若人与人之间失去了信任，相互猜疑，社会失去了正常运转的伦理基础，就会使民众的责任感、使命感和担当意识弱化。随着我国改革开放事业的不断深入，我国经济、政治、社会、文化取得显著进步的同时，我国民众的民主、平等、主体意识也日渐增强，民众参政、议政热情普遍提高，对阳光政府、诚信政府的渴望越来越强。与此同时，政府、社会对普通百姓的诚信素养和诚信水平的要求也越来越高。在这种形势下，政府的公务、政

务越公开、透明，政策和制度供给越及时、到位，就越能得到百姓的拥护和支持。相反，倘若政府的思维方式、治理模式、执行能力不能取信于民，就会引发政府公信力弱化，公共权力异化，进而滋生出种种社会腐败现象。也正是从这个意义上，我们说诚信不仅是现代社会公民的基本德性要求，也是新时代中国特色社会主义道德建设的重点，还是现代社会治理、政府建设的重点。

调查数据显示，超过1/3的受访大学生认为当前我国社会生活中最突出的道德问题是"道德冷漠"和"诚信缺失"。其中，男性受访大学生对"诚信缺失"问题关注度最高，女性受访大学生对"道德冷漠"问题关注度最高，理科大学生对"官员腐败"这一社会道德问题表现出较为明显的关注度。课题组认为，这可能是因为改革开放以来，我国人民在充分享受改革开放政策带来巨大红利的同时，也承受着市场经济"逐利性"带来的诸多负面影响，使得一段时期内诚信缺失现象几乎充斥于我国社会生活的各个领域，现实生活中各类诚信缺失事件的频发，导致的直接后果就是人们在社会生活和人际交往中，倾向于选择不信任他人，陌生人之间互相怀疑、猜忌、警惕，这些现象折射到日常生活中则是道德冷漠事件时有发生。

（三）超过2/3的大学生认为当前我国社会道德问题最严重的领域是社会公共生活领域

社会公德是指人们在社会公共生活领域和社会交往过程中应该遵守的最起码、最基本的思想和行为准则。它是社会整体或社会公共利益的体现。中国传统社会对社会公德的关注、思考始于清末资产阶级改良派思想家梁启超。梁启超在《新民说》一文中，全面论述了私德与公德之于个人和国家的重要价值。

改革开放后，随着我国政治、经济、文化以及社会文明发展的脚步不断加快，公民社会公共生活领域不断扩大，社会交往日趋频繁，社会交往的形式和内容也日渐复杂多样；特别是随着互联网、新媒体的发达普及，虚拟网络空间也作为一个全新的公共生活空间，公共生活中的道德问题日渐凸显，社会公德问题也因此成为我国社会道德治理的重要问题。着力培育和提高我国公民的社会公德素养和水平，提高社会整体公共文明素质，也因此成为新时代加强社会主义道德建设，建设现代化开放型国家的迫切需要。76.3%的受访大学生群体普遍认为，社会公共生活领域是我国社会道德问题最为凸显的领域。这一方面与改革开放以来，随着世界经济全球化的脚步不断加快以及我国改革开放不断深入，公民社会公共生活领域和场所不断扩展、空间不断扩大，尤其是互联网、新媒体的普及与运用，增加了社会公共生活领域道德问题产生的概率，加之互联网传播的广泛性、快捷性等特征，又进一步增强了民众，尤其是大学生对社会公共生活领域中道德问题的关注度；另一方面随着互联网和科学技术的快速发展，人们在公共生活领域中的交往对象不仅局限于熟悉的人，而是进入实体或虚拟空间的任何人，这既增加了人际交往信息的不对称性，也增加了行为后果的不可预期性和失信成本的不确定性，使部分民众在公共生活领域的失信或失德行为和现象增加，提升了大学生对社会公德问题的关注度。值得说明的是，受访民众或受访大学生虽然认为，当前我国道德问题最突出的领域是社会公共生活领域，但不能据此认为，我国社会公共生活领域是最缺乏道德的领域。准确地说，当前我国民众比较缺乏或者亟待提高的是公德意识、公德理念或公德素养。

二、大学生道德建设效果显著

（一）大学生对当前我国道德状况总体评价积极

课题组调查数据显示，70.0%的大学生对当前我国道德风尚的整体印象持肯定态度，对我国社会道德建设前景充满信心，对我国社会风尚的总体评价是理性、客观的，对参与社会主义道德建设表现出积极意愿（见图1-25）。究其原因，课题组认为，改革开放以来我国经济建设稳步推进，民主法治建设积极发展，人民生活水平持续改善，为公民道德水平的提高和公民道德建设的推进奠定了坚实的社会基础。特别是党的十八大以来，我国思想文化建设不断取得新进展，广大人民群众对中国特色社会主义道路、理论、制度和文化自信持续增强，中华民族复兴的中国梦深入人心。与此同时，党的十八大以来我国社会主义道德建设推行的一系列重要举措，诸如在全社会积极倡导培育和践行社会主义核心价值观，继承和弘扬中华民族优良道德传统，号召全体社会成员向道德榜样、劳动模范学习，培育和弘扬良好家风、民风等。这一系列群众性精神文明创建活动的扎实开展，为新时代我国公民道德认知能力和道德践行水平的持续改善和提升营造了优良的社会环境。

（二）大学生道德价值取向状况良好

调查数据显示，受访大学生对我国社会主义道德建设核心"为人民服务"的道德价值观，对中华民族优良的爱国主义传统"国家兴亡，匹夫有责"以及中华传统道德"己所不欲，勿施于人"均持极高的认同态度。其中，对"为人民服务"的持认同态度的占受访大学生总数的92.0%，对"国家兴亡，匹夫有责"的持认同态度的占受访大学生总数的93.5%，对"己所不欲，勿施于人"持认同态度的占受访大学生总数的97.0%，这表明我国大学生社会主义道德价值取向明显，总体状态良好（见图1-25）。

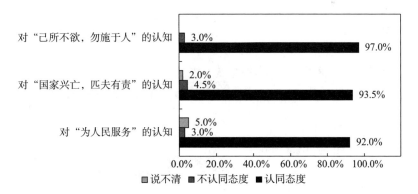

图1-25　大学生对"为人民服务""国家兴亡，匹夫有责"以及"己所不欲，勿施于人"价值观的态度

（三）大学生的社会公德总体认知状况良好

调查数据显示，新时代我国大学生群体的社会公德价值取向正确、积极，在助人为乐、保护环境、见义勇为以及网络道德方面表现出良好的公德认知和践行状况。例如，当有老人摔倒在面前急需救助的情形时，91.1%的受访大学生选择"给予帮助式救护"；在是否愿意选择过低碳生活时，86.7%的受访大学生表示愿意过低碳生活，75.6%的受访大学生对"网络虚拟社会生活中可以随心所欲"的观点持坚决否定态度；81.8%的受访大学生对于"某银行女职员与持刀抢劫银行的歹徒英勇搏斗而致残"的崇高行为表示钦佩和赞赏；71.8%的受访大学生表示愿意采用各种方法阻止小偷在公交车上的行窃行为（见图1－26）。

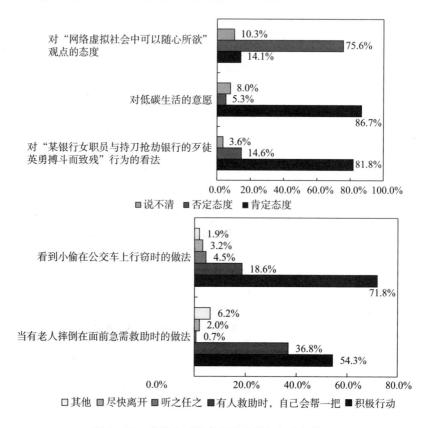

图1－26　大学生对社会公德的认知与践行情况

（四）大学生的家庭美德认知及践行状况良好

大学生正处于人生的转折点，处于价值观确定的关键时期，他们的家庭道德观念关乎他们的个人发展与家庭幸福，也关乎社会以及家庭和谐关系的建立和维护。随着社会经济的发展、多元价值格局的形成和家庭结构的转型，家庭伦理道德领域也发生着深刻的变化。课题组认为，孝观念的内涵是否发生转变，尊老爱幼的传统美德是否仍然在现代家庭中得到认同和传承，代际伦理是否仍然保持其主要地位等一系列问题研判需要基于对当下中国社会家庭道德状况的调查与分析。

　　大学生正处于人生的转折点上，处于价值观确定的关键时期，他们的家庭道德观念关乎他们的个人发展与家庭幸福，也关乎家庭以及社会和谐人际关系的建立和维护。课题组依据社会主义家庭美德的五项基本要求，即尊老爱幼、男女平等、夫妻和睦、勤俭持家、邻里团结五个方面设计问卷并开展调研。调查数据显示，大多数大学生家庭美德的认知取向正确且践行状况良好。其中绝大多数大学生认为，现代家庭生活最需要坚持的道德规范依次为：尊老爱幼、夫妻和睦、男女平等、勤俭持家、邻里团结（见图 1 - 27）。

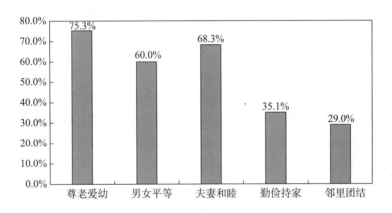

图 1 - 27　大学生认为现代家庭生活中最需要坚持的道德规范

　　传统孝道包含养亲敬亲、顺亲谏亲、移孝作忠、光宗耀祖等几方面的内容，其中最基本的要求是赡养和尊敬父母长辈，较高层次的要求是"不辱"，即听从父母劝诫；最高层次的要求是"显名"，即用事业成功来为父母显身扬名。调查数据显示，绝大多数受访大学生认为，现代大学生尽孝最应该做的事排名前三位的分别是：敬重长辈；赡养老人；事业成功，回报父母（见图1-28）。可见，传统孝道依然深入现代大学生的内心世界，多数大学生认同和接受传统孝道的基本内涵，认同传统孝道的高层次要求，并对社会主义家庭道德的基本要求表现出足够的认同和重视。这表明新时代我国大学生家庭伦理道德认知及价值取向正确，践行状况良好。

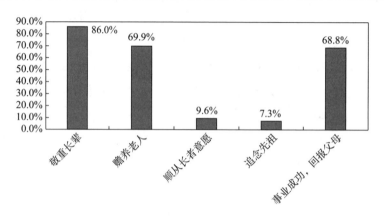

图1-28 大学生认为现代大学生尽孝最应该做的事

（五）大学生的个人品德认知及践行状况总体良好

调查数据显示，85.7%的受访大学生表示愿意将"做一名品德完善的人"作为人生目标（见图1-29），84.7%的受访大学生平时十分注重自身的道德修养完善（见图1-30）。这说明绝大多数受访大学生的个人品德认知与践行情况良好。他们平时十分注重自身的道德修养，拥有成为品德完善的人的目标与理想，以及较为强烈的善心和同理心，并且也具有将这种道德意识转化为道德行动的强烈意愿。

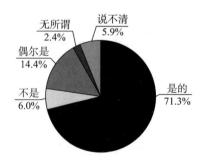

图1-29 是否将做一名品德完善的人作为人生目标

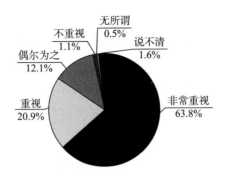

不重视 1.1%
无所谓 0.5%
说不清 1.6%
偶尔为之 12.1%
重视 20.9%
非常重视 63.8%

图 1-30　是否十分注重自身的道德修养

　　课题组认为，大学生个人品德状况良好，与近年来党和国家对大学生思想道德建设工作的高度重视和积极推进密不可分。进入新时代，大学生始终被视为社会主义道德建设的重点群体。大学生群体的道德建设一直都得到全社会的密切关注，党和国家出台、颁布、实施了一系列推进大学生道德建设的制度、文件和决定，全社会各级各类学校也高度重视大学生的思想道德建设，牢牢抓住大学生价值观塑造的关键时期，通过加强思想政治理论课和通识、专业课程思政建设，强化大学生的思想道德教育。与此同时，各级政府和教育主管部门深入贯彻落实党和国家关于大学生思想道德建设工作的相关要求，通过开展向先进模范学习宣传活动，建立大学生爱国主义教育基地、大学生社会实践基地，组织群众性精神文明创建活动等方式，推动大学生道德水平的提升；各类社会组织、群众团体也通过组织社区活动、志愿活动等方式，鼓励青年大学生走出校园，走向社会，通过社会实践，推进个体道德品质的锻造和良好品德的养成；与此同时，家庭、学校、社会"三位一体"道德建设体系建设工程不断地完善，在一定程度上助推了大学生整体思想道德水平的提高。

三、大学生道德建设领域存在的突出问题及原因分析

（一）大学生道德建设领域存在的突出问题

习近平总书记在全国宣传思想工作会议上强调，培养担当民族复兴大

任的时代新人，重中之重是要以坚定的理想信念筑牢精神之基，坚定对马克思主义的信仰，对社会主义和共产主义的信念，对中国特色社会主义道路、理论、制度、文化的自信。这些关于社会主义道德建设的重要论断为大学生社会主义道德建设指明了方向，明确了奋斗目标。改革开放以来，大学生群体始终被视为我国社会主义道德建设的重点人群，国家针对提升大学生思想道德素质颁布实施了一系列文件、制度或决定。诸如1994年中共中央颁布实施的《中共中央关于进一步加强和改进学校德育工作的若干意见》，2001年教育部颁布实施的《教育部关于加强普通高等学校大学生心理健康教育工作的意见》，2004年中共中央、国务院颁布实施的《中共中央国务院关于进一步加强和改进大学生思想政治教育的意见》，2005年教育部颁布实施的《关于整体规划大中小学德育体系的意见》，2006年教育部颁布实施的《中共教育部党组关于学习贯彻胡锦涛总书记讲话精神切实加强社会主义荣辱观教育的通知》，2001年中共中央、国务院颁布实施的《公民道德建设实施纲要》，2013年教育部颁布实施的《中共教育部党组关于在教育系统深入开展学习宣传全国道德模范活动的通知》以及2019年中共中央、国务院颁布实施的《新时代公民道德建设实施纲要》等。这些文件、通知、决定的颁布实施，有力地推动了我国大学生道德建设不断走向深入，使大学生群体成为我国社会主义道德建设诸多重点人群中道德认知水平最高，道德践履能力最强，对社会主义道德价值观认同、接纳程度最高的人群。近十年来，我国大学生群体始终是公民道德认知水平和行为能力最高的群体。但我们也不能因此否认或忽视存在于大学生群体中的突出道德问题。课题组通过对调研数据的系统研究、分析和梳理，对当前我国大学生群体中存在的突出问题概括为如下几个方面。

1. 受访大学生的模糊或错误道德认知在多个道德领域表现出来

第一，部分受访大学生对为人民服务的社会主义道德原则缺乏科学认知。《新时代公民道德建设实施纲要》（以下简称《纲要》）指出："坚持马克思主义道德观、社会主义道德观，倡导共产主义道德，以为人民服务为核心，以集体主义为原则，以爱祖国、爱人民、爱劳动、爱科学、爱社会主义为基本要求，始终保持公民道德建设的社会主义方向。"① 为人民服务不仅是中国共产党的根本宗旨，而且是新时代我国社会主义道德建设的核心。为人民服务不仅是党和国家向广大的党员、干部和革命的知识分子提出的根本道德要求，而且是对全体人民提出的根本道德要求。② 在全体人民中倡导为人民服务的道德价值观，是由社会主义初级阶段的国情决定的，也是新时代中国特色社会主义市场经济建设过程，积极规避市场经济所带来的拜金主义、享乐主义、个人主义思潮等负面影响，推进社会主义市场经济走向完善、成熟的基本要求。它要求人们在人际交往、经济活动中正确处理好国家、集体与个人之间的关系，正确处理国家利益、集体利益与个人利益之间的关系，做到不损人利己，不损公肥私。可见，为人民服务作为社会主义道德建设的核心，是党和国家向全体社会成员提出的根本道德要求。调查数据显示，52.0%的受访大学生认为，"所有公民"都应秉承为人民服务的道德价值观；认为"所有公职人员""领导干部"和"普通共产党员"应该坚持为人民服务道德价值观的受访大学生占比分别为29.0%、10.0%和5.0%，4.0%的受访大学生表示说不清（见图1−31）。这表明，近半数受访大学生对社会主义为人民服务的道德价值观存在认知模糊或认知错误。因此，加强大学生社会主义道德价值观教育依然是高校大学生思想道德教育的重要任务。

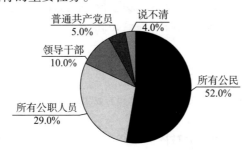

图1−31　大学生认为最应该坚持为人民服务的道德原则的群体

---

① 中共中央党史和文献研究院. 十九大以来重要文献选编：中［M］. 北京：中央文献出版社，2021：227−228.

② 赵爱玲. 论为人民服务及其在社会主义道德体系中的核心地位［J］. 学校党建与思想教育，2005（12）：14−16，22.

第二，部分受访大学生对社会主义集体主义道德原则也存在明显认知模糊和认知错误现象。集体主义是社会主义道德的基本原则，是社会主义道德规范体系中规定和界说其他道德行为规范的高层次道德要求，是评价个体道德品质与道德境界的基本标准或尺度。集体主义原则一是强调国家、集体利益与个人利益的辩证统一性，主张个人利益不能脱离国家、集体利益而独立存在，国家、集体尽可能保护个人的正当合理利益；二是社会主义和集体主义坚持国家、集体利益至上，主张国家、集体利益与个人利益发生冲突时，个人利益无条件服从国家、集体利益。调查数据显示，当个人利益与集体利益发生冲突时，18.1%的受访大学生选择"先考虑个人利益，再考虑集体利益"，2.3%的大学生选择"只考虑个人利益"，另有18.4%的受访大学生对集体利益与个人利益冲突时，选择"说不清"（见图1-32）。这表明近四成的受访大学生在国家、集体利益与个人利益发生冲突时，如何正确处理两者之间的关系存在明显的认知模糊或认知错误现象。

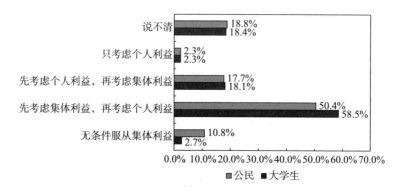

图1-32 当个人利益与集体利益发生冲突时大学生的选择

第三，部分受访大学生对社会主义道德建设的基本要求和新时代爱国主义的内涵、本质缺乏科学的理解和把握。爱党、爱国、爱社会主义的高度一致，是社会主义道德的基本要求，也是新中国成立以来党和人民在长期社会道德实践过程中积累总结的宝贵道德经验。2019年中共中央、国务院颁布实施的《新时代爱国主义教育实施纲要》又进一步明确提出，爱国、爱党、爱社会主义是新时代爱国主义的本质，即爱国、爱党、爱社会主义是一致的，是人们必须遵守的基本道德要求，三者有机统一、不可分割。其中，爱党就是要求人民热爱中国共产党，拥护中国共产党的领导；爱社会主义要求人们热爱社会主义制度，积极投身中国特色的社会主义现代化建设，并与一切反对或危害社会主义事业的思想和行为做斗争。然而，调查数据显示，26.0%的受访大学生对"爱党、爱国、爱社会主义的一致性"存在模糊或错误认知。（见图1－33）

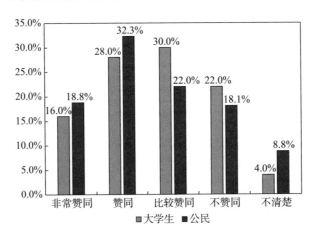

图1－33　大学生对"爱党、爱国、爱社会主义是一致的"提法的态度

第四，部分受访大学生对诚信道德存在认知模糊或认知错误现象。调查数据显示，有37.1%的受访大学生对"诚实守信的人往往吃亏"的说法持赞同态度（见图1－34）。这表明部分受访大学生对当前我国社会诚信道德现状存有疑虑或不满意倾向。课题组认为，引发这种心理倾向的原因是多方面的，诸如社会诚信缺失事件的频发，存在于我国社会生活各个领域中一些失信现象或失信行为未能得到应有的惩罚，日常生活中坚守诚信道德的人未能得到应有的社会尊重等。"诚信吃亏"的道德论调，不仅会阻碍大学生诚信道德品质的养成和诚信行为的实施，而且会在一定程度上助长社会失信之风，妨害良好社会道德风尚的形成。

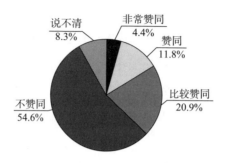

图1-34 大学生对"诚实守信的人往往吃亏"说法的看法

不仅如此，"诚信吃亏"的道德论调还会消解大学生的诚信道德情感，影响社会生活中人与人之间信任关系的建立。调查数据显示，43.8%的受访大学生感觉周围"能够始终坚持诚实守信的人不多"（见图1-35）。这表明当前我国社会的诚信氛围不容乐观，人与人之间的社会信任感弱化、缺失已经侵蚀到大学生群体。加强大学生诚信道德教育，纠正大学生群体中模糊或错误的诚信道德认知，提升大学生群体的社会信任感，势在必行。

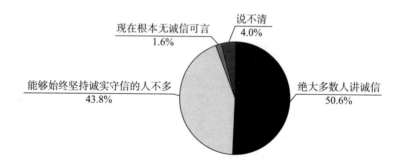

图1-35 大学生如何评价周围人的诚信程度

2. 部分受访大学生在道德认知与道德行为选择方面存在明显冲突

道德是人所特有的社会实践活动。它是人类自己为自己制定的思想和行为规范，并通过人自身的行为实践活动予以实现。知、情、意、行是个体道德意识转化为道德行为的基本环节。因此，道德行为是个体道德品质的重要组成部分，离开了道德行为，任何道德原则或道德规范都是空洞、抽象的，因而也不能成为真正的道德。《纲要》中对公民在社会公德、职业道德、家庭美德和个人品德方面提出的基本要求，最终都要通过个体积极的道德践行予以落实，并逐渐锤炼积淀成为个人的道德品质。也就是说，行为主体对社会道德规范的认知、道德善恶的判断以及道德理想的追求，只有转化成为个体对社会道德原则或规范的积极自愿的道德实践，道德的意义和价值才能真正得以实现，行为主体也才能被称为真正意义上的有道德的人。

　　首先，部分受访大学生的道德理想追求与现实道德行为选择存在明显冲突。调查数据显示（见图1-36），大多数受访大学生基本实现了观念上追求个体道德品德的完善。例如，71.3%的受访大学生表示愿意将"做一名品德完善的人"作为自己的人生重要目标，而且对社会公共生活、家庭生活、职业生活等领域的基本道德规范与要求，诸如助人为乐、见义勇为、恪守诚信等表现出极高的认同意向和实践意愿。

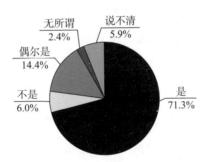

图1-36　大学生是否将"做一名品德完善的人"作为自己的人生重要目标

　　然而，课题组在分析过程中发现，部分受访大学生在一些具体道德情境选择过程中表现出较为明显的知行脱节，即他们的道德实践选择意向无法与其"品德完善"的道德追求相吻合。首先，93.5%的受访大学生对"国家兴亡，匹夫有责"持认同态度。但其中有32.7%的受访大学生表示虽比较认同，但没有切身行动（见图1-37）。表明个体道德认知一旦落实到道德行为层面，就有相当一部分受访大学生难以实现道德理想追求与现实道德行为选择之间有机统一。

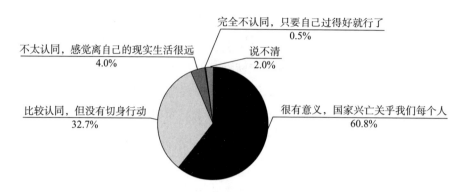

图 1-37 大学生对"国家兴亡,匹夫有责"的看法

其次,部分受访大学生的低碳生活意愿与低碳生活的行为选择不一致。调查数据显示,当问及对低碳生活的态度时,86.7%的受访大学生表示愿意过低碳生活,但当回答平时对垃圾进行分类的频率时,则仅有25.3%的大学生在日常生活中经常会进行垃圾分类,多数人表示只是偶尔分类,甚至有13.5%的受访大学生从不分类(见图 1-38)。这表明部分受访大学生在生态环境道德方面,也只是停留在认知层面的认同上,缺乏将道德认知付诸或转化为行动的行为自觉。

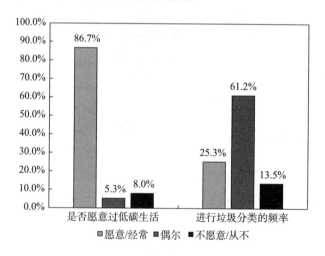

图 1-38 大学生是否愿意过低碳生活及大学生

在日常生活中是否会对垃圾进行分类

最后，部分受访大学生的诚信道德意愿与诚信道德行为选择不一致。考试作弊、论文抄袭等是大学生群体中最为严重的诚信缺失表现，也是检验大学生诚信道德水平高低的重要标准。调查数据显示（见图1-39），只有约1/3的受访大学生对考试作弊、论文抄袭等表现出鲜明的反对态度，表示内心十分鄙视；其余受访学生均对周围同学的考试作弊、论文抄袭行为表现出不同程度的理解。这表明在关涉诚信道德的义利选择面前，部分受访大学生出现模糊或错误的道德判断或道德情感倾向，表现出明显的知行不一。

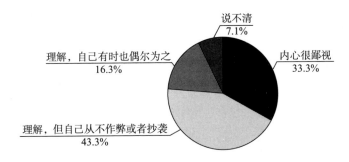

说不清
7.1%

理解，自己有时也偶尔为之
16.3%

内心很鄙视
33.3%

理解，但自己从不作弊或者抄袭
43.3%

图1-39　大学生对身边同学考试作弊、论文抄袭等行为的看法

（二）大学生道德建设领域存在突出问题的原因分析

引发大学生群体道德建设领域突出问题的原因是复杂的、多方面的，课题组主要从家庭、学校、社会以及大学生自身四个方面进行原因分析。

1. 部分家庭忽视或弱化对子女的道德教育

家庭是孩子的第一所学校，父母是孩子的第一任教师，家庭教育观念和家庭道德氛围是影响个体道德价值观形成的重要因素，家庭教育对个体世界观、人生观、价值观的塑造具有重要作用。调查数据显示，39.2%的大学生认为，家庭是影响个体道德品质形成的最为重要的环境（见图1-40）。这表明大学生认同家庭对个体道德品质形成产生的重要影响。课题组也因此推导出这样的结论：家庭教育缺失是导致大学生道德问题产生的重要原因之一。

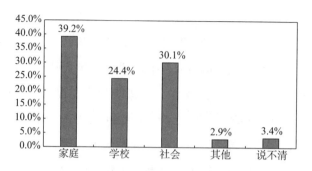

图1-40 大学生认为对道德品质影响最大的环境因素占比

独生子女与非独生子女道德状况的比较数据显示：一是家庭教育对于独生子女影响程度更大。相较于非独生子女，独生子女的道德问题发生频率更高，道德教育难度更大，家庭对其道德品质形成的影响程度更大（见图1-41）。二是在对待某些具有普遍意义的道德原则和道德情景中，独生子女与非独生子女的情感表现或态度倾向具有差异（见图1-42）。

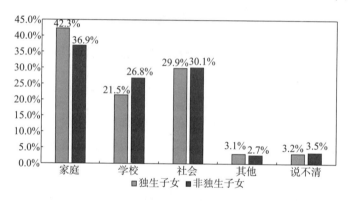

图1-41 独生子女和非独生子女大学生认为对道德品质影响最大的环境因数占比

课题组通过对国内学者相关研究成果分析对比发现：当前我国家庭道德教育缺失主要表现在不良家庭环境和家庭教育观念错位两个方面。其中，不良家庭环境主要表现为：某些家庭由于父母文化素质偏低，无法承担对子女进行有效家庭教育和管理的任务；有些家庭因父母离异或忙于工作，缺乏对子女的教育管理；有些家庭父母道德素质低下或价值观扭曲，对子女道德价值观的确立造成负面影响。另外，一些独生子女家庭的父母

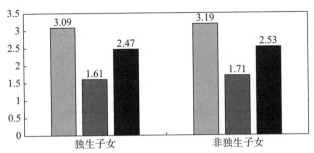

图 1-42　是否独生子女在社会主义道德价值取向和社会公德认知上的差异

对子女教育不同程度地存在教育目标确立和教育方式选择违背教育基本规律的现象。例如，独生子女父母对子女未来成就的期望值往往高于非独生子女家庭的父母。一些家庭父母在家庭教育过程中对子女过度溺爱，表现为物质上有求必应，学习中重智轻德，忽视或弱化对子女劳动观念、责任和义务观念的培育，以及爱心教育、挫折教育等现象，这也在一定程度上影响青少年道德感、义务感的形成和塑造。[①]

2. 部分学校道德教育的实效性、针对性不强

调查数据显示，有 24.4% 的受访大学生认为学校是对大学生个体道德品质形成或塑造影响最大的环境（见图 1-40）。实践证明，学校作为有目的、有计划、有组织地向学生传授社会规范、价值目标和知识技能的机构，在学生道德价值观形成过程中发挥了重要作用，取得了较为突出的成绩。[②] 但也存在着诸多影响或制约学校道德教育发展的因素或现象。具体表现如下：

一是知识教育与道德教育未能实现真正意义上的有机融合。2019 年 10 月中共中央、国务院颁布的《纲要》明确提出："学校是公民道德建设的

---

① "当代中国社会公民道德发展研究"课题组. 当代中国公民道德发展（下册）［M］. 南京：江苏人民出版社，2015：723.

② 李伟，王汝秀，杨芳. 承载与失落：高校道德建设研究［M］. 北京：中国社会科学出版社，2010：156.

重要阵地",要求全国各级各类学校"把公民道德建设的内容和要求体现
到各学科教育中,体现到学科体系、教学体系、管理体系建设中,使传授
过程成为道德教化过程"①。调查结果显示(见图1－43),不同学科受访
大学生在社会主义道德价值取向、社会公德以及诚信道德等方面存在较
为明显的知行不一或知行脱节现象,即受访大学生道德践行水平明显低
于其道德认知水平。例如,理科和工科受访大学生对"爱国与爱社会主
义、爱中国共产党是一致的"的观念的认同程度,对见义勇为高尚行为
的赞誉、崇尚程度,对考试作弊和论文抄袭行为的反对程度低于文科学
生。因此,如何在理工科学科知识传授过程中有针对性地开展道德教化,
是新时代高校落实立德树人的根本任务和推进道德教育创新发展亟待破
解的关键问题。

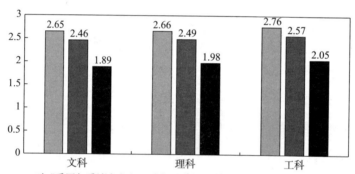

■ 对"爱国与爱社会主义、爱中国共产党是一致的"的态度
■ 对"某银行女职员与持刀抢劫银行的歹徒英勇搏斗而致残"行为的看法
■ 对考试作弊、论文抄袭等行为的看法

图1－43　不同学科大学生对社会主义道德价值、
社会公德和诚信道德的认知差异

二是道德实践教育一定程度上被忽视或弱化。道德教育是提高道德认
知、陶冶道德情感、锻炼道德意志、确立道德信念和养成道德习惯的系统
过程。因此,实践性是道德教育的鲜明特征。离开了实践性,道德教育就

---

① 中共中央党史和文献研究院.十九大以来重要文献选编:中[M].北京:中央文献出版
社,2021:231.

会沦为空洞的说教。① 调查数据显示，13.1%的受访大学生认为道德教育乏力是导致大学生个体道德问题重要原因（见图1-12）。课题组认为，当前我国学校道德教育依然存在明显道德认知主义教育倾向，即片面强调对学生进行单纯的道德知识传授、道德认知程度评估，忽视或弱化对学生道德内化和道德践行能力的考评，致使学校道德教育实效性不强，部分大学生个体道德知行不一、脱节等问题时有发生。

三是校园诚信缺失现象未能得到有效遏制。校园文化是校园物质文化、制度文化和精神文化的总和，对学生道德品质的塑造和道德境界的提升具有潜移默化的影响作用。② 加强校园诚信道德教育，加大对校园诚信缺失现象和大学生不诚信行为的惩戒力度，推进校园诚信道德建设不断走向制度化、法治化轨道，势在必行。

3. 社会环境变化对大学生道德观念的消极影响

首先，当今世界正处百年未有之大变局，以中国为代表的新兴经济体通过经济改革、产业升级和技术创新等方式，实现了经济的快速增长，欧美等发达资本主义国家却陷入了自2008年世界金融危机以来的长久经济衰退的泥沼。世界各国逆全球化浪潮不断加剧，整个世界格局明显呈现出"东升西降"的发展趋势。与此同时，以美国为首的西方国家囿于冷战思维，始终将中国视为竞争对手进行全面围堵、封锁，企图遏制中国的发展，割断中国与世界的联系。国际和国内环境交织与叠加在一起，折射到大学校园成为阻碍大学生正确道德价值观选择与确立的重要因素。

其次，伴随着全球化浪潮涌入我国，"新自由主义""民粹主义"等社会思潮，以及拜金主义、享乐主义、极端个人主义等多元价值观念依然是侵蚀和影响我国大学生正确道德价值观选择和崇高道德理想确立的重要因素。这些社会思潮和价值观念，一方面严重冲击和影响着易于接受新思想、新观点的大学生群体的道德价值取向，使得部分大学生深陷享乐主

---

① 罗国杰. 伦理学：修订本 ［M］. 北京：人民出版社，2014：453－455.

② 李伟，王汝秀，杨芳. 承载与失落：高校道德建设研究 ［M］. 北京：中国社会科学出版社，2010：163.

义、拜金主义和极端个人主义的桎梏，加剧了大学生群体中的个人主义、享乐主义和金钱至上的倾向，阻碍了大学生个体对集体主义、社会主义和为人民服务等社会主义道德价值观的认同、接纳和践行；另一方面影响了高校思想政治教育效能的充分发挥，弱化了社会主义核心价值观对大学生群体的价值引领作用。

第三，建立在现代信息技术基础上的网络新媒体，在凭借互联网的虚拟性、及时性、多样性和互动性，拥有传统媒体所无法比拟的传播优势的同时，也不断以其纷繁复杂的内容和令人眼花缭乱的多元传播方式，冲击和影响着大学生群体正确道德价值观念和道德行为方式的选择和确立。网络新媒体在以其虚拟性、去中心化等特征，模糊虚拟世界与现实世界的边界，增强个体行为和话语自由度的同时，也使秉承不同文化价值观念思想、思潮、流派，乃至网红个体，利用网络新媒体，争夺社会主流价值观的阵地，从而弱化社会主流道德价值观念的传播力度和影响范围。不仅如此，网络新媒体还为个体大学生输送了海量来源不明、鱼龙混杂，质量参差不齐的信息。这种过载、无序、泛滥、混杂的信息，一方面会使大学生个体被虚假信息误导，形成错误的道德判断或评价标准；另一方面也会使大学生个体因知识、信息接受的无序、碎片，而难以养成深入思考和理解复杂道德问题的思维能力，进而影响其全面、系统、科学道德认知的形成与确立。

第四，部分地区或部门的道德奖惩机制不够健全、完善，也是影响大学生正确道德行为选择或判断的重要因素之一。道德奖惩机制是指一些地区或部门依据社会主流道德原则或道德规范，凭借物质或精神奖惩等手段，对社会成员道德行为的动机、效果进行善恶、美丑的考量或评价，以达到对广大社会成员的道德激励、教育、引导和调控目的。一般说来，因道德奖惩机制不健全或不完善诱发的不良社会现象，不仅会导致行为主体产生模糊或错误的道德认知或道德判断，而且也会从情感或意志层面挫伤个体道德行为选择的积极性和主动性。另外，从道德奖惩本身而言，过于强调外在精神或物质奖励的道德奖惩机制，也会催生个体功利主义的道德行为倾向，致使部分行为主体道德行为选择，不是出自个体内心的善良愿望，而只是为了获得某种物质或精神奖励。这种功利主义道德倾向一旦蔓延到大学校园，也会从根本上影响大学生正确道德认知或道德判断的建立，阻碍大学生主动、自觉的道德行为选择，并成为削弱大学生个体崇高道德品格塑造和高尚道德境界追求的重要因素。

4. 部分大学生自身的个体及社会道德价值取向存在偏差

大学阶段是人生发展的重要时期，是世界观、人生观、价值观形成的关键时期，也是个体各项心理发展指标的重要转型期。这一时期大学生的心理特征，在表现出认知发展程度、意志品质发展水平，以及自我意识不断增强的同时，也会呈现出自我中心化、情绪丰富多变、意志品质不稳定、对自我的评价、分析、控制能力不强等现象。这种不稳定、不平衡的心理状态使得大学生比较容易受到外界不利因素的干扰和影响，进而影响大学生优良道德品格的培养与塑造。加之，"90 后"或"00 后"大学生成长在我国经济社会急速转型的特殊时期，市场经济逐利性、市场性、自由化特征以及多元价值观念蜂拥而至，极大地激发和增强了大学生自我意识，使他们更加关注自身发展与自我价值的实现，具有更加务实的行为动机和较强的独立自主意识。他们勇于提出自己的疑问和观点，对多元的文化和价值观念也表现出更多接纳与包容的态度。他们更加关心国家与社会的发展，具有较强的参与社会实践的意愿，具有追求卓越的远大理想。与此同时，由于知识水平和实践经验不足，也会使得部分大学生在个体或社会道德价值取向方面出现不同程度的认知偏差或认知错误。

第五节　提升大学生道德素质的对策思考

青年大学生是国家的未来，民族的希望，也是新时代中国特色社会主义道德建设的重点人群，其道德认知践行状况道德价值取向直接关系到未来能否担负起时代赋予的民族复兴重任，以及能否成为中国特色社会主义事业的可靠建设者和接班人。正如习近平总书记在与北京大学师生座谈时指出："道德之于个人、之于社会，都具有基础性意义，做人做事第一位的是崇德修身。"① 因此，认真考察和分析新时代我国青年大学生总体道德状况，并对其影响因素进行深入剖析和识别，对于加强新时代高校道德建设，提升青年大学生道德境界，塑造优良道德品格具有重要意义。前文调研数据和研究结果显示，受访大学生普遍认为，个体的认知水平、政治面貌、父母的榜样示范作用、学校的教育引导以及社会经济体制、多元价值观念、道德奖惩机制均是影响个体道德境界提升、道德品格塑造的重要因素。因此，新时代加强大学生道德建设，应在全面充分考虑上述影响因素的基础上，逐步建立起以优良家风培育为基础，高校道德教育引导为重点，营造优良社会道德环境为支撑的具有中国特色的社会主义道德建设体系。

一、坚持以立德树人引领学校道德教育方向

2019 年 10 月，中共中央、国务院印发的《纲要》明确提出，"学校是公民道德建设的重要阵地。要全面贯彻党的教育方针，坚持社会主义办学方向，坚持育人为本、德育为先"②。课题组认为，高校坚持育人为本、德育为先的教育原则。首先应树立全课程育人的教育理念。倡导各类课程教师都要担负起"立德树人"的育人职责，围绕"知识传授""情感培养"和"价值引领"相结合的课程育人目标，将思想品德作为学生的核心素养，纳入学业质量评价标准；充分发掘学校各类课程中蕴含的德育元素，明确各类课程建设的德育目标，将公民道德建设的内容和要求体现到各学科体系、教学体系、教材体系和教学管理体系之中；要优化课程育人的教学设计，创新课程育人的教育教学方法，逐步建立起规范、完善的专业课、通识课与思政课协同育人体系，让大学生在各类课程的知识学习过程中，都能得到程度不同的道德人格锤炼和道德境界提升，实现"知识、能

---

① 习近平谈治国理政：第 1 卷 [M]. 北京：外文出版社，2014：172 – 173.
② 中共中央党史和文献研究院. 十九大以来重要文献选编：中 [M]. 北京：中央文献出版社，2021：231.

力、品格"的协调发展和有机融合。其次，要充分发挥思想政治理论课教育教学的主渠道和主阵地作用。要加强对思想政治理论课教育、教学的改革创新，提升思想政治课的思想性、理论性、亲和力和针对性。调查数据显示，不同学科背景或专业类型的受访大学生道德认知水平不同，导致他们在道德价值取向、道德情感倾向、道德行为意志能力以及道德行为转化方面上表现出差异性。因此，高校大学生道德教育，应在系统科学地分析和研究不同专业或学科背景大学生群体的知识结构、思维特点、道德价值观念等鲜明特征的基础上，有针对性地选择教学内容和教育方法。第三，要重视提升大学生政治素养，筑牢大学生理想信念之基。调查数据显示，受访党员大学生的道德认知水平、道德价值取向选择、道德情感倾向、道德意志能力和道德行为转化等方面的能力明显优于普通群众大学生。例如，党员大学生在遇到老人摔倒急需救助的情形时的帮助意愿显著高于普通群众大学生；对"国家兴亡，匹夫有责""爱国与爱社会主义、爱中国共产党是一致的"等思想观念的认同程度也显著高于普通群众大学生。表明大学生的政治立场和政治信仰越坚定，其道德行为趋向就越向上、向善。理想信念既是一个人政治信仰、政治理想的体现，也是一个人对自身以及社会发展前景的期望和反映。一个人秉承或坚持什么样的理想信念，就意味着他会用什么样的方式和态度来对待社会、对待他人以及对待自己的人生。也正是从这个意义上，课题组认为，高校应将理想信念教育作为大学生道德教育的重要组成部分，充分发挥党员大学生在工作、生活、学习以及服务社会中的榜样示范作用，引导大学生确立崇高的理想信念，让坚定的理想信念成为提升大学生道德境界和优良道德品质形成的内生动力。第四，提升个体道德认知水平，增进青年大学生的自觉道德实践能力。《纲要》明确提出，"坚持提升道德认知与推动道德实践相结合，尊重人民群众的主体地位，激发人们形成善良的道德意愿、道德情感，培育正确的道德判断和道德责任，提高道德实践能力尤其是自觉实践能力。"[①] 课

---

① 中共中央党史和文献研究院. 十九大以来重要文献选编：中 [M]. 北京：中央文献出版社，2021：228.

题组在对调研数据进行进一步分析的过程中发现，对社会主义道德建设的核心"为人民服务"存在模糊或错误认知的受访同学，往往不把"做一名品德完善的人"作为自己的人生目标，这表明是否秉持正确的道德认知和道德价值取向，对大学生道德理想的树立具有直接影响。习近平总书记指出，"青年的价值取向决定了未来整个社会的价值取向，而青年又处在价值观形成和确立的时期，抓好这一时期的价值观养成十分重要。这就像穿衣服扣扣子一样，如果第一粒扣子扣错了，剩余的扣子都会扣错。"① 青年大学生正处在道德价值观确立的关键时期，抓好这一时期正确道德价值观的养成至关重要。因此，高校应着力加强对大学生的马克思主义、社会主义道德价值观教育，帮助青年学生扣好道德人生发展的第一粒扣子，引导大学生积极践行习近平总书记提出的"勤学、修德、明辨、笃实"道德要求，自觉以实际行动彰显优良道德品质。第五，要始终遵循道德教育的实践性规律，彰显道德教育的实践性特征。调查数据显示，受访大学生在道德价值取向、社会公德、家庭美德、诚信道德等领域存在着知行不一现象。因此，新时代加强高校大学生道德教育，应重视大学生由道德认知向道德行为转化的教育和引导，积极推进大学生道德习惯的养成教育；要尽可能地为大学生创造获得社会实践经验的条件，组织切实有效的道德实践活动（暑期社会实践、实习、青年志愿者活动、大学生支教等），创设有感染力的道德情境，使学生在社会实践活动中认识社会、了解国情，增强社会责任感和使命感，争做有理想、有道德、有本领、有担当的时代新人。

二、以良好家风夯实家庭道德教育基础

家庭是社会的基本细胞，是个体道德养成的起点。研究结果及调查数据显示，绝大多数受访大学生认为，家庭环境是影响大学生个体道德养成的重要因素。父母长辈作为子女道德养成的第一任老师，其言语表现、道

---

① 习近平谈治国理政：第1卷［M］. 北京：外文出版社，2014：172.

德价值观念、道德情感以及道德行为表现对子女道德成长发挥着至关重要的影响作用。因此，培育良好家风，以优良家风夯实家庭道德教育的基础，也是新时代涵育大学生优良道德品质，提升大学生道德境界的重要举措之一。习近平总书记指出，"家风是社会风气的重要组成部分……家风好，就能家道兴盛、和顺美满；家风差，难免殃及子孙、贻害社会……广大家庭都要弘扬优良家风，以千千万万家庭的好家风支撑起全社会的好风气。"① 培育良好家风不仅是优良社会风尚的形成基础，而且是家庭成员提升道德认知、规约道德行为、涵育美好德行的重要条件。培育良好家风，首先应重视对中华民族优良传统美德的教育和传承。习近平总书记指出，"中国传统文化博大精深，学习和掌握其中的各种思想精华，对树立正确的世界观、人生观、价值观很有益处。"② 同样，"中华传统美德是中华文化精髓，是道德建设的不竭源泉。"③ 其蕴含着丰富的美德伦理思想，学习和把握其中精神要义，对于新时代中国特色社会主义家庭美德建设，帮助家庭成员树立正确伦理道德观大有裨益。因此，在家庭道德教育中，父母在子女幼儿时期就应有意识地将中华传统文化经典、文物古迹、家风家训中承载的伦理道德资源与现代家庭教育的需要结合，对其进行创造性转化和发展，并潜移默化地传递给孩子，让中华传统道德文化中的优秀基因深深植根于子女的内心世界，并在日用伦常中逐渐外化为美好的道德品行和高尚的道德品格。研究成果及调查数据显示，受访大学生对中华传统道德文化中的仁爱、诚信、和谐、孝悌、礼仪、知耻、勤俭等传统美德，对尊老爱幼、夫妻和睦、男女平等、勤俭持家、邻里团结等传统家庭伦理道德规范以及中华传统孝道的认同度普遍较高。尤为值得一提的是，受访大学生对"国家兴亡，匹夫有责"的爱国美德的赞同和支持比例达到93.5%；对"己所不欲，勿施于人"的黄金道德条律的认同程度则高达97.0%（见

---

① 习近平谈治国理政：第2卷［M］. 北京：外文出版社，2017：355-356.
② 习近平谈治国理政：第1卷［M］. 北京：外文出版社，2014：405.
③ 中共中央党史和文献研究院. 十九大以来重要文献选编：中［M］. 北京：中央文献出版社，2021：230.

图1-25）。表明大学生对中华优秀传统文化具有极高的认同感和自信心，具备弘扬和传承民族优良道德传统的坚实思想和情感基础。其次，培育良好家风应始终坚持家庭与民族、国家的前途命运息息相关、紧密联系，与社会主流价值观高度一致的基本原则，积极培育爱国爱家、相亲相爱、向上向善、共建共享的社会主义家庭文明新风尚，倡导忠诚、责任、亲情、学习、公益的现代家庭新理念；倡导广大家庭重言传、重身教，教知识，育品德，以身作则、耳濡目染，用正确道德观念塑造孩子美好的心灵；让家庭成员在为家庭谋幸福，为他人送温暖，为社会做贡献①的过程中不断提升自身的道德精神境界。

三、以营造优良道德环境筑牢社会道德教育根基

研究结果和调查数据显示，50%以上的受访大学生认为，社会环境尤其是市场经济的负面影响是引发社会道德问题，阻碍大学生道德品质养成的重要因素。此外，多元价值观念冲击、道德奖惩机制不完善、榜样示范影响力弱化等也是受访大学生关注的影响要素。因此，坚持以正确舆论引导人，以道德榜样引领道德风尚，不断完善社会道德奖惩机制，努力营造良好的社会道德环境，是新时代涵育大学生优良道德品质，提升大学生道德境界的重要措施。习近平总书记指出："舆论导向正确，就能凝聚人心、汇聚力量，推动事业发展；舆论导向错误，就会动摇人心、瓦解斗志，危害党和人民事业。"② 同样，社会舆论导向的正确与否对个体道德品质养成的优劣也会产生直接影响。因此，新时代营造良好的道德环境，首先应加强对舆论宣传的管理监督，确保舆论宣传的正确导向。舆论具有化风成俗，敦化人心的作用。新时代坚持以正确的舆论引导人，就是要"把正确价值导向和道德要求体现到经济、社会、文化等各领域的新闻报道中……加强对道德领域热点问题的引导……增强人们的法治意识、公共意识、规

---

① 弘扬奉献友爱互助进步的志愿精神　以实际行动书写新时代的雷锋故事 [N]. 人民日报，2019-07-25 (001).

② 习近平. 论党的宣传思想工作 [J]. 北京：中央文献出版社，2020：185.

则意识、责任意识"①。众所周知，随着互联网技术，特别是新媒体技术的快速发展，网络新媒体已经在潜移默化地改变甚至重新定义我们的生活，成为影响人们道德品格养成的重要媒介。调查数据显示，1/3 以上的受访大学生认为新媒体对他们的道德养成影响最大。但当被问及最能对人们道德行为产生约束力的因素时，媒体监督却位居最末位，仅有 1.9% 的大学生认为媒体监督可以对人们的道德行为产生约束。表明新时代舆论宣传监督管理工作的重点是加强对网络新媒体舆论宣传的监督和管理工作，尤其是加大对网络突出问题的监督和管理。要及时有力地批评和驳斥充斥于网络或现实社会生活中形形色色的违反社会道德、背离公序良俗的错误言行和丑恶现象，以确保网络舆论宣传的正确导向。其次，要进一步完善社会道德奖惩机制。调查数据显示，受访大学生认为最能对人们的道德行为产生约束作用的因素依次是：法律政策—家风家训—良心谴责—社会舆论—风俗习惯—媒体监督，其中近 40% 的受访大学生选择法律政策，表明多数受访学生赞同用刚性的法律法规对人们的思想行为进行规约和调控。与此同时，在关于引发道德问题的主要原因的调查数据中，我们发现近 10% 的受访大学生认为是社会道德奖惩机制不完善造成的。新时代加强社会道德奖惩机制建设，就是要"推动社会诚信、见义勇为、志愿服务、勤劳节俭、孝老爱亲、保护生态等方面的立法工作……加大关系群众切身利益重点领域的执法力度"②；要充分发挥法治对社会道德奖惩的保障和促进作用，通过法律化、制度化的道德奖惩机制的有效运作，让良善正义的思想和行为及时得到颂扬和表彰，邪恶的观念和行为适时受到贬斥和惩罚，使抑恶扬善、风清气正的社会道德环境日渐形成，实现以法治的力量捍卫道德，凝聚人心。再次，发挥道德榜样的引领作用。伟大时代呼唤伟大精神，崇高事业需要榜样的引领。习近平总书记在对全国道德模范表彰活动

---

① 中共中央党史和文献研究院. 十九大以来重要文献选编：中 [M]. 北京：中央文献出版社，2021：232.

② 中共中央党史和文献研究院. 十九大以来重要文献选编：中 [M]. 北京：中央文献出版社，2021：238.

中明确指出："要广泛宣传道德模范的先进事迹……着力培养担当民族复兴大任的时代新人,让社会主义道德的阳光温暖人间,让文明的雨露滋润社会,为奋进新时代、共筑中国梦提供强大精神力量和道德支撑。"① 新中国成立70年来,我国各个地区、各行各业、各类人群中涌现出了大批具有高尚品格和感人事迹的道德楷模。他们用自己的行动诠释了道德的意义,展现了道德的力量,为社会树立起了鲜明的时代价值取向,彰显了社会道德的崇高境界。新时代加强高校道德教育,培育大学生优良道德品格,应充分发挥道德榜样的引领作用,要努力在全社会营造学习道德榜样的浓厚氛围,使大学生在学习道德模范先进事迹、崇高精神的过程中深化道德认知,激发道德情感,坚定道德意志,做到知行合一,身体力行,用实实在在的行动响应道德模范的引领。与此同时,全社会还要建立健全关爱关怀机制,维护先进人物和英雄模范的荣誉和形象,形成德者有得、好人好报的价值导向。

---

① 深化群众性精神文明创建活动 着力培养担当民族复兴大任的时代新人 [N]. 人民日报, 2019 - 09 - 06(001).

第二章 大学生社会主义道德价值取向状况调查与分析

　　道德建设的核心问题，实质上就是"为什么人服务"的问题。2019 年 10 月，中共中央、国务院颁布的《纲要》明确提出，新时代我国公民道德建设必须牢牢把握社会主义方向，坚持"以为人民服务为核心，以集体主义为原则，以爱祖国、爱人民、爱劳动、爱科学、爱社会主义为基本要求，始终保持公民道德建设的社会主义方向"。① 为人民服务是公民道德建设的核心，就是强调人民的利益高于一切，自觉维护人民的利益，一切从人民的利益出发，为人民的利益而奋斗。集体主义是公民道德建设的原则，是社会主义经济、政治和文化建设的必然要求，是当国家集体利益与个人利益发生冲突时，人们所应遵循的指导性原则。大学生能否树立以"为人民服务"为核心，以"集体主义"为原则的社会主义道德价值取向，对新时代深入推进高校思想道德建设，提升大学生的道德境界，培养大学生优良道德品质起着至关重要的作用。

第一节　大学生社会主义道德价值取向状况及差异性分析

　　课题组以"为人民服务"和"集体主义"两个可以集中体现社会主义

---

① 中共中央党史和文献研究院. 十九大以来重要文献选编：中 [M]. 北京：中央文献出版社，2021：228.

道德价值取向的基本价值理念为观测点，设计了"您对为人民服务的社会主义道德建设核心的基本态度？""如果赞同，您认为哪些群体最应该坚持为人民服务的社会主义道德建设核心？""当个人利益与集体利益发生冲突时，您的选择是什么？"等问题，用以考察当前我国大学生群体社会主义道德价值取向的认知和践行状况。结合以上问题，课题组分别以不同性别、学科背景、学历层级、政治面貌以及是否为独生子女为依据，对相关调查数据进行差异性分析。具体情况如下：

一、大学生对"为人民服务"的道德价值取向认同状况及差异性分析

为了考察大学生对社会主义道德建设核心——为人民服务的认知、认同情况，课题组设计了"您对为人民服务的社会主义道德建设核心的基本态度？""如果赞同，您认为哪些群体最应该坚持为人民服务的社会主义道德建设核心？"两个问题，相关调研结果如下：

（一）大学生对"为人民服务"的道德价值取向认同状况的数据分析

调查数据显示，绝大多数大学生对于为人民服务的社会主义道德价值理念持赞同态度。其中，持"非常赞同""赞同"和"比较赞同"态度的大学生分别占 20.0%、43.0% 和 29%，3.0% 的大学生表示不赞同，5.0% 的大学生表示说不清（见图 2－1）。这表明受访大学生对于为人民服务的社会主义道德价值理念的认知、接纳程度普遍向好。

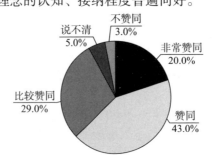

图 2－1　大学生对"为人民服务的社会主义道德价值理念"的基本态度

（二）大学生对"为人民服务"的道德价值取向认同状况的差异性分析

课题组分别以"性别""学科""年级""政治面貌""有无宗教信仰"和"是否为独生子女"作为变量条件，对调查数据进行多层面差异分析发现：不同性别、政治面貌、年级的受访大学生对"为人民服务"的认知、认同状况存在显著差异（得分越低，表示越认同该道德价值）。

调查数据显示，受访大学生对为人民服务的社会主义道德建设核心的态度存在显著的性别差异（$p < 0.05$）。其中，男生的得分（2.24）显著低于女生的得分（2.34）（见图 2-2）。表明男生对为人民服务的社会主义道德建设核心认同、接纳程度明显高于女生。课题组认为，这种差异可能源于家庭、学校和社会教育对男生的责任、义务教育或要求往往多于女生，使得男生的社会责任感、义务感以及为人民服务的意识更强。

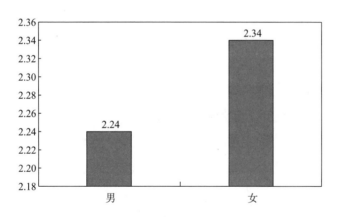

图 2-2　不同性别大学生对"为人民服务的
社会主义道德建设核心"的基本态度

从不同政治面貌受访大学生数据分析比较中看出，党员大学生（2.11）对于为人民服务的社会主义道德建设核心的认同程度显著高于团员大学生（2.31）和普通群众大学生（2.66）（见图 2-3）。

从不同年级大学生数据分析比较中看出，本科一年级、二年级、三年

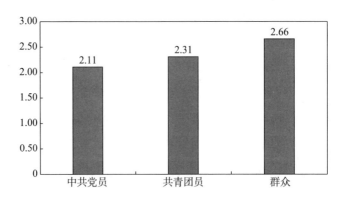

图 2 - 3 不同政治面貌大学生对"为人民服务的
社会主义道德建设核心"的基本态度

级、四年级和研究生对为人民服务的社会主义道德建设核心的认知、认同态度存在显著差异（$p < 0.05$）。一年级（2.24）到二年级（2.30）、四年级（2.26）到研究生（2.32）的得分呈上升趋势，三年级到四年级的得分呈下降趋势，且本科一年级学生得分显著低于其他各年级学生得分，研究生的得分显著高于其他各年级学生得分（见图 2 - 4）。这表明受访大学生价值认同除本科四年级略有下降外，其余阶段则随着年级的增长对为人民服务的道德价值观认同呈现出逐年上升的趋势，受访研究生对为人民服务的社会主义道德建设核心的赞同度最低。课题组认为，刚步入大学的大一新生由于受社会负面因素影响较小，因而对为人民服务的社会主义道德建设核心呈现出较高的认同度，从本科一年级到二年级，正是大学生受到社会多元价值观念冲击最为强烈的阶段，因而在一定程度上，影响了他们对为人民服务的社会主义道德建设核心的认同。随着高校思想政治教育的不断系统、深入，进入本科三、四年级的大学生对为人民服务的社会主义道德建设核心认识也会越来越深刻，因而认同度或赞同度也就呈现出向好状态。进入研究生阶段，则由于受访学生越来越意识到自己担负的家庭、社会责任越来越重，承受的来自家庭、社会的压力也日益增大，这在一定程度上影响到其对为人民服务道德价值观的认同。

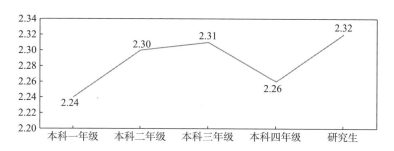

图 2-4　不同年级大学生对"为人民服务的
社会主义道德建设核心"的基本态度

二、大学生对"最应该坚持为人民服务社会群体"的认同状况及差异性分析

（一）大学生对最应该坚持为人民服务社会群体的认同状况的数据分析

调查数据显示，对于"最应该坚持为人民服务的群体"这一问题，52.0%的受访大学生选择"所有公民"，29.0%的人选择"所有公职人员"，其后依次是领导干部（10.0%）、普通共产党员（5.0%）和说不清（4.0%）（见图 2-5）。

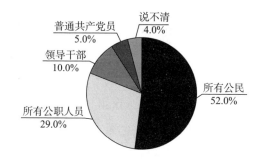

图 2-5　大学生认为最应该坚持为人民服务的群体

（二）大学生对最应该坚持为人民服务社会群体的认同状况的差异性分析

通过选择"性别""学科""年级""政治面貌""有无宗教信仰"和

"是否为独生子女"作为变量条件,对调查数据进行多层面差异分析后可以看到一定程度的差异。分析数据显示,不同政治面貌、不同年级的大学生群体对"所有公民应该坚持为人民服务"的认同程度存在显著差异($p < 0.05$)。图表中得分越低,代表该类大学生越认同"所有公民应该坚持为人民服务"。

从不同政治面貌大学生数据分析比较中可以看出,党员(1.77)对于"所有公民应该坚持为人民服务"的认同程度显著高于团员(1.82)和群众(2.05),群众对"所有公民应该坚持为人民服务"的认同度最低(见图2-6)。

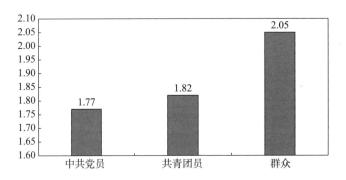

图2-6 不同政治面貌大学生对"所有公民应该坚持为人民服务"的态度

从不同年级大学生数据分析比较中可以看出,本科一年级(1.83)、本科二年级(1.83)和本科三年级(1.83)的得分持平,本科三年级到本科四年级(1.67)的得分呈下降趋势,本科四年级到研究生(1.88)的得分呈上升趋势,且本科四年级的得分显著低于其他各年级的得分,研究生的得分显著高于其他各年级的得分(见图2-7)。受访本科生对所有公民都应该坚持为人民服务道德价值观的认同度明显高于受访研究生群体。基于以上差异分析,我们可以推论出:经过大学阶段系统思想政治教育和马克思主义政治理论学习,为人民服务的道德价值观已深入大学生群体的内心世界。与本科生群体相比较,研究生群体的认同度较低可能与其社会生活阅历逐渐丰富、社会阶层意识增强有关。

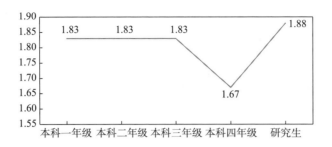

图 2-7　不同年级大学生对"所有公民应该坚持为人民服务"的态度

三、大学生对"个人利益与集体利益发生冲突时"的态度取向及差异性分析

（一）大学生对个人利益与集体利益发生冲突时的态度取向的数据分析

调查数据显示，当个人利益与集体利益发生冲突时，58.5%的大学生选择"先考虑集体利益，再考虑个人利益"，2.7%的大学生选择"无条件服从集体利益"，18.1%的大学生选择"先考虑个人利益，再考虑集体利益"，2.3%的大学生选择"只考虑个人利益"，18.4%的人选择"说不清"（见图2-8）。

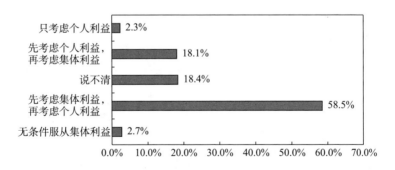

图 2-8　当个人利益与集体利益发生冲突时大学生的选择

（二）大学生对个人利益与集体利益发生冲突时态度取向的差异性分析

通过选择"性别""学科""年级""政治面貌""有无宗教信仰"和

61

"是否为独生子女"作为变量条件，对调查数据进行多层面差异分析（图表中得分越高，代表越赞同"当个人利益与集体利益发生冲突时，个人利益应无条件服从集体利益"）。调查数据显示，不同性别、学科、有无宗教信仰和是否独生子女的大学生群体对"当个人利益与集体利益发生冲突时，个人利益应无条件服从集体利益"的认同程度存在显著差异（$p < 0.05$）。

从不同性别大学生数据分析比较中可以看出，女大学生（3.19）对"当个人利益与集体利益发生冲突时，个人利益应无条件服从集体利益"的认同程度显著高于男大学生（3.08）（见图2-9）。

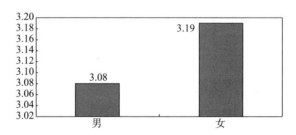

图2-9 不同性别大学生对"无条件服从集体利益"的态度

从不同学科大学生数据分析比较中可以看出，工科学生（3.19）对"当个人利益与集体利益发生冲突时，个人利益应无条件服从集体利益"的认同程度显著高于文科学生（3.13）和理科学生（3.08）（见图2-10）。

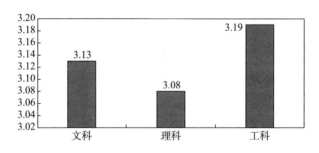

图2-10 不同学科大学生对"无条件服从集体利益"的态度

从有无宗教信仰的数据分析比较中可以看出，有宗教信仰（2.99）和无宗教信仰（3.15）的大学生对"当个人利益与集体利益发生冲突，个人利益应无条件服从集体利益”的认同程度存在显著差异（$p < 0.05$），没有宗教信仰的大学生对“无条件服从集体利益”的认同态度显著高于有宗教信仰的大学生（见图2–11）。

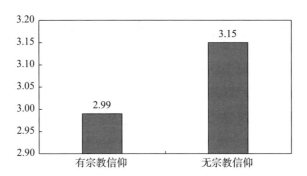

图2–11 有无宗教信仰大学生对“无条件服从集体利益”的态度

从是否独生子女的数据分析比较中可以看出，独生子女（3.09）和非独生子女（3.19）的大学生对“当个人利益与集体利益发生冲突时，个人利益应无条件服从集体利益”的认同程度存在显著差异（$p < 0.05$），非独生子女对“无条件服从集体利益”的认同态度显著高于独生子女（见图2–12）。

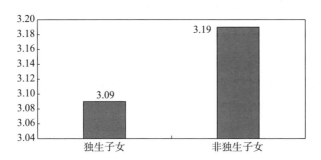

图2–12 独生子女与非独生子女大学生对“无条件服从集体利益”的态度

第二节 大学生社会主义道德价值取向状况及其成因分析

党的十八大以来，中国的改革开放、全面建设社会主义现代化国家等各项事业进入了关键期，面对社会结构性变化的不断加深、各种利益格局的调整，西方一些不良思潮的不断冲击等严重影响了大学生社会主义道德价值取向的变化。

一、大学生社会主义道德价值取向的总体状况良好

大学生的社会主义道德价值取向呈现良好的认知、认同状况。调查数据显示：92.0%的受访大学生对社会主义"为人民服务"的道德价值观持赞同态度（见图2-1），52.0%的受访大学生认为所有公民都应该践行"为人民服务"的社会主义道德价值理念（见图2-5），60%以上的受访大学生对社会主义道德建设的原则"集体主义"持赞同态度（见图2-8），74.0%的受访大学生对"爱党、爱国与爱社会主义是一致的"的观点持赞同态度（见图1-33），93.5%的受访大学生对"国家兴亡，匹夫有责"的传统爱国主义道德观念持赞同态度（见图1-37）。这表明新时代以为人民服务、集体主义、社会主义、爱国主义为主导价值取向的社会主义道德价值观得到大多数受访大学生的认同和支持。究其根本原因在于：党的十八大以来，以习近平同志为核心的党中央高度重视大学生思想道德建设，高校思政课建设取得显著成效，发生了格局性变化。中国特色社会主义和中国梦深入人心，大学生群体践行社会主义核心价值观、传承中华优秀传统文化的自觉性不断提升，民族自信心、自豪感大大增强，四个自信更加坚定，所有这些都为增强大学生群体的爱国主义、集体主义以及为人民服务的社会主义道德价值取向认同夯实了思想基础。

二、大学生社会主义道德价值取向认知存在的问题及原因分析

从总体来看，当代大学生的社会主义道德价值取向总体状况良好，但也不可避免地存在一些突出且亟待解决的问题。主要表现为：部分受访大学生对为人民服务、集体主义的社会主义道德价值取向存在模糊或错误认知。

（一）部分受访大学生对社会主义道德价值取向存在模糊或错误认知

调查数据显示，大学生对于为人民服务这一社会主义道德建设核心总体持赞同态度，约8%的受访大学生对"为人民服务"的社会主义道德价值观表示不赞同或不清楚（见图2－1），约39%的受访大学生选择了公职人员和领导干部这些群体最应该坚持为人民服务（见图2－5）。当个人利益与集体利益发生冲突时，18.1%的大学生选择"先考虑个人利益，再考虑集体利益"，2.3%的大学生选择"只考虑个人利益"，18.4%的大学生选择"说不清"（见图2－8）。"当代大学生最需要具备的德性"这一问题的调研数据显示，仅有32.9%的受访大学生选择"公心"。受访者认为当代大学生最需要具备的德性依次是：责任心（76.5%）、诚心（58.9%）、孝心（50.0%）、爱心（47.6%）和公心（32.9%）（见图2－13）。从一定意义上来讲，处理好公心与私心的关系就是处理好个人利益与集体利益的关系，公心与私心何者优先也是判断一个人是否秉承为人民服务道德价值观的重要衡量依据。可见，随着我国改革开放事业不断深入，社会变革的持续加剧，人民群众的利益诉求和道德价值观念也日益多元，多元价值观念冲击、多元文化的并存必然对人们，特别是大学生群体道德价值观的选择、判断产生影响。

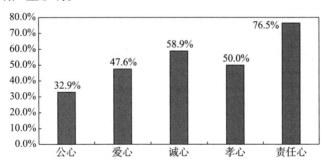

图2－13　大学生认为当代大学生最需要具备的德性

（二）大学生社会主义道德价值取向认知存在问题的原因分析

大学阶段是大学生成长成才的关键时期，也是个体自我意识最强烈的时期，同时也会因为缺乏客观成熟的辨别判断能力，容易受到外部环境的不良影响。

1. 社会环境的负面影响

《纲要》指出："在国际国内形势深刻变化、我国经济社会深刻变革的大背景下，由于市场经济规则、政策法规、社会治理还不够健全，受不良思想文化侵蚀和网络有害信息影响，道德领域依然存在不少问题。"① 调查数据显示，近半数以上的受访大学生认为，引发社会道德问题的主要原因在于社会环境，特别是市场经济的负面影响。与此同时，一些错误思潮或腐朽、扭曲的价值观念，如拜金主义、享乐主义、个人主义等也通过互联网、新媒体等多种渠道趁虚而入，这些价值观与社会主义道德要求相去甚远，极易消解或影响大学生为人民服务、集体主义道德价值观的塑造和确立，导致部分大学生对为人民服务、集体主义社会主义道德价值观持消极态度。

2. 部分高校社会主义道德价值观教育引导机制有待完善

调查数据显示，不同学科背景或专业类型的受访大学生道德认知水平不同，导致他们在道德价值取向、道德情感倾向、道德行为意志能力以及道德行为转化方面上表现出明显的差异性。其中工科学生（3.19）对"当个人利益与集体利益发生冲突时，个人利益应无条件服从集体利益"的认同程度显著高于文科学生（3.13）和理科学生（3.08）（见图 2-10）；文科学生（1.63）在"遇到老人摔倒急需救助的情形"时的帮助意愿显著高于理科学生（1.65）和工科学生（1.72）；对"某银行女职员与持刀抢劫银行的歹徒英勇搏斗而致残"行为的看法，文科学生（2.46）对于女职员做法的认同程度显著高于理科学生（2.49）和工科学生（2.57）。因此，如何在道德教育上真正做到因材施教，对不同政治面貌、性别、年级以及专业或学科背景的大学生群体，有针对性地选取教学内容，设计教学情境和教育方法，激发学生的学习热情、兴趣，改善教学效果，也是当前我国

---

① 中共中央党史和文献研究院. 十九大以来重要文献选编：中［M］. 北京：中央文献出版社，2021：227.

高校道德教育面临的重要课题。

3. 部分家庭对社会主义道德价值观教育重视不够

家庭是社会的基本细胞，是道德养成的起点。[①] "中国传统的家庭教育模式重视孝道、勤俭品德的养成，而对孩子集体观念和集体主义精神则很少加以规范和引导，再加上随着经济的发展，家庭优越的生活环境，家长一味地溺爱孩子，导致孩子形成以自我为中心的心理定势。"[②] 加之，长期以来在高考指挥棒的引导下，一些家庭的家长过分关注孩子的学习成绩，忽视对子女道德价值观念的引导和关心、关爱他人美好道德品质的培育。这种教育方式极易使孩子产生凡事只考虑自己，处处以自我为中心的思想和行为习惯。具体表现，就是对自己有利的事情往往会积极努力争取，有时甚至不惜牺牲他人的合理利益，对自己没有益处的事情，则漠不关心。因此，在日常生活中，家长应有意识地向孩子灌输"为人民服务"以及"集体主义"的价值理念，引导孩子积极参与形式多样的集体活动；采取民主平等的方式与子女进行日常沟通、交流，让孩子时刻意识到自己应该承担的责任，学会换位思考等，这些都是激发孩子集体意识，培养子女集体主义价值观念的好办法，是社会主义道德价值观形成的基础。

第三节　引领大学生社会主义道德价值取向的对策思考

通过调查研究发现，大学生群体的社会主义道德价值取向整体向好，但由于受到市场经济带来的多元价值观的冲击以及家庭、学校对大学生社会主义道德价值取向的引导和教育力度不够等因素的影响，在大学生群体中依旧存在着对为人民服务、集体主义的社会主义道德价值观错误或模糊

[①] 中共中央党史和文献研究院. 十九大以来重要文献选编：中 [M]. 北京：中央文献出版社，2021：231.

[②] 段文阁. 独生子女的协作关系与道德发展 [J]. 湖南师范大学社会科学学报，2002（3）：19–22.

认知的现象，影响着他们思考人生、观察社会、创造未来的能力。因此，必须以《纲要》为基本遵循，积极探索新时代引领大学生社会主义道德价值取向的有效路径，为培养担当民族复兴大任的青年人才积蓄磅礴力量。

一、积极培育大学生"为人民服务"的道德意识

《纲要》提出，新时代公民道德建设要以"为人民服务为核心"，指明了我国道德建设领域要坚持人民立场的正确方向。为人民服务不仅是广大党员干部的行动准则，也是青年大学生的行动指南，必须坚持问题导向，积极培育大学生为人民服务的道德意识。

（一）增强大学生对"为人民服务"内涵的理解

为人民服务是中国共产党在革命、建设和改革不同时期把马克思主义基本原理同中国具体实际相结合而形成的伟大创造。为人民服务不仅具有作为中国共产党根本宗旨的鲜明政治属性，更是全社会共同遵循的道德准则；不仅具有先进性，而且具有广泛性，是先进性与广泛性的有机统一。通过调查发现，在"最应该坚持为人民服务的群体"这一问题的认识上，有48.0%的大学生不赞同所有公民应当是为人民服务的群体（选择所有公职人员的大学生占29.0%，选择领导干部的占10.0%，选择普通共产党员的占5.0%，选择说不清的占4.0%）。这也从侧面反映出，接近一半的大学生对为人民服务的服务主体的认识较为片面，对为人民服务的具体内涵理解片面或者模糊，将为人民服务单纯理解为一部分群体是享受权利的一方，而另一部分群体则是履行义务的一方，这就造成了权利与义务的对立，不符合社会主义的本质要求。因此，积极培育大学生为人民服务道德意识的前提是要增强大学生对为人民服务具体内涵的理解。

首先，为人民服务是社会主义的本质要求。由于社会主义性质国家消除了阶级对立，权利和义务统一于人民内部，每个人既是社会服务的主体，又是社会服务的客体。人们通过不同的角色分工相互提供服务来实现共同利益。因此，为人民服务不是单向地为"少数人"服务，而是包括了社会各阶层、各职业、各身份在内的广大人民之间的相互服务。其次，为

人民服务是一种崇高的政治信仰和要求。毛泽东在党的七大所做的政治报告中指出："我们共产党人区别于其他任何政党的又一个显著标志，就是和最广大的人民群众取得密切联系。全心全意地为人民服务，一刻也不脱离群众；一切从人民的利益出发，而不是从个人或小团体的利益出发；向人民负责和向党的领导机关负责的一致性；这些就是我们的出发点。"①毛泽东对为人民服务的系统论述，是对共产党人政治精神信仰和行动指南的深刻表达。青年大学生作为国家的希望，民族的未来，理应有崇高的政治追求和精神信仰。最后，为人民服务是一种普遍的道德遵循，体现了社会主义道德从低到高、由浅到深的不同层次和表现形式。"先天下之忧而忧，后天下之乐而乐"是为人民服务，"我是一颗螺丝钉，哪里需要哪里钉"也是为人民服务。因此，在新时代的背景下，大学生群体只有科学把握为人民服务的基本内涵，才有可能将这种道德认知内化于心，外化于行。

（二）用优秀精神文化涵养大学生"为人民服务"的人生价值观

人生价值观是决定人之生存的目的、态度的评价标准，选择什么样的人生价值观决定了人生的意义和高度。为人民服务作为一种崇高的人生价值观蕴含着人们对至真、至善、至美的向往和追求。大学生群体在大学期间处在世界观、人生观、价值观形成时期，心智并未完全成熟，极易受到多元价值的影响，对是非曲直问题难以做出正确判断，这对为人民服务价值观的养成造成了一定困难。通过调查发现，在"对为人民服务道德原则的基本态度"这一问题上，仍有少部分人选择说不清或者不赞同（选择说不清占 5.0%，选择不赞同占 4.0%）。这说明，大学生群体对为什么要坚持为人民服务的道德原则认识不清，存在思想上的困惑。中国共产党在革命战争年代形成的为人民服务的优良传统在和平年代已发展演变为人们普遍遵循的道德准则，熔铸在中国革命、建设、改革的精神谱系中，成为涵养青年大学生群体为人民服务的道德意识，追求真、善、美的道德境界的

---

① 毛泽东选集：第3卷 ［M］. 北京：人民出版社，1991：1094 - 1095.

鲜活精神资源。用优秀的精神文化感染人、熏陶人、教育人，有助于增强大学生对为人民服务道德原则的认同，坚定为人民服务的理想信念，从而激励大学生将为人民服务的道德认知转化为勇于担当奉献的行动自觉。

二、努力提升大学生集体主义道德责任感

责任是个体在社会关系中必须承担的职责和使命，在现实生活中，并不是每个人都能清醒地意识到自己身上所担负的责任。调查研究发现，60.8%的大学生对"国家兴亡，匹夫有责"非常认同，并愿意付出行动。当个人利益与集体利益发生冲突时，61.2%的大学生选择优先考虑集体利益（2.7%的大学生选择无条件服从集体利益，58.5%的大学生选择先考虑集体利益，再考虑个人利益）。与此同时，我们也应该注意到，依然有接近四成的受访大学生对集体主义存在模糊或错误认识，他们以实际行动捍卫集体利益的意愿较低。因此，如何在社会转型时期利益多元、价值多元的时代背景下，引导大学生深刻认识集体主义与个人主义道德价值观的本质区别，把握社会主义集体主义的本质内涵，妥善处理个人利益与集体利益之间的关系，提升大学生群体的集体主义道德责任感，是当前我国高校思政教育的重要任务之一。

（一）引导大学生深刻理解社会主义集体主义的科学内涵

一是要引导大学生深刻认识集体主义，强调国家利益、集体利益与个人利益具有内在的一致性。在社会生活中，个人不是单独的社会存在，而是集体中的一分子，集体则是由单个的个人组成，个人与集体是相互依存，不可分割的有机统一整体。国家利益、集体利益是社会个人的共同利益表达，体现了个体的根本、长远利益；而个人的正当利益则是国家、集体利益的重要组成部分，是个人在国家、集体中的自我实现形式。两者相互促进、相得益彰。正如马克思恩格斯所强调："共产主义者既不拿利己主义来反对自我牺牲，也不拿自我牺牲来反对利己主义。"① 集体主义强调

---

① 马克思恩格斯全集：第3卷［M］．北京：中央编译出版社，1960：275.

当个人利益与国家利益、集体利益发生冲突时，国家利益、集体利益高于一切的原则，甚至"为了国家和集体的利益，为了人民大众的利益，一切有革命觉悟的先进分子必要时都应当牺牲自己的利益"[①]。这是因为，只有维护国家利益、集体利益才能从根本上保障个人的根本利益、长远利益。二是要引导大学生认识到集体主义在强调集体利益重要意义的同时，也十分重视和维护个人的正当利益。集体主义不仅不会压制、束缚人的个性，而且为培养个体的健全人格、鲜明个性和创造精神提供了充分施展的空间和平台，最大限度地使个体得到全面发展，个人正当利益得到充分实现。因此，新时代新征程，青年大学生应当认清主流形势，正确理解并妥善处理好个人利益与国家利益、集体利益之间的关系，坚持以国家、集体利益为重，将个人梦熔铸在实现中华民族伟大复兴的中国梦之中，在成就"大我"中造就不平凡的"小我"。

（二）加强对大学生进行集体主义教育的针对性

集体主义教育历来是高校思想政治教育的重要内容之一，是培育学生集体主义道德责任感，帮助学生健全心智、涵养价值、塑造灵魂的重要手段。通过差异性分析发现，因学科、专业、年级、政治面貌等不同，大学生群体对集体主义责任感的道德认知有明显的差异性。这就要求我们在对大学生开展集体主义教育的过程中要充分考虑不同身份、背景下学生个体的差异性，提高集体主义教育的针对性。唯有如此，才能提升大学生集体主义教育的效果，帮助他们更好地树立集体主义的道德价值观。

一是要坚持思想政治理论课与各类课程同向同行。无论是思想政治理论课还是各类专业课程、通识课程都蕴藏着集体主义的教育元素，都应"守好一段渠，种好责任田"。集体主义道德价值观是中国共产党在领导中国人民的百年奋斗史中培育形成的。思想政治理论课能够从宏观上帮助学生理解集体主义因何而来、由何而生、价值彰显的实践历程，帮助大学生形成对集体主义道德价值观的整体性认识。其他各类课程可以从专业角度

---

① 邓小平文选：第2卷［M］. 北京：人民出版社，1994：337.

提供学生认真学习专业知识、认清专业之于国家发展大势中的重要意义和价值，从而帮助学生更好地将专业所学熔铸在实现个人抱负与国家理想的有机统一中。

二是坚持因事而化、因时而进、因势而新。集体主义道德是时代需要的产物。不同的历史主题和时代任务赋予了集体主义不同的时代内涵，对社会成员践行集体主义道德提出了不同的时代要求。如今的大学生群体是在新时代背景下成长起来的，他们"更加自信自强，富于思辨精神"①，在思维方式、道德价值理念方面有新时代的印记。因此，对大学生群体进行集体主义教育在内容和方法上需适应新时代的新要求，从而帮助学生更好地解决"利己和利他、小我和大我、民族和世界"② 等方面的思想困惑。

三是坚持多方主体协同育人。集体主义教育是落实高校立德树人根本任务的重要手段，对大学生群体集体主义道德责任感的培养绝不是教师一方的职责，需要学校党委、学工、团委等部门形成多方联动。学校党委要在顶层设计、制度规范上提出针对大学生集体主义教育的总体方向和要求。学工部门要将集体主义道德培育与大学生的日常管理、入党培训、文化活动等有机结合，引导学生树立集体主义的道德信念。团委通过组织开展社会实践、志愿服务等活动引导学生将集体主义道德价值观念转化为自觉的道德实践。

---

① 习近平. 在庆祝中国共产主义青年团成立 100 周年大会上的讲话 ［N］. 人民日报，2022 - 05 - 11（2）.

② 习近平. 在庆祝中国共产主义青年团成立 100 周年大会上的讲话 ［N］. 人民日报，2022 - 05 - 11（2）.

第三章　大学生爱国主义道德
认知状况调查与分析

　　爱国主义是中华民族精神的核心，是中华民族的宝贵精神财富，也是千百年来维护民族独立、民族人格和民族尊严的强大精神动力和精神支撑。它是反映个人对祖国依赖关系的感情系统，是调整个人与祖国之间关系的行为准则体系，也是支撑民族繁荣发展的中华民族精神的核心。作为情感层面的爱国主义，它表现为人们对祖国江河大地、锦绣山川的依恋，表现为对本民族历史文化、风土人情、风俗习惯以及骨肉同胞、祖宗先辈的热爱，更表现为对祖国领土主权、社会制度的维护等，具有自然性、民族性、政治性和阶级性特点。① 爱国主义认同是产生爱国情感和落实爱国行为的基础，无论是践行爱国主义，还是开展爱国主义教育都需要科学地认识爱国主义。爱国主义的科学认知包括厘清对国家的认识，明确爱国主义"爱什么""为什么爱""怎么爱"等问题。②

第一节　大学生爱国主义道德认知状况及差异性分析

　　为了考察大学生对于爱国主义本质的认同状况和践行爱国主义情感的

---

　　① 吴潜涛，杨峻岭. 全面理解爱国主义的科学内涵 [J]. 高校理论战线，2011（10）：9－14.
　　② 颜永容，周攀. 爱国主义认知研究 [J]. 西南民族大学学报：人文社会科学版，2012（S2）：166－169.

认同状况，课题组选取了问卷中与爱国主义具有直接相关性的问题，即"当今中国爱国与爱社会主义、爱中国共产党是一致的吗?"，您对这种提法的态度? 您对"国家兴亡，匹夫有责"的看法? 并对其相关调研数据进行详细分析解读和差异性考量、比较。

一、大学生对"爱国与爱社会主义、爱中国共产党一致性"的认同状况及差异性分析

调查数据显示，在对"爱国与爱社会主义、爱中国共产党是一致的"问题的态度上，74.0%的大学生持赞同态度，其中16.0%非常赞同，28.0%赞同，30.0%比较赞同，还有22.0%的大学生不赞同（见图 3 - 1）。

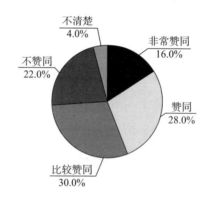

图 3 - 1 大学生对"爱国与爱社会主义、爱中国共产党是一致的"态度

其一，不同学科受访大学生，即文科、理科和工科的大学生对"当今中国爱国与爱社会主义、爱中国共产党是一致的"观点的赞同程度不同（得分越低代表态度越赞同）。单因素方差分析的结果显示，文科、理科和工科的大学生对"当今中国爱国与爱社会主义、爱中国共产党是一致的"观点的态度存在显著差异（$p < 0.05$），经比较分析发现，文科学生的得分（2.65）低于理科学生（2.66）和工科学生（2.76）的得分（见图 3 - 2）。

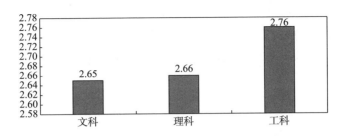

图 3 - 2　不同学科背景的大学生对"爱国与爱社会主义、
爱中国共产党是一致的"态度

其二，不同政治面貌，即党员、团员、群众大学生对"当今中国爱国与爱社会主义、爱中国共产党是一致的"观点的赞同程度也不一（得分越低代表态度越赞同）。单因素方差分析的结果显示，党员、团员、群众对"当今中国爱国与爱社会主义、爱中国共产党是一致的"观点的态度存在显著差异（$p < 0.001$），经比较分析发现，党员的得分（2.37）显著低于团员（2.76）和群众（2.99）的得分，团员的得分（2.76）也显著低于群众（2.99）的得分（见图 3 - 3）。

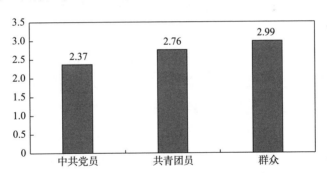

图 3 - 3　不同政治面貌的大学生对"爱国与爱社会主义、
爱中国共产党是一致的"态度

其三，不同年级受访大学生，即本科一年级、二年级、三年级、四年级和研究生对"当今中国爱国与爱社会主义、爱中国共产党是一致的"观点的赞同程度不一（得分越低代表态度越赞同）。单因素方差分析的结果显示，本科一年级、二年级、三年级、四年级和研究生对"当今中国爱国与爱社会主义、爱中国共产党是一致的"观点的态度存在显著差异（$p <$ 0.05），经比较分析发现，本科一年级（2.65）到本科二年级（2.78）的得分呈上升趋势，本科二年级到本科四年级（2.64）的得分呈下降趋势，本科四年级与研究生（2.65）的得分基本持平，且本科二年级学生的得分显著高于其他各年级学生的得分，本科四年级学生的得分显著低于其他各年级学生的得分（见图3-4）。

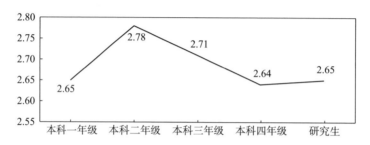

图3-4　不同年级的大学生对"爱国与爱社会主义、
爱中国共产党是一致的"态度

二、大学生对"国家兴亡，匹夫有责"的认同状况及差异性分析

调查数据显示，在对于"国家兴亡，匹夫有责"的看法上，60.8%的人认为很有意义，国家兴亡关乎我们每个人；32.7%的人比较认同，但没有切身行动；4.0%的人不太认同，感觉离自己的现实生活很远；仅有0.5%的人完全不认同，认为只要自己过得好就行。这些结果表明，大多数大学生有着浓厚的爱国情怀，愿意在行动上践行爱国主义情感（见图3-5）。

通过选择"性别""学科""年级""政治面貌"和"是否为独生子女"作为变量条件，对调查数据进行多层面差异分析，调查数据显示（得分越低代表越赞同），不同性别、政治面貌、是否独生子女的大学生群体对"国家兴亡，匹夫有责"的认同程度存在显著差异（$p < 0.05$）。

从不同性别大学生数据分析比较中可以看出，不同性别的大学生对"国家兴亡，匹夫有责"的看法存在显著差异（$p < 0.05$），女生的得分（1.46）显著低于男生的得分（1.51）（见图3-6）。

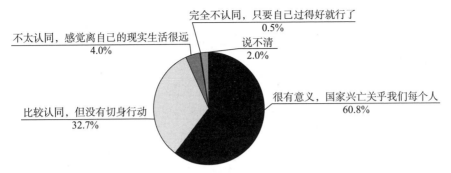

图 3 - 5 大学生对"国家兴亡，匹夫有责"的态度

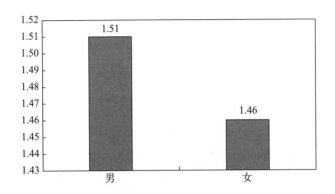

图 3 - 6 不同性别大学生对"国家兴亡，匹夫有责"的态度

从不同政治面貌大学生数据分析比较中可以看出，党员、团员、群众对"国家兴亡，匹夫有责"的看法存在显著差异（$p < 0.001$）。党员的得分（1.36）显著低于团员（1.49）和群众（1.79）的得分，团员的得分（1.49）也显著低于群众（1.79）的得分（见图 3 - 7）。

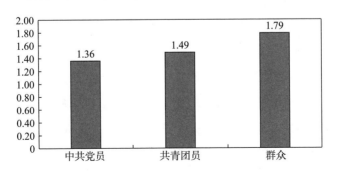

图 3 - 7 不同政治面貌大学生对"国家兴亡，匹夫有责"的态度

　　从是否独生子女的数据分析比较中可以看出，独生子女和非独生子女的大学生对"国家兴亡，匹夫有责"的看法存在显著差异（$p < 0.05$），非独生子女的得分（1.46）显著低于独生子女的得分（1.52）（见图3–8）。

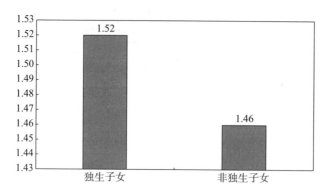

图3–8　独生子女与非独生子女大学生对"国家兴亡，匹夫有责"的态度

第二节　大学生爱国主义道德认知总体状况、存在问题与原因分析

　　大学生正处在人生的黄金时期，是未来建设社会主义现代化事业的中坚力量，这就要求大学生不仅要有求学求知的热情，而且要有心系国家的担当，做到知行合一、学以致用，为将来走上社会，投身国家建设做好思想品德、学识修养、能力才干等多方面的储备。调查发现，目前我国大学生对爱国主义的认同度高，对祖国怀有深深的感情。大学生有着浓厚的爱国情怀，国家面临大事、难事、急事时，他们能够自觉担当、勇往直前，表现出强烈的爱国热情、高度的社会责任感和崇高的奉献精神，是可信赖、有希望、堪当大任的一代。但同时在部分受访大学生身上，也反映出一些不容忽视和规避的问题。因此，认真考察和分析我国大学生爱国主义认知践行状况，并对其存在问题及影响因素进行深入剖析和识别，这对于深入推进高校爱国主义教育，提升大学生爱国主义道德境界，培养忠诚和

坚定的爱国者具有重要意义。

一、大学生爱国主义道德认知总体状况良好

调查数据显示，74.0%的受访大学生对当代中国爱国、爱党、爱社会主义高度统一的爱国主义本质持赞同态度，其中16.0%非常赞同，28.0%赞同，30.0%比较赞同；93.5%的受访大学生对"国家兴亡，匹夫有责"的传统爱国观念持赞同态度，其中，60.8%的大学生认为"很有意义，国家兴亡关乎我们每个人"，32.7%的人选择"比较认同，但没有切身行动"；61.2%的受访大学生在"当个人利益与集体利益发生冲突时"选择"个人利益服从集体利益"。另根据天津师范大学一项关于全国大学生"基于国家认同的爱国主义价值建构研究"项目结果显示，90.0%的受访大学生对国家认同持积极态度。① 表明多数受访大学生的爱国主义道德认知和爱国情感价值取向符合社会主流道德价值观。

二、大学生爱国主义道德认知存在的突出问题

其一，从前文调查数据看，26.0%受访大学生对当代中国爱国主义的本质，即爱国和爱党、爱社会主义的一致性问题存在模糊或错误认知。其中，22.0%的受访大学生对此观点持不赞同态度，4.0%的受访大学生表示"很不清楚"。理工科受访大学生对这一问题赞同度明显低于文科受访学生，工科受访大学生的赞同度明显低于理科受访学生；本科受访大学生则表现为年级越低，赞同支持度也越低；群众受访大学生赞同支持率明显低于党员、团员受访大学生。

其二，从前文调查数据看，38.8%的受访大学生对如何正确处理个人与国家、集体利益之间的关系，特别是当个人利益与集体利益发生冲突或矛盾时，大学生应该如何选择这一问题存在模糊，甚至错误认知。18.1%的受访大学生选择"先考虑个人利益，再考虑集体利益"，2.3%的大学生

---

① 佟德志，王旭，朱炳坤. 大学生理性爱国态度及其影响因素：基于全国大学生4054份社会调查问卷的分析［J］. 思想教育研究，2019（06）：131－136.

选择"只考虑个人利益"，18.4%的人选择"说不清"。4.5%的受访大学生对"国家兴亡，匹夫有责"的传统爱国观念持反对或不支持态度，其中，4.0%的大学生选择"不太认同，感觉离自己的现实生活很远"，0.5%的大学生选择"完全不认同，只要自己过得好就行了"。

其三，从前文调查数据看，部分受访大学生的爱国主义认知还只是停留在情感认同层面。众所周知，爱国主义不是空洞的，它是爱国情感的提升和升华，包括爱国情感、爱国思想与爱国行为三个层面，三者是统一的整体。因此，爱国主义除了要拥有强烈的爱国情感之外，还要有实实在在的行动。爱国不仅是胸中的理想信念，更应该是时刻践行的行为准则。调查数据显示，32.7%的受访大学生对"国家兴亡，匹夫有责"这一传统爱国观念的认知或情感倾向，选择"比较认同，但没有切身行动"；18.1%的受访大学生在个人利益与集体利益发生冲突时，选择"先考虑个人利益，再考虑集体利益"。课题组在对以上两个问题的差异性对比数据分析中发现，独生子女对上述问题的赞同支持率明显低于非独生子女。表明家庭成长环境对大学生爱国认知与爱国行动统一的实现具有重要影响。

另外，课题组通过对比不同政治面貌的大学生的单因素方差分析的结果显示，不同政治面貌大学生对"爱国与爱社会主义、爱中国共产党是一致的"（$F = 51.703$，$p < 0.001$）、"国家兴亡，匹夫有责"（$F = 34.055$，$p < 0.001$）、"无条件服从集体利益"（$F = 15.19$，$p < 0.001$）这三个问题的态度均存在显著差异。其中，受访党员和团员大学生对上述三个问题的认同度均高于受访群众大学生。

三、大学生爱国主义道德认知问题产生的原因分析

调查数据显示，大学生群体的爱国主义道德价值观总体状况良好，绝大多数受访大学生爱国认知正确，爱国情感取向积极，拥护党的领导，社会主义信念鉴定，具有强烈的国家、民族归属感。其原因在于：党的十八大以来，中国特色社会主义进入新时代。在新的复杂的背景之下，党中央带领全国人民取得了举世瞩目的历史性成就，开创了中国特色社会主义事

业的全新局面。一是全面建成小康社会。2021 年 7 月 1 日，习近平总书记在庆祝中国共产党成立 100 周年大会上代表党和人民庄严宣告，经过全党全国各族人民持续奋斗，我们实现了第一个百年奋斗目标，在中华大地上全面建成了小康社会，历史性地解决了绝对贫困问题，正在意气风发向着全面建成社会主义现代化强国的第二个百年奋斗目标迈进。全面建成小康社会，意味着我国产业迈向中高端水平，消费对经济增长贡献明显加大；意味着脱贫攻坚成效显著，人民生活水平和质量普遍提高；意味着我国的教育、文化、卫生等事业全面进步。二是全面深化改革向纵深推进。具体表现为：我国供给侧结构性改革迈出了实质性步伐；创新驱动发展战略深入实施，取得显著成效；我国国防和军队改革取得重大突破；高水平的对外开放政策呈现新格局，开放战略更加积极主动，尽显大国风范。三是开启中国法治的新时代。具体表现为：全面依法治国在思想内涵上逐渐丰富，在实践中取得了重要成就；以宪法为核心的中国特色社会主义法律体系不断完善，全社会法治观念明显增强。四是全面从严治党的扎实推进夯实党的执政基础。具体表现为：马克思主义理论学习教育进一步常态化、制度化，作风建设永远在路上；制度治党获得重要发展，全方位扎起制度的笼子；反腐败斗争形成压倒性态势，巡视监督成为党内监督的战略性制度，等等。这些伟大成就极大地激发了青年大学生的民族自尊心、自信心和自豪感，并汇集成强烈的爱国热情。

与此同时，我们也应该清醒地看到，部分受访大学生在对当代中国爱国主义本质以及如何正确处理个人利益与国家、集体利益之间的关系问题上，存在模糊或错误认知现象。引发这些现象的原因是复杂、多方面的。

（一）世界主义、普遍主义等社会思潮对大学生爱国主义认知的冲击和影响

经济全球化带来的文化全球化对我国思想领域，特别是意识形态建设方面产生了巨大影响。一部分人在世界主义、普遍主义等错误社会思潮的冲击和影响下，出现了民族、国家观念和国家主权意识淡化的思想倾向。受这类思想影响，一些大学生因涉世未深，难辨真假，缺乏对事物的全面

认识和准确判断复杂事物的能力，容易形成对爱国主义错误认知。事实上，尽管全球化是人类经济社会发展不可阻挡的趋势，但是从现实发展来看，单体民族国家依然是全球化进程中最主要的治理单元。现今为止，全球范围内的任何个体，仍然在民族国家的制度作用下，归属并服从于民族国家。因此，我们绝不能以"世界主义、全球正义"的存在而否定爱国主义的实践基础与理论指向，而是坚持以"爱国主义"统摄"世界主义、全球正义"，并随着时代的发展不断赋予爱国主义新内涵，用实际行动展现爱国主义的责任与使命。①

（二）全媒体时代多元化信息会对舆情引导产生干扰

伴随着信息社会加快推进，以全程媒体、全息媒体、全员媒体、全效媒体为特点的全媒体传播格局逐渐形成。② 全媒体时代，低门槛的自媒体环境在丰富大学生业余生活的同时，也使各种片面、偏激的思想言论在各种网络平台上肆意传播。网络信息良莠不齐，真伪难辨，呈现出不可控性。个别媒体平台为了获得高点击率、高关注度，有时甚至倾向于报道社会的负面新闻或虚假信息。这种情况极易干扰大学生的爱国主义认知。如对"爱国与爱社会主义、爱中国共产党是一致的"这个观点的讨论，一些别有用心者通过微博、微信等新媒体"带节奏"，在大学生群体中造成了一定负面影响。调研结果中 22.0% 学生不赞同这一观点的现象可归因于此。事实上，我们所说的爱国主义，是具体的不是抽象的，是统一的不是割裂的，是历史的也是现实的。处于国家与社会一体化发展之中的青年，需要对国家政党制度与社会制度的历史由来、发展演变、现实框架及未来目标有一个清晰的认知，将个体的思想观念、行为选择、道德规范与具体的制度设计相结合，在国家、社会以及个体的结构互动关系中，实现有机结合。反之，将爱国主义与爱党、爱社会主义割裂，一方面无视或淡化了爱国主义的制度基础，另一方面则是否定了爱国主义的制度支撑与制度保

---

① 沈东. 冲击与回应：新时代青年理性爱国主义的"社会化"转向 [J]. 中国青年研究，2019（05）：5-10，23.

② 江晓晖. 全媒体时代大学生爱国主义教育探析 [J]. 教育评论，2019（09）：113-118.

障，使爱国主义成为应然层面的价值追求，忽视了实然层面的制度规范。①
从全球范围来看，青年爱国主义的思想观念与行为选择，不仅仅在实体地
理空间范围内生成发展，同时还会在虚拟网络空间内扩散影响，而且经常
性地在"线上与线下、实体与虚拟、国内与国外"等多个领域形成"全频
共振"，对全球社会治理产生多维度冲击。② 因此，在网络化和信息化时
代，大学生群体的爱国主义教育需要上升到制度政策和道德规范层面，以
此来促进爱国主义的法治化、制度化以及规范化进程。

（三）爱国教育针对性、实效性不强

部分学校或家庭爱国教育针对性、实效性不强，影响学生正确爱国认
知的形成和确立。

从学校教育的层面看，一些高校的爱国主义教育流于空洞说教，创新
针对性不足，无法从根本上解决学生的思想和理论困惑，也在一定程度上
影响了学生参与课堂教学的积极性。调研中，理科学生（2.66）和工科学
生（2.76）的爱国主义认知弱于文科学生（2.65）的现象，从另一个方面
表明有针对性地开展学校爱国主义教育势在必行。

从家庭教育的层面看，一些家长或是受限于自身受教育水平，或是受
限于繁忙的工作，淡化或忽视了家庭理应承担的教育责任。从家庭教育的
方式和内容来看，一些家长的传统价值观和政治教化模式已经成为"不可
信"的"老一套"，大学生对于家长"说教"的反感使家庭教育效果被进
一步弱化；从家庭成员构成情况来看，调查数据显示，独生子女对"国家
兴亡，匹夫有责"和"无条件服从集体利益"问题的认同率明显低于非独
生子女。表明独生子女的特殊家庭成长环境，使他们在处理个人与国家、
社会以及与他人之间的关系时，容易产生自我为中心、个人利益至上的思

① 沈东. 冲击与回应：新时代青年理性爱国主义的"社会化"转向 [J]. 中国青年研究，
2019（05）：5－10，23.
② 沈东. 冲击与回应：新时代青年理性爱国主义的"社会化"转向 [J]. 中国青年研究，
2019（05）：5－10，23.

想倾向。①

从大学生自身教育的层面看，大学生身处校园，涉世未深，逻辑思维能力不足，缺乏成熟的社会经验和判断力，加之心理不够成熟，极易受到社会上各种错误社会思潮或价值观念的影响和冲击。此外，正值青春时期的大学生，也是个人意识、自我意识表现最为强烈的时期，他们更加关注自身的利益，强调个人利益高于其他利益，如果不能适时得到正确合理有效的引导和教育，极易出现极端的个人主义或利己主义思想倾向。

第三节　加强大学生爱国主义教育的对策思考

习近平总书记指出："当代青年是同新时代共同前进的一代。我们面临的新时代，既是近代以来中华民族发展的最好时代，也是实现中华民族伟大复兴的最关键时代。广大青年既拥有广阔发展空间，也承载着伟大时代使命。"② "爱国主义始终是激昂的主旋律，始终是激励我国各族人民自强不息的强大力量。"③ 要开创中华民族伟大复兴新局面，必须大力弘扬伟大的爱国主义精神。根据上述内容分析，课题组从爱国主义教育的内容、方式、环境等方面提出针对性对策，以期能够有效提升大学生爱国情怀，丰富大学生爱国实践，为新时代中国特色社会主义建设提供源源不断的优质后备军。

一、创新大学生爱国主义教育内容

前文调研数据分析显示，大学生爱国主义认知状况的问题主要表现在爱国主义认知存在误区，对国家、集体利益与个人利益之间的关系存在模

---

① 杨峻岭. 当代大学生践行社会主义荣辱观状况分析 [J]. 思想教育研究, 2014（12）：54－59.

② 习近平. 在北京大学师生座谈会上的讲话 [N]. 人民日报, 2018－05－03（002）.

③ 习近平谈治国理政：第 1 卷 [M]. 北京：外文出版社, 2014：58.

糊认知等。因此，课题组认为，创新爱国主义教育内容势在必行。

一是要高度重视中华优秀传统文化教育。文化是民族的血脉，是人民的精神家园，也是政党的旗帜。中华优秀传统文化是人类文明的瑰宝，也是我们国家最深厚的文化软实力。习近平总书记在北京大学师生座谈会上的讲话中指出："中华文明绵延数千年，有其独特的价值体系。中华优秀传统文化已经成为中华民族的基因，植根在中国人内心，潜移默化影响着中国人的思想方式和行为方式。"① 习近平总书记还强调，尊重传统，不是固守传统。要坚持马克思主义的方法，采取马克思主义的态度，对历史文化特别是先人传承下来的价值理念和道德规范，有鉴别地加以对待，有扬弃地予以继承，古为今用、推陈出新，实现优秀传统文化的"创造性转化、创新性发展"，使中华民族最基本的文化基因与当代文化相适应、与现代社会相协调，跨越时空、超越国度、富有永恒魅力、让当代价值的文化精神得以弘扬光大。② 中国传统文化历来有着丰富的爱国主义思想，战国时代楚国屈原曾写下"长太息以掩涕兮，哀民生之多艰"，北宋范仲淹曾写下"先天下之忧而忧，后天下之乐而乐"，清代顾炎武曾写下"保天下者，匹夫之贱，与有责焉耳矣"。这些优秀的古典诗词都集中体现了中国传统文化中强烈的集体主义观念和爱国主义情操，是激发大学生民族自豪感的典型素材。调研结果显示，93.5%的大学生对"国家兴亡，匹夫有责"这一传统爱国观念表示认同，这说明中华优秀传统文化对大学生爱国主义认知的积极影响。需要指出的是，在如何对待传统文化的问题上，厚古薄今抑或厚今薄古都失之偏颇。对待文化传统的科学态度是：用马克思主义的方法，坚持古为今用、推陈出新，有鉴别地加以对待，有扬弃地加以继承。③ 习近平总书记在纪念孔子诞辰2565周年国际学术研讨会暨国际儒学联合会第五届会员大会开幕会上指出："要坚持古为今用、以古鉴今，

---

① 习近平.青年要自觉践行社会主义核心价值观［N］.人民日报，2014－05－05（002）.

② 高永中.认真学习习近平同志关于中华文化的重要论述　以高度的文化自觉深化党史文化研究［J］.中共党史研究，2014（10）：18－27.

③ 马云志.坚定中国特色社会主义的"四个自信"［M］.北京：人民出版社，2017.

坚持有鉴别的对待、有扬弃的继承，而不能搞厚古薄今、以古非今，努力实现传统文化的创造性转化、创新性发展，使之与现实文化相融相通，共同服务以文化人的时代任务。"① 因此，在教育引导大学生认真学习中华优秀传统文化的过程中，要注重辩证取舍，创新转化。与此同时，还要注重引导大学生把民族自豪感切实转化为爱国行动，把爱国之情、报国之志有效融入建设中国特色社会主义国家的伟大事业中，融入人民创造历史的伟大奋斗中，将国家富强、民族振兴、人民幸福作为不懈追求，为实现中华民族伟大复兴的中国梦贡献力量。

二是要加强党史、新中国史、改革开放史和社会主义发展史教育。知史方能爱党，知史方能爱国。习近平总书记在布鲁日欧洲学院做演讲时指出，"观察和认识中国，历史和现实都要看，物质和精神也都要看。中华民族 5000 多年文明史，中国人民近代以来 170 多年斗争史，中国共产党 90 多年奋斗史，中华人民共和国 60 多年发展史，改革开放 30 多年探索史，这些历史一脉相承，不可割裂。脱离了中国的历史，脱离了中国的文化，脱离了中国人的精神世界，脱离了当代中国的深刻变革，是难以正确认识中国的。"② 改革开放是"当代中国发展进步的活力之源，是我们党和人民大踏步赶上时代前进步伐的重要法宝，是坚持和发展中国特色社会主义的必由之路"，是"党在新的历史条件下领导人民进行的新的伟大革命，是决定当代中国命运的关键抉择。中国特色社会主义之所以具有蓬勃生命力，就在于是实行改革开放的社会主义。我国过去三十多年的快速发展靠的是改革开放，我国未来发展也必须坚定不移依靠改革开放。只有改革开放才能发展中国、发展社会主义、发展马克思主义。中国特色社会主义在改革开放中产生，也必将在改革开放中发展壮大"③。历史是最好的教科书。学习历史是新时代坚持和发展中国特色社会主义，把党和国家各项事

---

① 习近平谈治国理政：第 2 卷［M］. 北京：外文出版社，2017：313.

② 习近平. 在布鲁日欧洲学院的演讲［N］. 人民日报，2014 - 04 - 02（002）.

③ 中央文献研究室. 习近平关于协调推进"四个全面"战略布局论述摘编［M］. 北京：中央文献出版社，2015：51.

业继续推向前进的必修课；在对历史的深入思考中做好现实工作、更好走向未来，交出坚持和发展中国特色社会主义的合格答卷。① 因此，新时代加强大学生党史、新中国史、改革开放史社会主义发展史教育，就是要引导大学生深刻认识历史和人民选择中国共产党、选择马克思主义、选择社会主义道路、选择改革开放的历史必然性，深刻认识党和国家的奋斗历程和发展方向，使每一个大学生充分认识到爱国和爱党、爱社会主义高度统一是当代中国爱国主义的本质，并转化为大学生做忠诚的爱国者的坚定信念。

三是注重国情教育和形势政策教育。习近平总书记在党的十九大报告中指出："经过长期努力，中国特色社会主义进入了新时代，这是我国发展新的历史方位。""中国特色社会主义进入新时代，我国社会主要矛盾已经转化为人民日益增长的美好生活需要和不平衡不充分的发展之间的矛盾。""必须认识到，我国社会主要矛盾的变化，没有改变我们对我国社会主义所处历史阶段的判断，我国仍处于并将长期处于社会主义初级阶段的基本国情没有变，我国是世界最大发展中国家的国际地位没有变。"② 这说明，我国社会主要矛盾的变化，没有改变我们对我国社会主义所处历史阶段的判断。我们必须把握好这一"变"和"不变"的辩证关系。因此，意识形态日益多元化、国家认同亟须建构的今天，加强大学生国情教育和形势政策教育，引导学生学会从社会主义初级阶段来考察我国的基本国情尤为紧迫，这不仅关系到整个国家的意识形态安全，而且也直接影响着广大青年大学生正确政治观念和价值取向的确立。要通过国情教育和形势政策教育，帮助大学生充分了解我国发展新的历史方位，准确把握基本国情，既不落后于时代，也不脱离实际、超越阶段。使广大学生深刻认识到，中国特色社会主义进入了新时代，既不是凭空产生的，更不是一个简单的新概念表述，而是经济社会发展到一定阶段发生的必然历史飞跃，具有丰富

① 习近平在中共中央政治局第七次集体学习时强调在对历史的深入思考中更好走向未来交出发展中国特色社会主义合格答卷［N］．人民日报，2013－06－27（001）．
② 习近平．决胜全面建成小康社会　夺取新时代中国特色社会主义伟大胜利——在中国共产党第十九次全国代表大会上的报告［M］．北京：人民出版社，2017：12.

厚重的思想内涵、实践内涵和历史内涵；中国社会主要矛盾已经转化为人民日益增长的美好生活需要和不平衡不充分的发展之间的矛盾，但我国社会仍处于并将长期处于社会主义初级阶段的基本国情没有变，我国是世界上最大发展中国家的国际地位没有变。

经济全球化深入发展，全球经济增长动能不足，世界多极化趋势进一步加强，科学技术酝酿新的突破，信息技术特别是互联网影响深远，思想文化交流交融交锋呈现新特点，人类共同安全问题日益突出，全球治理进入新阶段。因此，维护以联合国为核心的主权国家体系同各种破坏挑战国家主权行为之间的矛盾，构建以合作共赢为核心的新型国际关系同停留在冷战对抗思维上的旧国际关系之间的矛盾，依然是当前国际秩序建设面临的主要矛盾。这一主要矛盾使人类未来充满不确定性，给中国这样的新兴大国参与全球治理提供了难得机遇。为此，中国必须参与其中，为其贡献中国智慧，提供中国方案。爱国主义教育还必须具备国际视野和国际胸怀。要通过世情、国情和形势政策教育，帮助大学生确立正确的国际观、历史观、安全观，不断增强大学生担负民族复兴重任的责任意识和使命担当精神。

二、创新大学生爱国主义教育方式

调查数据显示，一定数量的受访大学生认为，有效和新颖的爱国主义教育方式对青年大学生确立正确爱国主义认知和践行有积极影响。因此，在充分发挥传统爱国主义教育优势的基础上，不断探索和创新高校爱国主义教育形式，已经成为新时代增强高校爱国主义教育的必然选择。

一是要充分重视和发挥思政课堂教学的主渠道作用。牢牢把握党立德树人的根本任务，遵循高校教育教学工作的根本规律，深入推进爱国主义教育体制改革创新，将党的教育方针细化为学生发展核心素养，做好中国特色社会主义和"中国梦"的教育宣传，加大对中国特色社会主义道路、理论体系、制度和文化研究阐释和宣传教育力度，丰富、发展爱国主义教育内容，创新爱国主义教育载体，将爱国主义教育融入高校思政各门课程中，扎实推进中国特色社会主义理论和"中国梦"进教材进课堂进头脑。例如，在中国近现代史基本问题的学习过程中，通过向大学生讲述中国共产党人的初心和使命，中国共产党成立以来中华民族发展的方向和进程，国共两党在解放战争初期的力量对比和最终结局，以基本史实引导大学生深刻理解和认知中国共产党为什么"能"，马克思主义为什么"行"，中国特色社会主义为什么"好"。

二是要积极开展丰富多彩的爱国主义教育实践活动。爱国主义教育不仅要求大学生培养爱国之情、砥砺强国之志，还要能够实践报国之行，实现知行合一、学以致用，把学习教育成果转化为爱国报国的实际行动。即做到认知、情感认同与行为践行的有机统一。依托国内各类爱国主义教育实践载体开展形式多样、内容丰富的爱国主义教育实践活动，延展大学生爱国主义教育的时间与空间，实现课堂教学与课外实践教学的互动、互补。例如，开展形式多样的爱国主义主题校园文化活动；观看爱国主义教育纪录片，参观爱国主义教育基地，瞻仰烈士陵园，学习先烈的英雄事迹等，帮助大学生更好地回顾历史，了解国情，深刻认识到共和国的成就来之不易，进而对爱国与爱社会主义、爱中国共产党有机统一的新时代爱国主义本质建立起更加深刻的情感和认知认同，增强大学生的爱国主义责任担当意识。

三是创新爱国主义教育、传播手段。采用大学生喜闻乐见的形式传播社会主流价值观，讲好中国故事，让报刊、广播、影视等传统媒体宣传有情感、有深度、有温度；积极运用微信、微博、QQ 等社交媒体及视频网站、短视频平台等大学生日常使用的传播平台，生动活泼地开展网络爱国主义教育；广泛开展网上主题教育活动，制作和推送体现爱国主义精神的网络作品，注重及对重大政治事件、重大社会热点事件进行深入分析和正确引导，深入挖掘其中的爱国主义教育元素；充分认识数字技术给人类生产生活带来的广泛深刻影响，认清数字、信息化给传统思政教育带来的机遇和挑战。科学、合理地利用新媒体、新技术，有效利用"慕课""微课堂""新媒体""翻转课堂"等灵活多样的线上、线下教学形式，推动爱国主义教育传统优势与现代信息技术高度融合，不断增强爱国主义教育吸引力、感染力和实效性。

四是充分发挥优秀大学生党员爱国主义榜样示范、引领作用。榜样的力量是无穷的，大学生的爱国主义实践同样需要榜样的带动作用。大学生党员是大学生群体的先进代表，相对于普通群众大学生他们的爱国认知更加清晰、准确，对爱国与爱社会主义、爱中国共产党一致性这一新时代爱国主义本质持赞同态度的比例最高。因此，高校爱国主义教育必须重视发挥大学生党员的模范带头作用，通过建设大学生先进基层党支部，培育或树立大学生爱国学习典范、实践典范、网宣典范；通过大学生党员先进事迹宣传、表彰会，加大爱国主义榜样的宣传力度，进而以朋辈榜样的力量鼓舞和激励大学生将爱国主义情感落实到实际行动上去，把敬仰和感动转化为干事创业、精忠报国的实际行动。

三、加强大学生爱国主义教育制度建设

加强高校爱国主义教育的制度建设，有利于推动新时期爱国主义教育的持续健康发展。2019 年 11 月，中共中央、国务院印发的《新时代爱国主义教育实施纲要》明确指出，爱国主义教育要"坚持以立为本、重在建设"①的方针，要"注重落细落小落实、日常经常平常"②。这就要求高校以现有爱国主义相关法律法规为基础，建立健全一套突出思想引领、强化实践养成的爱国主义教育制度及细则，使高校爱国主义教育常态化、规范化、制度化。具体地说，主要包括如下几个方面的工作：

一是建立弘扬爱国精神、增进国家认同的仪式礼仪制度。依据《中华人民共和国国旗法》（1990 年 6 月 28 日通过，10 月 1 日起施行）、《中华人民共和国国歌法》（2017 年 9 月 1 日通过，10 月 1 日起施行）、《中华人

---

① 中共中央党史和文献研究院．十九大以来重要文献选编：中［M］．北京：中央文献出版社，2021：312.

② 中共中央党史和文献研究院．十九大以来重要文献选编：中［M］．北京：中央文献出版社，2021：313.

民共和国国徽法》（1991 年 3 月 2 日通过，10 月 1 日起施行）以及《中华人民共和国高等教育法》（1998 年 8 月 29 日通过，1999 年 9 月 1 日起施行）等法律，制定升国旗、唱国歌仪式管理办法，重大事件、重大节日和纪念日的仪式礼仪实施办法等。通过宣传国旗升挂、国徽使用、国歌奏唱礼仪，开展"同升国旗、同唱国歌"活动，使大学生在活动中感受仪式礼仪的庄重感和神圣感，引导教育当代大学生"尊重和爱护国旗"[①]"尊重国歌，维护国歌的尊严"[②]"尊重和爱护国徽"[③]。在重大节庆日和纪念日开展"弘扬爱国奋斗精神，建功立业新时代"等活动，宣传革命先烈和时代楷模的英雄事迹，把敬仰和感动转化为干事创业的实际行动，在校园里营造一个大力弘扬民族精神和时代精神的浓厚氛围，不断增强大学生的爱国意识和爱国情感。

二是完善爱国主义教育实践实施办法。高校在充分发挥思政课主阵地和课堂教学主渠道作用的同时，要加强爱国主义教育实践的制度建设。校内外实践及制度建设应包括以下几个方面的内容："广泛开展文明校园创建，强化校训校歌校史的爱国主义教育功能[④]，组织开展丰富多彩的校园文化活动"。把爱国主义内容融入党日、团日、主题班会以及各类主题教育活动之中。组织大学生参观纪念馆、革命遗址、烈士陵园等爱国主义教育示范基地，参加军事训练、文化科技卫生"三下乡"、学雷锋志愿服务等活动。通过融合、利用学校及社会各方面爱国主义教育资源，激发大学生情感方面的认知与体验，增强其爱国责任心与爱国使命感，将爱国之情、强国之志转化为报国之行，形成知与行的良性互动。

三是建立高校党委和基层党委（党支部）履行爱国主义教育职责的监

---

① 全国人民代表大会常务委员会法制工作委员会. 中华人民共和国法律汇编：1990 [M]. 北京：人民出版社，1991：64.

② 全国人民代表大会常务委员会法制工作委员会. 中华人民共和国法律汇编：2017（上）[M]. 北京：人民出版社，2018：271.

③ 全国人民代表大会常务委员会法制工作委员会. 中华人民共和国法律汇编：2020（下）[M]. 北京：人民出版社，2021：460.

④ 中共中央党史和文献研究院. 十九大以来重要文献选编：中 [M]. 北京：中央文献出版社，2021：318.

督问责制度。通过建立完善高校爱国主义教育监督问责制度，逐步形成"党委统一领导、党政齐抓共管、宣传部门统筹协调、有关部门各负其责的工作格局"①，增强各组织领导的监督问责效能，为高校爱国主义教育的高质量发展提供坚实保障。更为重要的是，这一监督问责制度必须从"理念"层面转变到"执行"层面，真正能划清职责权限，明确问责方法，是一个具有刚性的检查评估、监察督导、奖惩激励、责任追究等监督责任机制。

四是加强师德师风建设，不断提升广大教师的爱国教育能力和教学素养。习近平总书记指出，"教师是人类灵魂的工程师，承担着神圣使命。传道者自己首先要明道、信道。高校教师要坚持教育者先受教育，努力成为先进思想文化的传播者、党执政的坚定支持者，更好担起学生健康成长指导者和引路人的责任。"广大教师要"以德立身、以德立学、以德施教"②。因此，重视加强师德师风建设，不断增强高校教师思政教育能力和素养，首先要重视高校教师的选拔考核工作，在教师选拔和考核过程中不仅要注重考察教师的知识水平和专业素养，更要注重考察教师的政治立场、家国情怀、个人品德，"让有信仰的人讲信仰，让有爱国情怀的人讲爱国。"③ 其次要加强对高校教师思政教育培训，按照政治要强、情怀要深、思维要新、视野要广、自律要严、人格要正的标准教育和培养广大教育工作者，号召广大的教师们秉承以德立身、以德立学、以德施教的教育理念，坚持教书和育人相统一的思想政治工作原则，真正地成为大学生爱国思想的引导者、爱国行动的示范者。

---

① 中共中央党史和文献研究院. 十九大以来重要文献选编：中 [M]. 北京：中央文献出版社，2021：323.

② 张烁. 把思想政治工作贯穿教育教学全过程　开创我国高等教育事业发展新局面 [N]. 人民日报，2016 - 12 - 09 (010).

③ 中共中央党史和文献研究院. 十九大以来重要文献选编：中 [M]. 北京：中央文献出版社，2021：317.

第四章　大学生诚信道德
认知状况调查与分析

　　社会性是人的本质属性。"个人无论以何种面貌出现在这个世界上，他总是以社会的一员、以社会的角色展示自己。"① 在这种社会关系里，就会有相应的身份、地位、职责等社会标识来判断一个人的社会化程度。完成个人向社会的转化，既需要提升自己所学习的科学知识获得赖以生存的谋生手段；同时也需要通过努力达到社会所需要个体应呈现的行为状态，包括道德、法律、政治等规范的要求。诚实守信是公民道德的基本要求之一，对社会秩序的维护以及社会成员个体的生存与发展至关重要。在社会价值多元化、社会信用体系尚不完善的背景下，道德层面的完善一方面决定着整个社会的可持续、稳固发展；另一方面帮助大学生在社会化的过程中逐渐适应社会角色的转变，并承担起应有的社会责任。因此，考察与把握大学生对诚信道德的认知、践行状况，可以为大学生诚信道德建设提供有益的参考。

第一节　大学生诚信道德认知状况及差异性分析

　　2019 年 10 月颁布实施的《纲要》指出："重诚信是社会和谐的基石和

---

① 宋希仁. 社会伦理学［M］. 太原：山西教育出版社，2008：57.

重要特征……构建覆盖全社会的征信体系，健全守信联合激励和失信联合惩戒机制，开展诚信缺失突出问题专项治理，提高全社会诚信水平。"因此，课题组从多个维度设计问卷，如大学生对"诚信缺失问题重要性的排名状况""诚实守信的人往往吃亏"的认知状况，对"道德品质影响最大的环境""当代中国最值得传承的中华传统美德"的看法，对"周围人的诚信程度""考试作弊、论文抄袭等学术不端行为"的认知状况，以及对"当前网络道德生活中最突出的问题"的认知状况，以期从多个层面了解和把握大学生群体诚信道德的认知和践行状况，并以此为依据对现存问题及其影响因素进行深入研究与分析。

一、大学生对当前我国最突出的道德问题的认知状况及差异性分析

伴随着市场经济的蓬勃发展，经济建设取得巨大成就的同时，诚信道德日益成为社会关注的热点问题之一。当前学界对诚信缺失的危害、原因和对策建议方面的研究基础较好，但对大学生诚信缺失问题的研究尚以理论分析为主，实证研究较少。本次调查中，首要解决的是通过"大学生对当前我国最突出的道德问题的认知状况"问题，分析诚信缺失对大学生的影响程度。

（一）大学生对当前我国最突出的道德问题认知状况的数据分析

调查数据显示，大学生认为我国目前最突出的道德问题主要为道德冷漠（36.0%）和诚信缺失（34.0%），其次依次为社会不公平（12.0%）、官员腐败（11.0%）、待人不友善（3.0%）（见图1-6）。表明道德冷漠和诚信缺失是大学生群体关注的两个突出道德问题。

（二）大学生对当前我国最突出的道德问题认知状况的差异性分析

在差异性分析中，文科（35.4%）、理科（31.5%）和工科（32.5%）学生都认为诚信缺失是当前社会中较为严重的道德问题，不同学科学生对这一问题的态度没有明显差异（见图1-8）。

在不同政治面貌的差异性分析中，党员和群众大学生都认为诚信缺失

是最严重的道德问题，团员大学生认为诚信缺失是第二严重的道德问题（见图4-1）。这一结果表明当代大学生普遍认为诚信缺失在社会道德问题中占有较大比重。

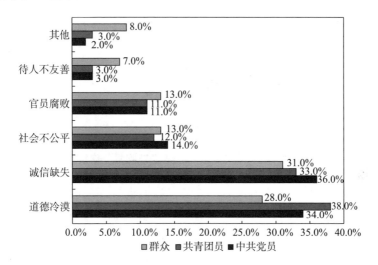

图4-1 党员、团员和群众大学生对当前我国最突出的道德问题的看法

二、大学生对"诚实守信的人往往吃亏"的认知状况及差异性分析

马克思认为："人的本质……是一切社会关系的总和。"① 这就意味着社会中个体的诚信状况和诚信文化对每个社会成员都会产生影响。社会中对诚实守信的看法越积极，越容易引发大学生的道德联想，形成积极向上的道德情感进而影响大学生的道德选择。本次调查中，正是通过"诚实守信的人往往吃亏"这一问题考察社会环境对大学生诚信认知影响的状况。

（一）大学生对"诚实守信的人往往吃亏"认知状况的数据分析

调查数据显示，54.6%的受访大学生不赞同"诚实守信的人往往吃亏"这一说法，20.9%的大学生选择"比较赞同"，11.8%的人选择"赞同"，4.4%的人选择"非常赞同"，另有8.3%的人选择"说不清"（见

---

① 马克思恩格斯选集：第1卷［M］. 北京：人民出版社，2012：135.

图 4 - 2）。可见，诚实守信是一种优良品格，得到了绝大多数受访大学生的接纳、认同。

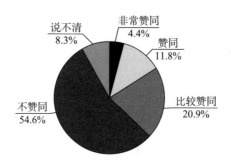

图 4 - 2 大学生对"诚实守信的人往往吃亏"说法的看法

课题组以性别、学科为依据，对调查数据进行多层面差异分析（图表中得分越低代表越赞同）。调查数据显示，不同性别、学科的大学生群体间对"诚实守信的人往往吃亏"这一说法的看法存在显著差异（$p < 0.05$）。

（二）大学生对"诚实守信的人往往吃亏"认知状况的差异性分析

从不同性别大学生数据分析比较中可以看出，女性大学生（3.51）对"诚实守信的人往往吃亏"这一说法的不认同度显著高于男性大学生（3.3）（见图 4 - 3）。

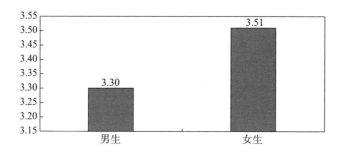

图 4 - 3 不同性别大学生对"诚实守信的人往往吃亏"说法的看法

从不同学科大学生数据分析比较中可以看出，工科学生（3.56）对"诚实守信的人往往吃亏"这一说法的不认同度显著高于理科学生（3.45）和文科学生（3.49）（见图 4 - 4）。

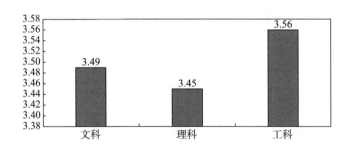

图4-4 不同学科大学生对"诚实守信的人往往吃亏"说法的看法

三、大学生对网络生活中存在的不道德行为的认知状况

网络构成了一个与现实社会同步存在的虚拟世界，人们在这个世界中以虚拟的身份参与各种交流活动，这种匿名性往往会引起对道德规则的漠视与任性。尤其是在相关监管和法律尚不完善时，行为主体的网络道德认知状况很大程度上决定着网络世界的整体环境。本次调查中，"大学生对网络生活中存在的不道德行为的认知状况"一题，正是最直观地分析大学生对诚信缺失问题在网络世界中表现的认知。在对网络生活中存在的不道德行为排名时，调查数据显示，大学生普遍认为网络语言暴力（43.1%）是最为明显的不道德行为。网络谣言以17.9%的占比排在网络语言、内容低俗化（23.4%）之后，位居第三，紧随其后的是网络诈骗（11.0%）（见图4-5）。

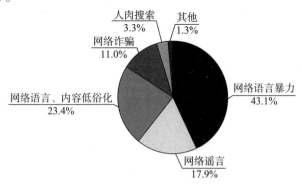

图4-5 大学生对网络生活中存在的不道德行为的看法

四、大学生对考试作弊、论文抄袭等行为的认知状况及差异性分析

学习、考试、研究是大学生获得知识的重要方式，这些领域的诚信氛围，直接影响大学生对待学习的态度和教育的效果。面对高校中屡禁不止的考试作弊、论文抄袭等各类诚信缺失现象，课题组设计了"您对身边同学考试作弊、论文抄袭等行为的看法"这一问题，用以考察大学生诚信认知与行为状况。

（一）大学生对考试作弊、论文抄袭等行为认知状况的数据分析

调查数据显示，对于身边同学考试作弊、论文抄袭等行为，43.3%的受访者认为"理解，但自己从不作弊或抄袭"，33.3%的人选择"内心很鄙视"，16.3%的人选择"理解，自己有时也偶尔为之"，7.1%的人选择"说不清"（见图4-6）。数据表明绝大多数受访大学生对考试作弊、论文抄袭等学术不端行为持反对态度，但也有部分同学存在认知偏差。

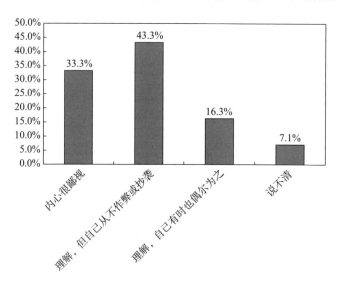

图4-6　大学生对身边同学考试作弊、论文抄袭等行为的看法

课题组以性别、学科、政治面貌为依据，对调查数据进行多层面差异分析（图表中得分越低代表越反对此行为）。调查数据显示，不同性别、

学科、政治面貌的大学生群体对身边同学的考试作弊、论文抄袭等行为的态度存在显著差异（$p < 0.05$）。

（二）大学生对考试作弊、论文抄袭等行为认知状况的差异性分析

从不同性别大学生数据分析比较中可以看出，女大学生（1.92）对身边同学的考试作弊、论文抄袭等行为的反对程度显著高于男大学生（2.00）（见图4-7）。

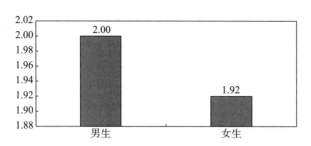

图4-7　不同性别大学生对身边同学的考试作弊、论文抄袭等行为的看法

从不同学科大学生数据分析比较中可以看出，文科学生（1.89）对身边同学的考试作弊、论文抄袭等行为的反对程度显著高于理科学生（1.98）和工科学生（2.05）（见图4-8）。

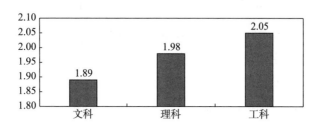

图4-8　不同学科大学生对身边同学的考试作弊、论文抄袭等行为的看法

从不同政治面貌大学生数据分析比较中可以看出，党员（1.91）对身边同学的考试作弊、论文抄袭等行为的反对程度显著高于团员（1.96）和群众（2.09）（见图4-9）。

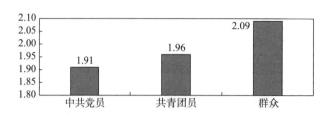

图 4－9　不同政治面貌大学生对身边同学的
考试作弊、论文抄袭等行为的看法

五、大学生对周围人诚信程度的评价状况及差异性分析

大学生生活具有封闭性和开放性相统一的特性，大学生人际交往中的诚信状况，在一定程度上反映了身处这种环境的大学生的诚信水平。同时，周围人的诚信认知状况，对大学生的道德暗示作用更为明显。课题组通过设置"大学生对周围人的诚信程度的评价"，用以考察大学生对周围人的诚信满意度。

（一）大学生对周围人的诚信程度评价状况的数据分析

调查数据显示，对于周围人的诚信程度，50.6%的大学生认为"绝大多数人讲诚信"，43.8%的人认为"能够始终坚持诚实守信的人不多"，1.6%的人认为"现在根本无诚信可言"，另有4.0%的人选择"说不清"（见图1－35）。这表明近50%的受访大学生对周围人的诚信状况不满意，这一现象值得关注。

课题组以性别、学科、独生子女、政治面貌为依据，对调查数据进行多层面差异分析（图表中分数越低表明对周围人诚信程度评价越高）。调查数据显示，不同性别、学科以及不同政治面貌的大学生群体对周围人的诚信程度的评价状况存在显著差异（$p < 0.05$）。

（二）大学生对周围人的诚信程度评价状况的差异性分析

从不同性别大学生数据分析比较中可以看出，女大学生（1.54）对周围人诚信程度评价高于男大学生（1.63）（见图4－10）。

从不同学科的大学生数据分析比较中可以看出，文科（1.57）、理科

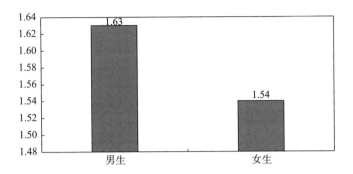

图 4 - 10　不同性别的大学生对周围人的诚信程度的评价状况

（1.58）和工科（1.57）对周围人的诚信程度的评价状况没有显著的差异
（$p > 0.05$）（见图 4 - 11）。

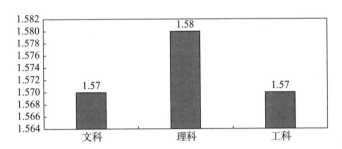

图 4 - 11　不同学科的大学生对周围人的诚信程度的评价状况

从不同政治面貌的大学生数据分析来看，不同政治面貌的大学生对周围
人的诚信程度的评价状况存在显著差异（$p < 0.05$）。党员大学生（1.48）
对周围人的诚信程度的评价显著高于团员（1.59）和群众（1.78）大学
生，群众大学生在这三者中对周围人的诚信程度评价最低（见图 4 - 12）。

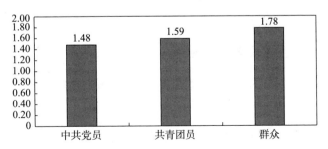

图 4 - 12　不同政治面貌的大学生对周围人的诚信程度的评价状况

六、大学生对最值得传承的中华传统美德的认同状况及差异性分析

中华传统美德是中华文化的精髓，是社会主义道德建设的不竭源泉，也为大学生美德培育提供了丰厚的思想和精神滋养。为了考察新时代大学生对中华传统诚信美德的认知、认同状况，课题组设计了"您认为当代中国最值得传承的中华传统美德是什么？"这一问题。

（一）大学生对最值得传承的中华传统美德认同状况的数据描述

调查数据显示，大学生认为最值得传承的中华传统美德依次是诚信（76.6%）、仁爱（43.9%）、孝悌（42.1%）、礼义（37.6%）、和谐（31.9%）、知耻（27.5%）和勤俭（18.3%）。表明诚信是新时代大学生认同度最高的传统美德（见图4-13）。

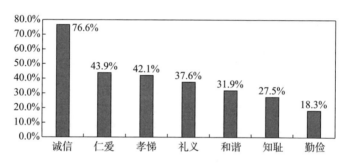

图4-13 大学生认为当代中国最值得传承的中华传统美德

课题组以学科、政治面貌为依据，对调查数据进行多层面差异分析。调查数据显示，不同学科和政治面貌的大学生群体对于最值得传承的中华传统美德的看法差异度不明显（$p > 0.05$）。

（二）大学生对最值得传承的中华传统美德认同状况的差异性分析

数据显示，文科大学生认为最值得传承的中华传统美德前三名依次是诚信（75.8%）、仁爱（45.6%）、孝悌（40.7%）；理科大学生认为当代中国最值得传承的中华传统美德前三名依次是诚信（76.3%）、孝悌（43.6%）、仁爱（43.4%）；工科大学生认为当代中国最值得传承的中华

传统美德前三名依次是诚信（78.2%）、孝悌（43.3%）、仁爱（40.2%）。这表明文科、理科和工科学生对诚信、孝悌、仁爱等传统美德的关注度差异不明显（见图4－14）。

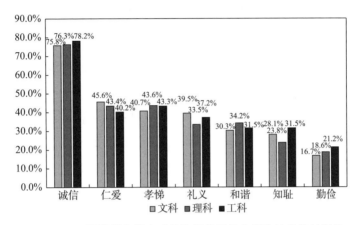

图4－14　不同学科大学生对最值得传承的中华传统美德的看法

从不同政治面貌大学生的数据分析比较中可以看出，受访党员大学生认为最值得传承的中华传统美德依次是诚信（77.5%）、仁爱（44.8%）、孝悌（43.8%）；受访团员大学生认为当代中国最值得传承的中华传统美德依次是诚信（77.1%）、仁爱（44.0%）、孝悌（42.4%）；受访群众大学生认为最值得传承的中华传统美德依次是诚信（70.3%）、仁爱（40.4%）、礼义（37.1%）（见图4－15）。

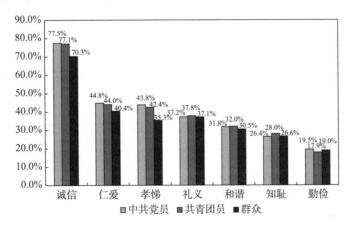

图4－15　不同政治面貌大学生对最值得传承的中华传统美德的看法

第二节　大学生诚信道德总体状况、
存在问题及原因分析

　　大学生作为推动社会发展、进步的中坚力量，不仅需要具备较高的专业素养和科学知识，同时还需要较高的道德认知、道德选择和道德践行能力。在诚实守信方面，他们肩负着的不仅仅是通过道德养成完善自身的人格和品质，更肩负匡正社会不良风气、构建诚信社会的重大责任。课题组依据数据分析结果，对当前我国大学生的诚信认知及践行过程中取得的成绩及存在的突出问题进行了较为全面地总结、梳理和原因剖析。具体分析结果如下。

一、大学生诚信道德认知状况的总体趋势向好

　　将大学生塑造成为社会诚信先行者既是我国经济社会健康发展、道德风尚广泛推行和信用社会建设的需要，也是大学生群体自身发展的要求。调查数据显示，大学生对社会诚信缺失问题关注度极高，对诚信道德认知保持在较高的认知水平上（见图1-7）。其中，54.6%的受访大学生对"诚实守信的人往往吃亏"观点持否定态度（见图4-2）；50.6%的受访大学生对周围人的诚信程度表示认同、满意（见图1-35）；33.3%的受访大学生对于身边同学考试作弊、论文抄袭等行为持鄙视、否定态度（见图4-6）。这表明多数受访大学生对自己社会角色与社会责任认知基本清晰，对诚实守信的主流道德价值观持肯定态度。与2009年我国大学生诚信现状调研报告[①]相比较，2008年22.9%受访大学生对待考试作弊行为的态度选择"坚决抵制"，2019年的受访大学生中有33.3%选择"内心很鄙视"，并有超过76.0%的受访大学生选择自己不会作弊，表明了大学生诚信道德

---

　　① 王淑芹. 大学生诚信伦理研究［M］. 北京：人民出版社，2013：265.

认知以及诚信道德判断和辨别的能力显著提升。课题组在以性别、学科、政治面貌为依据，对上述三个问题进行差异化分析时发现，大学生的诚实道德价值观认同度与其所在学科的性质、特征、文化环境等因素具有较为密切的关联性。其中，高校中接受系统思想政治教育和党性教育的党员大学生的诚信道德认知表现更加积极、乐观。他们对周围人诚信程度的评价和对考试作弊、论文抄袭等学术不端行为持否定态度的比率最高。这些数据从一个侧面说明大学生群体依然是我国诚信道德建设前景最好，且最值得信赖的群体。

党的十八大以来，我国诚信社会的建设日益趋于完善，社会信用评价体系、个人信用信息管理体系等在全社会普及，这些都为大学生群体诚信道德品行的培育营造了良好的环境。2019 年颁发的《纲要》又进一步明确提出，建立各行各业的诚信联动机制，建设全面覆盖的征信体系，强调继承和弘扬中国优秀的诚信道德传统，突出强调学术和科研诚信的建设要求，从社会层面倡导先进模范引领道德风尚、以正确舆论营造良好道德环境。所有这些都为新时代大学生诚信道德素养的提升奠定了坚实基础。

二、大学生诚信道德实践中存在的突出问题

前文调查数据显示，大学生群体是我国社会各类人群中诚信认知、践行状况及诚信素养最好的群体。但也存在部分大学生践行诚信的意志薄弱，特别是在利益面前坚守诚信的定力不强、知行不一等突出问题。

（一）在利益诱惑面前坚守诚信道德的意志不坚定

诚信道德不仅要求行为主体具有正确的诚信道德认知，而且要求行为主体具有坚定的诚信道德意志，能够自觉抵制利益诱惑，信守诺言，坚守诚信道德底线。调查数据显示，部分受访大学生由于对诚信道德缺少敬畏，使其在利益面前，践行诚信的意志被大大削弱。例如，前文调研数据显示，超四成以上的受访大学生对"诚实守信的人往往吃亏"的观点持支持或认同态度（4.4%的人选择"非常赞同"，11.8%的人选择"赞同"，20.9%

的人选择"比较赞同",8.3%的人选择"说不清")(见图4-2)。再如,关于大学生对考试作弊、论文抄袭等行为认知的调研数据显示,只有33.3%的受访大学生对此类行为表示内心非常鄙视,43.3%的受访大学生虽然自己从不作弊、抄袭,但对此类行为表示可以理解,16.3%的受访大学生不仅表示理解,而且自己有时也偶尔为之,7.1%的受访大学生选择"说不清"(见图4-6)。这表明在考试作弊或学术造假的问题上,有66.7%的受访大学生持"包容"和"理解"态度,说明了多数受访大学生的诚信道德问题存在明显的认知误区或认知偏差。同时这种"诚实守信会付出代价,甚至会使得自身利益受损;如果失信对自己或他人有利的话,偶尔为之,未尝不可"的观念极易导致大学生在利益诱惑面前,违背诺言,放弃诚信道德信条,做出背信弃义的行为选择。

（二）诚信道德认知与诚信道德行为不统一

前文调查数据显示,76.6%的受访大学生选择"诚信"是中华传统道德中最值得传承的美好德行,仁爱、孝悌、礼义、和谐、知耻和勤俭等中华传统美德的认同度占比（由高到低）依次为:43.9%、42.1%、37.6%、31.9%、27.5%及18.3%(见图4-13)。表明绝大多数受访大学生对诚信道德本身的意义和价值高度认可,并持赞同、支持态度。与此同时,在考试作弊或学术造假问题上,有66.7%的受访大学生持"包容"和"理解"态度。在"如何评价您周围人的诚信程度?"问题上,又有近5成的受访大学生认为"能够始终坚持诚实守信的人不多",1.6%的人认为"现在根本无诚信可言",另有4.0%的人选择"说不清"(见图1-35)。这些数据表明,虽然多数受访大学生能够清楚认识到诚信道德的意义和价值以及失信的危害,但在困难或利益面前仍然会做出违背诺言的失范行为,并对自身及他人诚信道德行为践行缺乏信心。知行不一依然是当前我国大学生诚信道德建设亟待解决的突出问题。

三、大学生诚信道德实践中存在突出问题的成因分析

课题组认为,引发大学生诚信道德问题的原因很复杂,既有历史的原

因，也有现实的影响，涉及学校、家庭、社会，以及大学生个体自身等多个方面。

（一）学校诚信道德教育创新意识不足

诚信道德教育是大学生思想政治教育的重要组成内容，也是高校思想政治工作的重要组成部分，一直贯穿在学校思政教育之中。近年来，由于外部环境的快速变化，特别是市场经济、多元文化思潮以及价值观念的冲击，大学校园也出现了诸如信贷失信、就业失信等新的表现形式。面对这些新形势、新变化，部分高校在诚信道德教育的内容、形式未能及时更新、跟进，影响了学校诚信道德教育的实效性。例如，部分高校学校诚信道德监管和教师示范引领作用没有真正落地、落实。长期以来，教育部相关部门及各高校出台了许多条例文件，要求加强学生的诚信教育，全过程预防、监督与管理学生失信问题。但在现实层面上，部分高校对学生诚信道德考核过程中依然存在着较为明显的形式主义现象，没有将学生诚信品德考核成绩纳入学生考核的总成绩和建立学生诚信档案；对失信学生的惩戒措施力度不够等。加之个别高校教师论文抄袭、学术造假等失信行为，也极大程度地影响了大学生诚信道德价值观的确立和坚守。

（二）社会诚信缺失现象的消极影响

改革开放以来，随着经济社会的快速发展，多元社会思潮和价值观念不断涌入和相互碰撞，不同程度上冲击、影响着社会成员的诚信道德价值观。加之市场经济的趋利性特征引发的制假造假、以权谋私、权钱交易、见利忘义等诚信缺失现象。一时间，社会上出现了"诚实守信的人往往吃亏""诚信无用"等声音，"做老实人""说老实话""办老实事"失去其本真意义。处于道德价值观形成关键时期的大学生群体，由于其道德理性思维、道德价值判断能力尚不成熟，很容易将充斥于社会生活的多元价值观念混淆在一起，加之日常社会生活出现的因诚信与否而带来的事实判断与价值判断之间的矛盾，在一定程度上削弱了我国社会主流诚信道德价值观的引领作用，使得部分大学生将诚信道德工具化、利益化。

（三）部分家庭诚信道德教育的缺失

大学生诚信道德教育不仅要依靠学校的教育、社会监管机制的作用等来完成，而且有赖于家长教育和家庭环境培育。大学生群体中诚信缺失现象时有发生，相当一部分源自家庭诚信教育缺失或忽视。一是"唯分数论"的竞争压力导致部分家庭教育存在重智育轻德育的明显倾向。在升学、就业竞争日趋激烈的社会环境下，许多家长将培养、教育孩子的关注力、注意力投向学习成绩、学习能力，忽视了对子女的品德教育，并片面地认为：只要学习好，一切都好；只要学习好，就是父母、老师眼中的优秀学生。甚至有些家庭对子女过于溺爱，认为子女只要遵纪守法，学习成绩优秀，偶尔出现不诚信、撒谎等行为也无关痛痒，不会对家庭、学校以及社会产生什么大的影响，致使部分学生在进入大学后，面临学业、实习、升学、工作压力时，会因其诚信道德认知和行为选择能力不足，而出现将诚信道德功利化、工具化现象，这些现象往往会通过大学生的学术失信、就业失信或信贷失信等形式表现或暴露出来。二是诚信道德教育在学校教育中往往以道德说教、道德惩戒或制度约束等显性方式表现出来，而家庭诚信道德教育则通常以隐形方式融入日常家庭生活，以家风、家教、家训等形式表现出来。然而，一些家长在日常家庭生活中不仅忽视对子女的诚信品格养成，而且自己也有失信言行，没有发挥家长应有的榜样示范和引领作用。所有这些现象都会潜移默化地影响子女诚信道德认知的形成和塑造。

第三节　加强大学生诚信道德建设的对策思考

联合国教科文组织国际教育发展委员会出版的《学会生存：教育世界的今天和明天》指出："人永远不会变成一个成人，他的生存是一个无止境的完善过程和学习过程。人和其他生物的不同点主要就是由于他的未完成性。"① 大学生诚信道德建设是一项系统、复杂、未完成性的工程，需要家庭、学校、社会，乃至大学生个体协同发展，共同建设，如此才能真正实现大学生个体诚信道德的完善与社会整体道德进步同频共振、同向而行。

一、充分发挥高校在大学生诚信道德教育中的主导性作用

马克思指出："人们的意识，随着人们的生活条件、人们的社会关系、人们的社会存在的改变而改变。"② 高校是一个以教师主导、学生为主体的文化创造和精神传递场所，大学生在这里学习知识，也吸收着文化中的其他因素，感受价值观念的冲击，最终把这些因素内化于心、外化于行。因此，加强大学生诚信道德教育首先要发挥高校的主导作用。

（一）加强高校诚信校风建设

大学生诚信道德塑造与校园诚信文化之间的关系相较于一般的社会文化更为紧密。当大学生的诚信道德价值取向与校园中提倡的诚信氛围一致或相悖时，大学生会产生正负不同的反馈。当校园中教学、考试、科研等领域呈现出对守信的尊重与偏爱时，大学生受到的诚信道德教育就会得到验证，从而表现出正向反馈，由此促进大学生对诚信思想和行为的认同。相反，则会动摇大学生的诚信认知或诚信道德意志。除此之外，不同学科的大学生诚信道德状况与所处环境的亚文化关系密切。一些亚文化的负面影响很容易产生多米诺骨牌效应，并在一定程度上削弱大学生诚信道德认知和诚信道德意志。因此，从学校的层面看，加强大学生诚信道德建设，应做好如下几个方面的工作：

一是要注重在校风校训中凸显诚信精神，用诚信信仰环境包围大学生。将"求真""求实"列入校园精神文明建设内容中，通过各种校园平台进行展示，凸显高校对诚信思想、观念、行为的重视，实现《纲

---

① 联合国教科文组织国际教育发展委员会. 学会生存：教育世界的今天和明天［M］. 华东师范大学比较教育研究所，译. 北京：教育科学出版社，1996：196.

② 马克思恩格斯选集：第1卷［M］. 北京：人民出版社，2012：419－420.

要》中所提倡的"建设优良校风，用校训励志，丰富校园文化生活，营造有利于学生修德立身的良好氛围"[①]。校训不断重复出现在校园生活的各个角落，如公告牌、校刊物、试卷、各种活动场所，有利于诚信精神植入大学生内心深处。不仅思想上要有诚信信仰，还要做到时时谈诚信信仰。除各式各样的舆论宣传外，还需要赋予大学生诚信信仰实践的机会，在营造诚信信仰氛围的同时，让大学生在实践中找到安放自己诚信信仰的位置。

二是建立"荣誉宣誓"制度，以具体的载体支撑大学生诚信信仰。将大学生的荣誉与诚信挂钩，而不仅仅与成绩挂钩。在大学生入学时，要求他们参与诚信宣誓，并作为入学的必要条件。美国的威廉玛丽学院就设置了"荣誉宣誓"环节，其也成了美国高校普遍采取的学术道德审查制度。新生入学后就会接受荣誉委员会的讲座，被告知正确的学术规范、考试制度以及违反学术道德后会受到的惩罚。一旦有学生违反荣誉条款，则会受到相应的警告、观察、停课、开除等惩罚。类似的"荣誉宣誓"既可以从行为上约束大学生的失信倾向，又可以从文化上营造尊重诚信信仰的氛围。

三是以道德榜样促进诚信道德养成。《纲要》强调："从英雄人物和时代楷模身上感受道德风范，从自身内省中提升道德修为，不断修身立德，打牢道德根基。"[②]调查数据显示，有60%以上的受访大学生对"共产党员的道德水平应该比一般群众高"这一说法持整体赞同态度。这表明大学生党员的道德境界和道德水平是得到多数受访大学生认可和承认的。因此，充分发挥朋辈示范效应，以大学生身边的模范大学生党员为榜样，宣传、嘉奖发生在他们身上的诚实守信的典型事迹，教育、激励大学生向榜样学习。

四是优化诚信道德教育模式，坚决与校园生活中的失信观念和行为作斗争，帮助大学生树立马克思主义诚信道德观。特别是高校"思政课要用好批判的武器，直面各种错误观点和思潮"[③]，让学生在批判各种错误思潮

---

① 新时代公民道德建设实施纲要［M］.北京：中国法制出版社，2019：10.

② 新时代公民道德建设实施纲要［M］.北京：中国法制出版社，2019：14.

③ 习近平.思政课是落实立德树人根本任务的关键课程［J］.求是，2020（17）.

过程中树立马克思主义诚信道德观；要充分利用当地的教育教学资源，引导学生感受诚信道德模范事迹、诚信社会的现实力量，让学生在感性认识中不断深化对诚信价值的理解。

（二）完善诚信考评机制

课题组认为，当前我国高校完善诚信考评机制，应健全大学生诚信评价体系，完善诚信评价指标，强化诚信评价程序化管理，抓好落实，做好工作。具体地说：一是各级教育主管部门和高校，应高度重视诚信道德制度化建设，通过制定学业、学术诚信、信贷诚信、就业诚信、生活信用等多方面大学生诚信管理条例，引导大学生系统全面地认识和把握自身应履行的诚信道德义务。二是设立专门的学生诚信管理部门，统一收集和管理学生的诚信信息，通过大数据分析建立大学生"诚信档案"，及时掌握、了解学生的诚信践行情况；三是建立大学生诚信信息查询系统，以保证社会监管组织、大学生本人、用人单位、银行等特定主体可以在法律许可的范围内查询个体诚信状况，实现大学生诚信信息的公开化、透明化，督促大学生在日常工作、学习以及生活实践中，自觉践行诚信道德规范和要求。与此同时，也要合理用好诚信考评机制。这是因为，大学生处于人格形成的过程中，道德行为尚不具备稳定性，道德心理也在不断变化。相较于社会征信制度惩戒信息保留的年限较长，高校诚信体系应当基于教育和学生成长状况及时对处罚信息进行相应调整，以便在与社会征信体系接轨时，反映大学生最真实的诚信状态。

二、营造良好的大学生诚信道德教育的社会环境

人是社会的产物，人的生存、生活都离不开社会环境、物质生活条件的支持。人的思想意识、精神状态受时代、地区、文化教育环境、物质生活条件以及所从事职业等诸多客观条件的影响。因此，积极营造诚实守信的良好社会氛围也是新时代加强大学生诚信道德的必然要求。

（一）做好社会诚信治理工作

"诚信是政府作为一个公共管理者的角色应当具有的优良品格。诚信

政府建设要求政府必须履行其对公众承诺的责任。高诚信的政府具有较强公信力，能够以更少的资源实现公共产出的最大化，并能获得公众最高的满意度。而一旦政府失去诚信，公众就会远离政府，导致政治危机乃至政治冲突发生概率的提高。"① 因此，加强对社会失信问题综合治理是新时代政府诚信建设的关键。同时，加强社会诚信道德建设，需要政府部门不断完善诚信法律法规体系，进一步推行政务公开，为打造诚信政府提供制度保障。

一是要积极做好诚信的立法工作，通过系统、规范、完善的社会诚信制度体系，规约社会成员的思想、行为。二是抓好社会诚信规章制度的落实、执行，切实依照社会诚信法律、法规的条文内容、程序规范，对社会成员的失信违约行为进行有效的警示和惩戒。三是完善社会诚信监督机制，通过建立社会组织监督机制、完善投诉举报制度，健全登记审查制度，逐步强化对社会诚信的监督制约。四是加快政府失信国家赔偿机制的建设步伐，让因政府失信导致的社会成员合法权益受到损害，得到合理赔偿，最大限度降低因政府行政行为失信而导致的负面影响，增强政府公信力。

（二）弘扬中华优秀传统诚信思想

诚信思想是中华优秀传统文化不可或缺的组成部分，其中的"以信为首、至诚为本、无信不立等价值理念"② 蕴含着中国人民的智慧结晶。无论是过去还是现在抑或是未来，中华优秀传统诚信思想对人类社会和历史的发展都起到了巨大作用。它"不仅是为人之本，而且还是齐家之道；它既是交友之基，又是为政之法；它是社会安定之石，更是人类心灵的良药。"③因此，新时代大力弘扬中华优秀传统诚信思想，推动传统诚信思想

---

① 徐少亚. 论我国行政体制改革的价值选择及其实现［J］. 南京政治学院学报，2016，32（01）：53－56.

② 崔伊霞. 传统文化中"诚信"价值理念探析［J］. 道德与文明，2023（1）：169－176.

③ 杨瑞萍. 思想道德修养与法律基础实践教学读本［M］. 北京：北京邮电大学出版社，2011：121.

的现代性转化，激活中华优秀传统诚信思想的内生动力，是新时代政府诚信建设的重要方面。

一是要加大力度挖掘和整理中华优秀传统诚信物质与精神文化。传统文献、文物、建筑等具体实物遗产都是中华优秀传统诚信思想的重要载体，集中体现了古代圣贤、名师大家的诚信思想与行为准则。政府部门应加大力度支持有关机构对诚信内容的发掘和研究工作，鼓励和支持创新人才在中华优秀传统诚信文化领域的研究和创作，推动优秀传统诚信文化的艺术表达和传播，加强对相关内容的展览与教育活动，让更多人了解和欣赏中华传统诚信思想的深远与厚实。二是要深入推动传统诚信文化的内容创新，赋予中华优秀传统诚信思想新的时代内涵。要注重将中华优秀传统诚信思想与现代价值观相结合，将诚实守信的精神引入当今商业道德、政治伦理、网络行为等方面，推动社会公平正义，构建和谐稳定的社会环境。三是要积极促进中华优秀传统诚信文化的表达和传播方式变革，充分展现中华优秀传统诚信思想的永恒魅力和当代价值。结合现代媒体和技术手段，利用互联网、社交媒体和移动应用等平台，传播中华优秀传统诚信思想。通过制作有趣、形象化的内容，如微博、微信公众号、短视频等，向社会传达诚信的重要性和中华传统诚信思想的智慧。同时，可以利用虚拟现实、互动游戏等技术手段，让观众亲身参与其中，深入体验中华传统诚信思想的内涵和价值。

（三）讲好中国诚信故事

为了营造良好的大学生诚信道德教育的社会环境，讲好当代中国诚信故事也是其重要的一环。习近平总书记高度重视讲故事能力的建设。他在不同场合多次指出，"中国不乏生动的故事，关键要有讲好故事的能力"[①]，同时也强调"会讲故事、讲好故事"[②]的重要性。真实而感人的诚信故事

---

① 习近平. 在中国文联十大、中国作协九大开幕式上的讲话［N］. 人民日报，2016 - 12 - 01（002）.

② 田丽，赵婀娜，黄超，等. 大思政课，总书记心中的一件大事［N］. 人民日报，2022 - 05 - 22（001）.

可以让人们了解诚信的作用和力量,引起情感上的共鸣与认同,进而促进人们对诚信的践行和追求。而要讲好当代中国诚信故事,就必须在内容材料、传播方式、群体建设等多方面下功夫。

一是要在深耕传播内容上下功夫。讲好中国诚信故事,传播好中国诚信声音,内容是根本。我们有讲好中国故事的丰富资源,5000多年的中华文明史蕴藏着取之不尽的诚信故事,砥砺奋进的当代中国书写着日新月异的诚信新篇。从"一诺千金""立木为信""晏殊信誉""宋濂借书"到如今每年"感动中国"人物,都是诚信故事的丰富素材。在宣传过程中,既要深入挖掘中华传统文化中的诚信故事,也要关注当代中国的诚信典型人物,透过百姓视角,以小见大,呈现真实诚信生活。人同此心,心同此理,只有真实才能让人感同身受,才能引发共情和共鸣。二是要在创新传播方式上下功夫。把诚信故事讲好,就是要让诚信故事本身更吸引人、更有说服力、更让人印象深刻。除将"陈情"和"说理"结合外,还要着力打造融通古今、中外的新概念、新范畴、新表述,利用多媒体呈现、社交媒体传播、跨界合作和创新技术让中国诚信故事更深入、更全面、更立体、更客观、更真实地呈现。三是要培养越来越多中国诚信故事的倾听者、爱好者、研究者。只有真正掌握了中华诚信文化,才能研究好、创作好,最终讲好中国诚信故事、传播好中国诚信文化。

(四) 营造网络诚信文化环境

截至2020年6月,我国互联网普及率已达到67%,网民用手机上网的比例高达99.2%,在线教育用户规模达3.81亿,占网民整体的40.5%。[①] 大学生群体是互联网原住民,也是互联网、新媒体普及率最高的群体,对网络的依赖性极高,也极易受到网络信息的冲击和影响。前文调查数据显示,大学生认为当前网络道德生活中最突出的问题依次是网络语言暴力(43.1%),网络语言、内容低俗化(23.4%),网络谣言

---

① 第46次《中国互联网络发展状况统计报告》(全文)[EB/OL]. (2020-09-29)[2023-07-31]. https://www.cac.gov.cn/2020-09/29/c_1602939918747816.htm.

（17.9%），网络诈骗（11%）和人肉搜索（3.3%）（见图4－5）。可以看出，网络公地中良莠不齐的信息来源、混乱的价值取向，特别是网络环境中时常出现的谣言、诈骗等网络失信现象，在一定程度上影响着大学生诚信价值观念的确立。因此，营造网络诚信文化环境应做到以下三点。

第一，必须加强网络规范管理。为了防止和惩戒网络诈骗、造谣、诽谤、低俗等网络失信、网络失德现象发生，自2016年以来，我国相继颁布了《网络安全法》《网络短视频平台管理规范》等多项法律法规。2019年颁布实施的《纲要》中也特别强调："要严格依法管网治网，加强互联网领域立法执法，强化网络综合治理。"① 这些法律规章制度的相继出台，既是我国网络法治建设体系不断趋于完善的表现，也为大学生进一步探究我国社会诚信体系建设状况，了解和把握我国社会信用体系规约、制度，提供了制度遵循。

第二，要积极培育诚实守信的网络道德环境。众所周知，网络社会中人际关系之间的沟通路径极短②。因此，在网络文化中，单纯地依靠刚性的法律、法规，很难即时、快速、准确地阻拦各种网络失信或失范行为的发生。因此，进一步加强大学生网络道德和网络法治教育，不仅有助于增强大学生识别、辨认网络诬陷、诽谤、诈骗，甚至颠覆国家公信力等不实言论的能力，增强大学生网络自律意识，而且有助于大学生网络诚信道德价值观念和诚信道德品质的形成和塑造。

第三，要积极开展网络诚信道德实践。《纲要》提出"要积极培育和引导互联网公益力量，壮大网络公益队伍，形成线上线下踊跃参与公益事业的生动局面"③。大学生群体是我国社会公益事业最积极的参与者和贡献者，对社会公益事业表现出极高地参与热情。因此，通过推行网络实名注册，建设网络信用信息共享平台，加强网络新闻舆论监督等多种举措，引

---

① 新时代公民道德建设实施纲要［M］. 北京：中国法制出版社，2019：22.
② 美国社会心理学家斯坦尼的"小世界现象"实验中现实熟人关系的平均路径为5.2，而后来学者赵春颖在"演员合作网的可重复连线模型"实验中证明，存在集群性的人际关系中，平均路径只为3.65.
③ 新时代公民道德建设实施纲要［M］. 北京：中国法制出版社，2019：21.

导、教育大学生理性、真实地参与网络公益事业，积极塑造和维护自身的网络信誉、网络形象，自觉地做网络诚信道德的忠实践行者。

三、积极倡导家庭诚信道德教育

习近平总书记指出："不论时代发生多大变化，不论生活格局发生多大变化，我们都要重视家庭建设，注重家庭，注重家教，注重家风。"① "家庭是人生的第一课堂，父母是孩子的第一任老师，家庭既是一个人人生的起点，也是一个人梦想启航的地方。"② 家庭教育是学校教育和社会教育的基础，对大学生身心发展起着重要作用。因此，加强大学生诚信道德教育，也应从家庭诚信教育开始。

（一）提升家长的诚信道德教育意识和能力

我国高等教育中，存在的认知偏差之一就是大学生应该"归谁管"的问题。作为一个民事上从未成年向成年转换的阶段，教育角色和职能的模糊，使许多家长将引导大学生成长与发展的责任推给了高校，认为大学生离开了家庭，学习、生活都在高校校园，所以高校应对大学生教育负全部责任。这种责任归属偏差，导致原生家庭对大学生的思想成长关注不够充分、责任意识培养不足、道德能力锻炼缺失的状况发生。调查数据显示，39.2%的受访者认为，家庭对道德品质的影响最重要，比社会（30.1%）和学校（24.4%）对道德品质影响的认同度要高（见图1-40）。同时，受访者认为现代大学生尽孝最应该做的事依次是"敬重长辈"（86.0%）、"赡养老人"（69.9%）、"事业成功，回报父母"（68.8%）、"顺从长者意愿"（9.6%）和"追念先祖"（7.3%）（见图1-28）。由此可以看出，家庭对大学生在情感上的引导具有得天独厚的优势。如果在这种天然的感情基础上添加理性的引导成分，对大学生更稳定、更平和地过渡到成年阶段

---

① 中共中央党史和文献研究院. 习近平关于注重家庭家教家风建设论述摘编［M］. 北京：中央文献出版社，2021：7.

② 中共中央党史和文献研究院. 习近平关于注重家庭家教家风建设论述摘编［M］. 北京：中央文献出版社，2021：28.

十分有益。高校与家庭合作教育的方式，可以有效地调和情感与理性发展不同步对大学生诚信道德的影响。课题组认为，学校可以尝试建设家长"成长"培训平台，通过系统地有针对性的培训教育，不断提升家长的诚信道德认知水平和诚信道德教育能力；也可通过建立稳定的家校沟通机制，围绕大学生家庭成员构成、家庭经济收入状况，以及家长职业、受教育程度等问题开展定期调查，并结合调研结果，有针对性地开展家庭教育指导和帮扶，尽可能地减少因家庭引导、教育缺失而引发的学生诚信缺失现象。

（二）传统诚信道德教育与现代家风家教有机融合

一是将传统诚信道德内容纳入现代家庭行为准则中。中华传统经典家训，诸如《朱子家训》《颜氏家训》《曾国藩家训》等家训中，都十分注重对子女和家庭成员的诚信道德教化，提出"德业相劝""过失相规""礼俗相交""患难相恤"[1] 的教育理念和"讲信修睦，成为良善之民"[2] 的家教目标。因此，将中国优秀传统家庭诚信道德内容纳入现代家庭成员的行为准则中，对现代家庭环境的孕育能起到正向引导作用，能潜移默化地实现对家庭成员的诚信道德价值观引导，帮助其做出正确的价值判断与价值选择。二是家长在日常生活中加强自身道德建设，增强自身的诚信道德认知，发挥榜样示范作用，带头遵守诚信道德，做到以身作则，身体力行，知行合一。

四、提高大学生诚信道德的自我教育能力

道德与其他科学技术知识的最重要区别在于道德关涉的是一种价值。这一价值与经济学、社会学等可以被计算的价值不同，它的评判标准往往是指个体内在体验与外在表现的同一性，以及能否与外部环境形成一致。而"心理因素是产生一定道德和使一种道德向另一种道德过渡的原初因

---

①　李耀宗. 伦理学知识手册 [M]. 哈尔滨：黑龙江人民出版社，1986：20.

②　侯怀银. 德语传统的当代价值 [M]. 湖北：湖北教育出版社，1996：34.

素。这种原初因素……不是物质的力量，但又确实是真实存在的客观力量。心理因素不仅对道德的产生和发展起着诱发力和承受力的作用，而且对道德的知和行也起着调节的作用"①。因此。课题组认为，可以通过锻炼大学生诚信模仿能力，增强道德情感和锤炼诚信道德意志三个层次，逐步改善大学生诚信认知程度较高、实践动力相对不足问题；或者通过减少外在的功利主义、实用主义等因素的干扰，推动大学生诚信内生动力的生成，完成诚信道德价值观确立。

（一）培育大学生诚信道德模仿能力

树立合适的诚信道德模仿对象。德国哲学家康德认为，道德律是人们内在潜藏的直觉，纯粹理性只是后来对其的总结，直觉的非理性是道德律的基础。② 一般说来，个体道德图式指向永远是"善"。有些人偶尔在表象上选择了"恶"作为模拟对象，也往往是因为其图式建立之初发生了善恶错位，即误把善当成了恶，把恶当成了善。道德图式的建立阶段并不必然促成道德认知的形成。这一阶段仅凭青少年时期的感性思维是无法完成的，因为直觉的道德图式只是解决了"我要模仿"的倾向，却不能解决"我为什么要模仿"的问题。因而，也就无法形成正确的道德判断和道德评价标准，进而无法形成稳定的道德认知。因此，青少年时期个体的"道德模仿"往往从模仿家长、老师或朋辈开始。课题组认为，在这一时期，一方面，要科学把握青年大学生日渐成熟、完善的自我意识，建立诚信榜样示范机制，帮助大学生建立起批判性道德认知和正确科学的道德判断标准，引导大学生积极思考、自主选择，进而从心理、认知和行为层面，主动拒绝不诚信的思想和行为的发生。另一方面，充分发挥道德榜样的力量，为大学生寻找和树立适宜的诚信道德模仿目标或模仿对象，可以帮助大学生筑牢诚信道德的模仿根基。道德模仿作为一种特殊的道德学习活动，是指"在没有外界控制的条件下，主体自觉地模拟仿照他人的道德行

---

① 曾钊新，李建华. 道德心理学 [M]. 长沙：中南大学出版社，2002：3.
② 北京大学哲学系外国哲学史教研室. 十八世纪末—十九世纪初德国哲学 [M]. 北京：商务印书馆，1975：126－127.

为，做出与之相同或相似的道德行为和活动过程。"① 对大学生而言，身边榜样、朋辈榜样是最易被接受、被学习、被模仿的对象。例如，党员大学生来自大学生群体，又具有非常高的诚信思想觉悟。而且本次调查数据显示，无论是对周围人诚信程度的看法，还是对作弊的反对，党员大学生的诚信状况都显著优于其他大学生。课题组认为，充分利用党员大学生的感人故事、先进事迹，对大学生进行诚信行为引导和诚信品格塑造，使大学生切身感受到榜样的真实性、具体性和可模仿性，进而激发他们模仿、学习榜样的诚信处事方式和诚信为人品格。

（二）涵育大学生诚信道德情感

康德认为，"一切责任意识都把道德情感当做基础，以便意识到蕴涵在义务概念中的强制。"② 由此可见，道德情感绝不是一种简单的感官体验，而是一种建立在道德义务、道德责任基础之上的，与经验有关，但并不仅仅由经验所决定的情感反映。这种情感反应在个体道德认知向道德行为转化的过程中，发挥着提供持续动力的作用。行为主体的理性道德认知和科学道德评判标准一旦形成或确立，就会在道德思想或行为选择过程中，表现出一种明显的情感倾向或情绪反应，即对自己向往的事充满热情，对自己否定的事心生厌恶或嫌弃。此时，如果教育者将这种即时的情感或情绪反应，有意识地融入道德模仿过程中的直觉、知觉、思维、判断之中，就可以助推个体实现由道德情绪向持久稳定的道德情感的转化。诚信道德情感就是个体在为人处事过程中的守信或失信的思想或行为，与其关于诚信的主观认知中的规则相一致时，产生的情感反应。调查数据显示，部分大学生对当前大学生群体中的考试作弊、论文抄袭等典型诚信道德缺失问题，表现出的较为明显的宽容、理解态度，便是一种因道德情感取向不稳定，而引发道德认知与道德行为脱节的现象。因此，课题组认为，积极涵育大学生诚信道德情感，实现诚信道德情感倾向与诚信道德认

---

① 曾钊新，李建华. 道德心理学 [M]. 长沙：中南大学出版社，2002：96.
② 康德. 康德著作全集：第6卷 [M]. 李秋零，主编. 北京：中国人民大学出版社，2007：411.

知或道德价值判断标准的融合统一是有效激发大学生诚信道德意愿、动机与行为实践融合统一的重要前提。

(三) 锤炼大学生诚信道德意志

道德意志是指"人们在履行道德义务的过程中表现出来的自觉克服一切困难和障碍、做出抉择的力量和坚持精神。"[①] 诚信道德意志则主要表现在诚信道德动机能经常战胜非诚信道德动机，主体自身能够排除践行诚信的内外障碍。调查结果显示，大学生群体是我国社会各类人群中诚信认知、践行状况及诚信素养最好的群体。但在现实生活中，仍有一部分大学生在践行诚信时表现出意志薄弱的情况。特别是在面对利益诱惑时，他们中往往有人难以坚守诚信的原则，定力不足，甚至出现知行不一的情况。课题组认为，锤炼大学生诚信道德意志，需要做好如下几方面的工作：一是引导大学生通过阅读、思考、交流等理论或知识学习的方式，不断提高自身的诚信道德认知和判断能力；二是督促大学生在日常生活、工作、学习过程中，及时审视自己的思想行为是否符合诚信道德标准，发现不诚信的动机、思想或行为，要及时纠正；三是鼓励大学生积极参与校园诚信文化建设，敢于揭露、抵制校园不诚信行为，维护校园的诚信环境，助力诚信、守信、正直的校园风尚形成；四是鼓励大学生积极投身校内外各种形式的诚信道德实践、社会公益或志愿服务活动，引导大学生在实践中坚定诚信道德责任和道德意志。

---

① 李耀宗. 伦理学知识手册 [M]. 哈尔滨：黑龙江人民出版社，1986：299.

第五章 大学生社会公德状况调查与分析

　　社会公德是指人们在社会交往和公共生活中应该遵守的行为准则，是维护公共利益、公共秩序、社会和谐稳定的起码道德要求。一般而言，社会公德所调节的范围不仅限于公共生活领域，在私人领域中普遍的、惯常要求的道德也属于社会公德要求的范畴。社会公德所涵盖的范围极其广泛。早在 2001 年颁布的《纲要》就指出，社会公德"涵盖了人与人、人与社会、人与自然之间的关系"①。2019 年 10 月，中共中央、国务院联合印发《纲要》，突出强调在公民社会公德教育方面要"推动践行以文明礼貌、助人为乐、爱护公物、保护环境、遵纪守法为主要内容的社会公德，鼓励人们在社会上做一个好公民"②。大学生是公民道德建设的关键主体，肩负国家富强、民族复兴大任的重要力量，其社会公德状况理应得到广泛而持续地关注。随着信息、网络技术的飞速发展，大学生已经进入一个"无人不网""无处不网"的时代。网络已经与大学生生活、工作、学习深度融合，成为其日常生活的重要组成部分。网络虚拟空间的社会公德状况也因此成为大学生公德状况调查的重要内容之一。

第一节 大学生社会公德状况及差异性分析

　　课题组从人与人之间的友爱道德、人与自然之间的生态道德以及网络

---

① 公民道德建设实施纲要［M］. 北京：人民出版社，2001：8.
② 新时代公民道德建设实施纲要［M］. 北京：人民出版社，2019：5.

道德三方面着手，选择助人为乐、绿色低碳生活、爱护环境、见义勇为、网络自由共五个观测点，对我国大学生在社会公共生活领域的道德状况展开调查。为考察大学生对社会公共生活领域"助人为乐"这一基本德性要求的认知、践行状况，课题组设计了"当有老人摔倒在你面前急需救助时，您会怎么做"这一问题；为考察大学生生态道德状况，课题组设计了"您愿意过低碳生活吗？"和"您在日常生活中会对垃圾进行分类吗？"两个问题；为考察大学生对社会公共生活领域的最高道德境界"见义勇为"的认知和践行状况，课题组设计了"某银行女职员与持刀抢劫银行的歹徒英勇搏斗而致残，您对这种行为的看法"和"当您看到小偷在公交车上行窃，您会如何处理"两个问题；为考察大学生网络道德状况，课题组设计了"您对网络虚拟社会生活中可以随心所欲的观点的态度是什么？"以及"您认为当前网络道德生活中最突出的问题是什么？"两个问题。相关调研数据如下。

一、大学生对"乐于助人"的认知、践行状况及差异性分析

助人为乐、乐善好施是中华民族的优秀传统美德。随着时代的发展、进步，助人为乐的内涵也发生了诸多变化。诸如与人为善、和谐相处的包容精神，不计得失、舍己为人的奉献精神，热心公益、传递爱心的志愿精神以及扶危济困、见义勇为的担当精神等。而且，随着现代社会公共生活领域的不断扩大，人际交往范围和对象日益扩大、复杂，社会公德在维护公共利益、公共秩序和社会稳定方面所发挥的作用也更加凸显，社会对公民公德水平的要求也越来越高。特别是近年来"扶起摔倒老人反被讹诈""英雄流血又流泪"等社会现象频繁见诸报端，给中华民族助人为乐等优良传统美德蒙上了阴影，也给现实生活中人们的日常道德选择带来了困扰，使得"社会越进步，道德越堕落""道德滑坡论""道德停滞论"等观点、主张重新在社会泛起。为了考察大学生对助人为乐这一中华传统美德的认知、践行情况，课题组设计了"当有老人摔倒在你面前急需救助时，您会怎么做"这一问题，相关调研数据情况分析如下。

（一）大学生对"乐于助人"的认知、践行状况的数据分析

调查数据显示，当有老人摔倒在你面前急需救助时，54.3%的受访大学选择"主动给予帮助、救护"；36.8%的大学生选择"当有人救护时，自己会帮一把"；2.0%的大学生选择"装作没看见，赶紧离开"；0.7%的大学生选择"围观、看热闹"；另有6.2%的大学生选择"其他"（见图5-1）。这说明，尽管社会上出现了一些公民实施助人为乐行为，反被诬告、讹诈的个别案例，但依然有超过半数的受访大学生对助人为乐这一传统美德保持认同、支持，且愿意积极践行的态度，体现出较高的社会公德水平，也表明"助人为乐"是大学生的主流道德价值取向，漠视、围观他人困境是被绝大多数受访大学生所鄙视的行为。

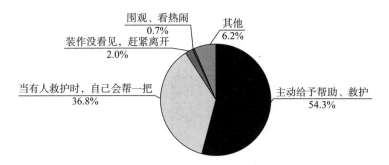

图5-1 "当有老人摔倒在面前急需救助时"大学生的做法

（二）大学生对"乐于助人"的认知、践行状况的差异性分析

课题组以"性别""学科""政治面貌"和"是否为独生子女"为变量条件，对调查数据进行多角度的差异性分析发现，不同性别、学科、政治面貌和是否独生子女的大学生群体对摔倒老人的帮助意愿存在显著差异（$p < 0.05$）。（图表中得分越低，表示大学生遇到老人摔倒需要救助的情形时越愿意主动帮助。）

从不同性别大学生数据分析比较中可以看出，女性大学生（1.59）在遇到老人摔倒急需救助的情形时的帮助意愿明显高于男性大学生（1.74）（见图5-2）。

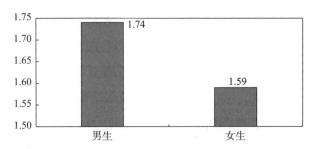

图 5 - 2　当有老人摔倒在面前急需救助时不同性别大学生的帮助意愿

从不同学科大学生数据分析比较中可以看出，文科学生（1.63）在遇到老人摔倒急需救助的情形时的帮助意愿明显高于理科学生（1.65）和工科学生（1.72）（见图 5 - 3）。

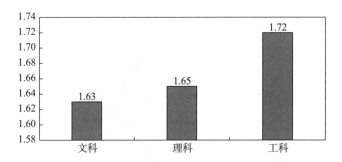

图 5 - 3　当有老人摔倒在面前急需救助时不同学科大学生的帮助意愿

从不同政治面貌大学生数据分析比较中可以看出，党员（1.57）在遇到老人摔倒急需救助的情形时的帮助意愿明显高于团员（1.66）和群众（1.87）（见图 5 - 4）。

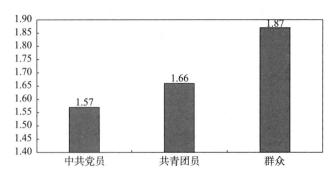

图 5 - 4　当有老人摔倒在面前急需救助时不同政治面貌大学生的帮助意愿

从是否为独生子女大学生数据分析比较中可以看出，非独生子女大学生（1.61）在遇到老人摔倒急需救助情形时的帮助意愿明显高于独生子女大学生（1.71）（见图5-5）。

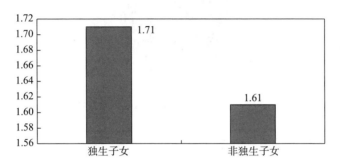

图5-5　当有老人摔倒在面前急需救助时独生子女与非独生子女大学生的帮助意愿

二、大学生对"绿色生活方式"的认知、践行状况及差异性分析

《纲要》明确提出，绿色发展、生态道德是现代文明的重要标志，也是人民群众美好生活期盼的重要组成部分。《纲要》要求广大社会成员积极践行绿色生产生活方式，"开展创建节约型机关、绿色家庭、绿色学校、绿色社区、绿色出行和垃圾分类等行动，倡导简约适度、绿色低碳的生活方式，拒绝奢华和浪费，引导人们做生态环境的保护者、建设者"①。为了考察大学生对绿色生活方式的认知、践行状况，课题组设计了"您愿意过低碳生活吗？"和"您在日常生活中会对垃圾进行分类吗？"两个问题。

（一）大学生对"过低碳生活"的态度倾向情况及差异性分析

1. 大学生对"过低碳生活"的态度倾向情况的数据分析

调查数据显示，86.7%的受访大学生表示愿意过低碳生活，选择"不愿意"的人占5.3%，有8.0%的大学生表示"不清楚"（见图5-6）。这表明绝大多数受访大学生对绿色低碳生活方式持积极支持态度。

---

① 新时代公民道德建设实施纲要［M］．北京：人民出版社，2019：19.

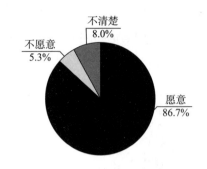

图 5 - 6　大学生是否愿意过低碳生活

2. 大学生对"过低碳生活"的态度倾向情况的差异性分析

课题组分别以性别、学科、政治面貌为变量，对调查数据进行分析发现，发现不同性别、学科、政治面貌的大学生群体对于过低碳生活的积极意愿差异不明显（$p > 0.05$）。

通过对不同性别受访大学生数据分析比较可以看出，男性大学生对于过低碳生活的态度是 83.9% 的受访男性学生选择愿意，7.2% 选择不愿意；女性大学生对于过低碳生活的态度是 89.1% 的人选择愿意，3.7% 选择不愿意（见图5 - 7）。受访女性大学生过低碳生活的意愿明显高于受访男性大学生。

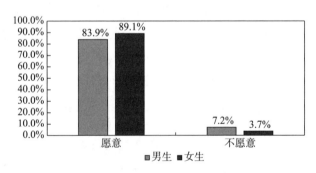

图 5 - 7　不同性别大学生是否愿意过低碳生活

通过对不同学科受访大学生数据分析比较可以看出，文科学生对于过低碳生活的态度是 87.2% 的受访文科学生选择愿意，5.0% 选择不愿意；理科学生对于过低碳生活的态度是 84.5% 的受访理科学生选择愿意，6.9%选择不愿意；工科学生对于过低碳生活的态度是 87.7% 的受访工科学生选择愿意，4.9% 选择不愿意（见图 5 - 8）。

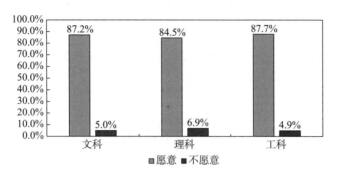

图 5 - 8　不同学科大学生是否愿意过低碳生活

通过对不同政治面貌受访大学生数据分析比较可以看出，党员大学生对于过低碳生活的态度是 91.0% 的受访党员大学生选择愿意，4.0% 选择不愿意，5.0% 选择不清楚；团员大学生对于过低碳生活的态度是 87.0%受访团员大学生选择愿意，5.0% 选择不愿意，8.0% 选择不清楚；群众大学生对于过低碳生活的态度是 82.0%受访群众大学生选择愿意，8.0%选择不愿意，10.0% 选择不清楚（见图 5 - 9）。其中，受访群众大学生对低碳生活持消极态度的比例显著高于受访党员、团员大学生。

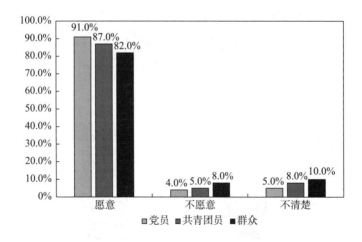

图 5 - 9　不同政治面貌大学生是否愿意过低碳生活

（二）大学生对"垃圾分类"的认知、践行状况及差异性分析

1. 大学生对"垃圾分类"的认知、践行状况的数据描述

调查数据显示，仅有25.3%的受访大学生在日常生活中经常会对垃圾进行分类，61.2%的受访大学生选择偶尔进行垃圾分类，13.5%的受访大学生选择从不进行垃圾分类（见图5－10）。

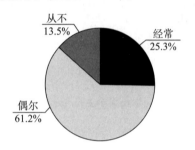

图5－10　大学生在日常生活中进行垃圾分类的情况

2. 大学生对"垃圾分类"的认知、践行状况的差异性分析

课题组以受访大学生的性别、学科、政治面貌为变量，对调查数据进行多层面差异分析。分析数据显示，不同性别、学科、政治面貌的受访大学生群体对垃圾分类的认同程度存在显著差异（$p < 0.05$）。图表中得分越低，表示大学生越认同进行垃圾分类。

通过对不同性别受访大学生数据分析比较可以看出，受访男性大学生（1.84）对日常生活中进行垃圾分类的认同程度显著高于女性大学生（1.89）（见图5－11）。

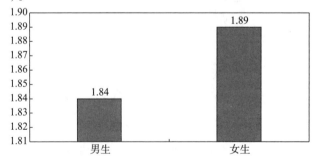

图5－11　不同性别大学生对在日常生活中进行垃圾分类的态度

通过对不同学科受访大学生数据分析比较可以看出，受访理科大学生（1.84）对日常生活中进行垃圾分类的认同程度高于文科学生（1.85）和工科学生（1.92）（见图5－12）。

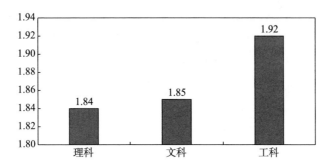

图5－12　不同学科大学生对在日常生活中进行垃圾分类的态度

通过对不同政治面貌受访大学生数据分析比较可以看出，党员大学生（1.79）对日常生活中进行垃圾分类的认同程度显著高于团员大学生（1.88）和群众大学生（1.92）（见图5－13）。

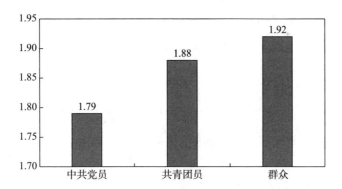

图5－13　不同政治面貌大学生对在日常生活中进行垃圾分类的态度

三、大学生对"见义勇为"的高尚道德行为的认知、践行状况及差异性分析

从法律层面看，"见义勇为"是指为保护国家、集体利益或者他人的人身、财产安全，不顾个人安危，与正在发生的犯罪做斗争或者抢险救灾的行为。从伦理学层面看，"见义勇为"是指非负有法定义务或职责的行

为主体，面对不义或非法侵害的行为能够做到挺身而出，敢于维护受害者利益和主持社会正义的崇高道德行为。由于见义勇为者在见义勇为行为实施过程常常要承担人身、财产受损甚至牺牲生命的巨大风险。因此，见义勇为是超越基本道德规范的较高层次的道德要求，是利他精神的具体表现。它是公民在社会公共生活领域中的最高层次道德，是助人为乐的最高境界。为了考察大学生对见义勇为这一崇高道德境界的认知、践行状况，课题组设计了"某银行女职员与持刀抢劫银行的歹徒英勇搏斗而致残，您对这种行为的看法"和"当您看到小偷在公交车上行窃，您会如何处理"两个问题。

1. 大学生对"见义勇为"高尚道德行为的认知、践行状况的数据分析

调查数据显示，对于"某银行女职员与持刀抢劫银行的歹徒英勇搏斗而致残"这种行为，7.8%的受访大学生选择"很崇高，我也会这样做"，54.9%的受访大学生选择"很钦佩，但我不能肯定自己能做到"，19.1%的受访大学生选择"很钦佩，但我不愿意这样做"，14.6%的受访大学生认为"不太值得，因为生命的价值高于一切"，3.6%的受访大学生表示说不清（见图 5 - 14）。

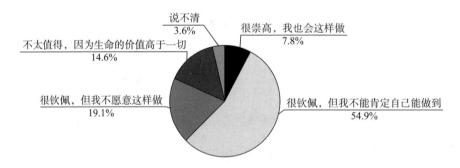

**图 5 - 14 大学生对某银行女职员与持刀抢劫
银行的歹徒英勇搏斗而致残行为的看法**

调查数据显示，面对小偷在公交车上行窃的行为，绝大多数大学生选择积极采取行动。其中，51.6%的受访大学生选择"设法提醒"，18.6%

选择"先看看周围的人怎么做再做决定",12.6%选择"设法报警",7.6%选择"上前阻止",4.5%选择"无阻止之力,只好听之任之",3.2%选择"装作没看见,尽快躲开",1.9%选择"其他"(见图5-15)。

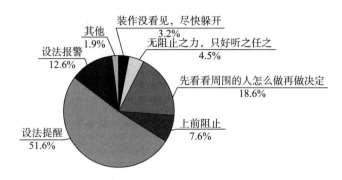

图5-15 大学生对看到小偷在公交车上行窃后采取的行动选择

2. 大学生对"见义勇为"高尚道德行为的认知、践行状况的差异性分析

课题组以性别、学科、政治面貌和是否独生子女为变量,对调查数据进行多维度差异性分析。分析数据显示,不同性别、学科、政治面貌和是否独生子女的受访大学生对于某银行女职员与持刀抢劫银行的歹徒英勇搏斗而致残这种行为的认同程度存在显著差异($p < 0.05$)。图表中得分越低,表示该类大学生越认同女职员的做法。

通过对不同性别大学生数据分析比较可以看出,受访男性大学生(2.37)对某银行女职员与持刀抢劫银行的歹徒英勇搏斗而致残的英勇行为持积极认同态度的比例显著高于受访女性大学生(2.51)(见图5-16)。

通过对不同学科受访大学生数据分析比较可以看出,受访文科大学生(2.46)对于女职员英勇行为的认同程度显著高于受访理科大学生(2.49)和工科大学生(2.57)(见图5-17)。

通过对不同政治面貌大学生数据分析比较可以看出,党员(2.37)、团员(2.52)大学生对于女职员英勇行为的认同程度显著高于群众大学生(2.69)(见图5-18)。

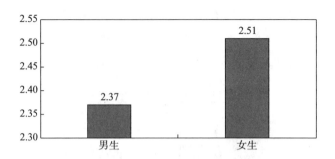

图 5 – 16　不同性别大学生对某银行女职员与持刀抢劫
银行的歹徒英勇搏斗而致残行为的看法

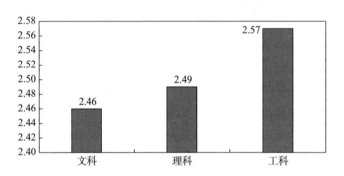

图 5 – 17　不同学科大学生对某银行女职员与持刀抢劫
银行的歹徒英勇搏斗而致残行为的看法

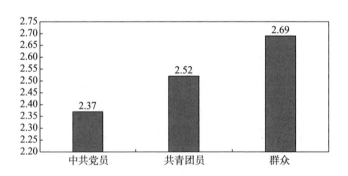

图 5 – 18　不同政治面貌大学生对某银行女职员与持刀
抢劫银行的歹徒英勇搏斗而致残行为的看法

通过对是否独生子女的数据分析比较可以看出，非独生子女（2.47）

和独生子女（2.53）大学生对女职员做法的认同程度存在显著差异（$p <$ 0.05），非独生子女大学生对于女职员英勇行为的认同程度显著高于独生子女大学生（见图5－19）。

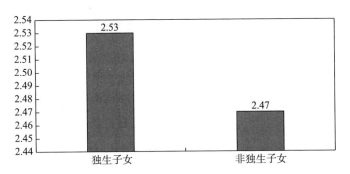

图5－19　独生子女与非独生子女大学生对某银行女职员
与持刀抢劫银行的歹徒英勇搏斗而致残行为的看法

四、大学生对"网络空间"道德的认知、践行状况及差异性数据分析

随着信息网络技术的迅猛发展，虚拟网络社会已成为当代大学生学习、工作和生活的重要领域。所谓网络道德，就是社会公德在网络虚拟空间的运用与扩展。《纲要》明确提出："网上行为主体的文明自律是网络空间道德建设的基础。要建立和完善网络行为规范，明确网络是非观念，培育符合互联网发展规律、体现社会主义精神文明建设要求的网络伦理、网络道德……倡导文明上网，广泛开展争做中国好网民活动，推进网民网络素养教育，引导广大网民尊德守法、文明互动、理性表达，远离不良网站，防止网络沉迷，自觉维护良好网络秩序。"[①] 大学生作为网络虚拟空间的主要人群，理应正确、文明地使用网络虚拟空间，开展文明、健康的网络交往，自觉遵守网络道德和互联网的相关法律规定。为考察大学生对网络道德的认知、践行情况，课题组设计了"您对网络虚拟社会生活中可以随心所欲的观点的态度是"和"您认为当前网络道德生活中最突出的问题

---

① 新时代公民道德建设实施纲要［M］．北京：人民出版社，2019：20．

是"两个问题。

（一）大学生对"网络虚拟社会生活中可以随心所欲"观点的认同状况及差异性分析

1. 大学生对"网络虚拟社会生活中可以随心所欲"观点的数据分析

调查数据显示，对于"网络虚拟社会生活中可以随心所欲"这一观点，48.2%的受访大学生选择"反对"，27.4%选择"坚决反对"，10.5%选择"比较赞同"，3.6%选择"赞同"，另有10.3%选择"说不清"（见图5-20）。

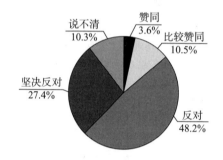

图 5-20　大学生对"网络虚拟社会生活中可以随心所欲"观点的态度

2. 大学生对"网络虚拟社会生活中可以随心所欲"观点的差异性分析

课题组以性别、政治面貌为变量，对调查数据进行不同维度差异性分析。分析数据显示，不同性别、政治面貌的受访大学生间对"网络虚拟社会生活中可以随心所欲"的观点在认同程度上存在显著差异（$p < 0.05$）。图表中得分越高，表示该类大学生越不认同该观点。

通过对不同性别大学生数据分析比较可以看出，受访女性大学生（3.32）对"网络虚拟社会生活中可以随心所欲"的反对程度显著高于受访男性大学生（3.20）（见图5-21）。

通过对不同政治面貌大学生数据分析比较可以看出，党员（3.26）、团员（3.27）大学生对"网络虚拟社会生活中可以随心所欲"的反对程度显著高于群众大学生（3.24）（见图5-22）。

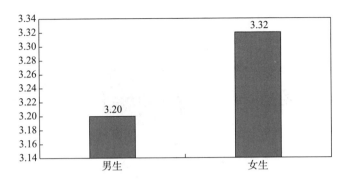

**图 5-21　不同性别大学生对"网络虚拟社会生活中
可以随心所欲"观点的态度**

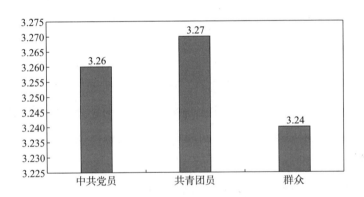

**图 5-22　不同政治面貌大学生对"网络虚拟社会
生活中可以随心所欲"观点的态度**

（二）大学生对"当前网络道德生活中最突出问题"的认知状况及
差异性分析

1. 大学生对"当前网络道德生活中最突出问题"的认知状况的数
据分析

调查数据显示，受访大学生认为，当前网络道德生活中最突出的问题
依次是：网络语言暴力（43.1%），网络语言、内容低俗化（23.4%），网
络谣言（17.9%）、网络诈骗（11.0%）、人肉搜索（3.3%）及其他
（1.3%）（见图 5-23）。

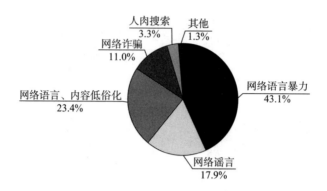

图5-23　大学生认为当前网络道德生活中最突出的问题

2. 大学生对"当前网络道德生活中最突出问题"的认知状况的差异性分析

课题组以性别、学科、政治面貌和是否独生子女为变量，对调查数据进行不同维度差异性分析。调查数据显示，不同性别、学科、政治面貌和是否独生子女受访大学生对于当前网络道德生活中最突出问题的认知不存在显著差异（$p > 0.05$）。虽然不同性别、学科、政治面貌和是否独生子女受访大学生调查问卷中列举网络问题的认同比例存在一些差异，但这些差异没有从根本上影响其对突出问题选择的排序。

通过对不同性别大学生数据分析比较（见图5-24）可以看出，受访男性大学生认为，当前网络道德生活中最突出的问题依次是：网络语言暴力（35.5%），网络语言、内容低俗化（27.4%），网络谣言（20.3%），网络诈骗（11.1%），人肉搜索（3.6%）和其他（2.1%）；受访女性大学生认为，当前网络道德生活中最突出的问题依次是：网络语言暴力（49.4%），网络语言、内容低俗化（19.7%），网络谣言（15.8%），网络诈骗（10.9%），人肉搜索（3.1%）和其他（1.1%）。

通过对不同学科大学生数据分析比较可以看出，受访文科大学生认为，当前网络道德生活中最突出的问题依次是：网络语言暴力（46.6%），网络语言、内容低俗化（21.6%），网络谣言（16.7%），网络诈骗（10.8%），人肉搜索（3.3%）和其他（1.0%）；受访理科大学生认为，

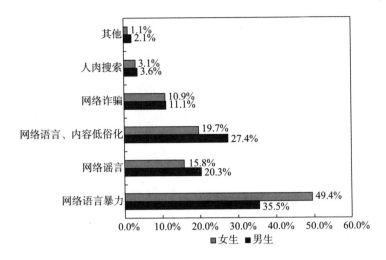

图 5 - 24　不同性别大学生认为当前网络道德生活中最突出的问题

当前网络道德生活中最突出的问题依次是：网络语言暴力（40.9%），网络语言、内容低俗化（22.9%），网络谣言（19.1%），网络诈骗（11.1%），人肉搜索（3.7%）和其他（2.3%）；受访工科大学生认为，当前网络道德生活中最突出的问题依次是：网络语言暴力（38.1%），网络语言、内容低俗化（26.7%），网络谣言（20.4%），网络诈骗（10.4%），人肉搜索（2.9%）和其他（1.5%）（见图 5 - 25）。

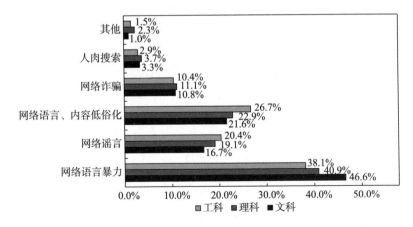

图 5 - 25　不同学科大学生认为当前网络道德生活中最突出的问题

通过对不同政治面貌大学生数据分析比较可以看出，受访党员大学生认为，当前网络道德生活中最突出的问题依次是：网络语言暴力（41.0%），网络语言、内容低俗化（24.0%），网络谣言（20.0%），网络诈骗（12.0%）和人肉搜索（3.0%）；受访团员大学生认为，当前网络道德生活中最突出的问题依次是：网络语言暴力（44.0%），网络语言、内容低俗化（23.0%），网络谣言（18.0%），网络诈骗（10.0%），人肉搜索（4.0%）和其他（1.0%）；受访群众大学生认为，当前网络道德生活中最突出的问题依次是：网络语言暴力（40.0%），网络语言、内容低俗化（26.0%），网络谣言（16.0%），网络诈骗（13.0%），人肉搜索（3.0%）和其他（2.0%）（见图5-26）。

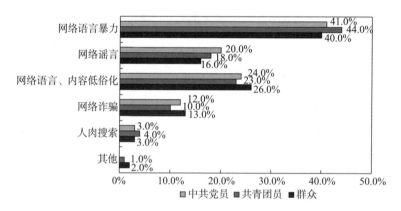

图5-26 不同政治面貌大学生认为当前网络道德生活中最突出的问题

通过对是否为独生子女大学生的数据分析比较可以看出，受访独生子女大学生认为，当前网络道德生活中最突出的问题依次是：网络语言暴力（46.6%），网络语言、内容低俗化（21.5%），网络谣言（16.9%），网络诈骗（9.5%），人肉搜索（3.8%）和其他（1.7%）；非独生子女性大学生认为，当前网络道德生活中最突出的问题依次是：网络语言暴力（41.0%），网络语言、内容低俗化（25.0%），网络谣言（19.0%），网络诈骗（12.0%）和人肉搜索（3.0%）（见图5-27）。

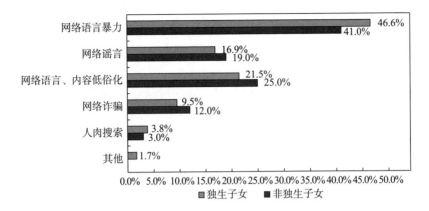

图 5－27　独生子女和非独生子女大学生认为当前网络道德生活中最突出的问题

第二节　大学生社会公德认知与实践中存在的突出问题与原因分析

社会公德的内涵十分丰富。"广义来说，凡是与个人私生活中处理爱情、婚姻、家庭问题的道德以及与个人品德、作风相对的反映阶级和民族共同利益的道德，统称为公德。从狭义上说，社会公德就是人类在长期社会生活实践中逐渐积累起来的最简单、最起码的公共生活准则。"① 从狭义角度来看，社会公德涵盖的公共生活准则涉及人们衣食住行、生老病死以及政治、经济、文化社会、生态的方方面面。本次调查选择了社会公共生活中关涉助人为乐、见义勇为、绿色生活以及网络道德等方面对大学生社会公德状况进行调查，以期管中窥豹。结合此次调研数据，综合学界其他学者关于大学生道德状况相关调研数据和研究成果可以看出，大学生社会公德状况总体是积极向上的，符合党和国家、人民的期待，但也有部分受访大学生在社会公德践行过程中，表现出诸多不尽如人意的地方。比如，道德冷漠、社会公德意识淡薄、公德践行过程中偏重功利理性考量以及知

---

① 罗国杰. 伦理学：修订本 [M]. 北京：人民出版社，1989：217.

行脱节等。

一、大学生社会公德认知与践行中存在的突出问题

（一）道德冷漠和社会公德意识薄弱的现象依然存在

冷漠是社会公德建设的毒瘤。道德冷漠也是当前我国大学生普遍认同的社会最为突出的道德问题。调查数据显示，依然有少部分受访大学生面对摔倒急需帮助的老人时选择"装作没看见，赶紧离开"（2.0%）（见图5-1）；面对公交车上遇到小偷行窃时"装作没看见，尽快躲开"（3.2%）其他（1.9%）（见图5-15）。这表明当前我国大学生群体中道德冷漠和社会公德意识薄弱、缺失的现象依然存在。究其原因，一方面，因为现实社会公共生活领域，道德冷漠现象的时有发生给部分大学生个体带来了消极负面的影响；另一方面，网络社交可以超越以往的时空界限，让人与人之间的联络更加便捷，人与人的联系更加紧密，给人们生活、交流、学习带来极大便利的同时，也在一定程度上解构了人们在现实空间的联系，使人与人之间的关系发生疏离，加剧了社会转型时期公共生活领域道德冷漠现象的发生。冷漠看似危害不大，但其弥散性影响极坏。

心理学研究表明，行为主体对某一事物态度或情感的倾向，直接影响其行为取向。对某一事物态度模糊、说不清楚，在行为实践中也易于产生摇摆不定、消极应对的道德选择。调查数据显示，对于"是否愿意过低碳生活"的问题，选择"不清楚"受访者占受访大学生总数的8.0%（见图5-6）；对"网络虚拟社会生活中可以随心所欲"的观点，选择"说不清"的受访者占受访大学生总数的10.3%（见图5-20）。这表明部分受访大学生的公德认知边界十分模糊、态度消极且模棱两可。调查数据显示，受访大学生中对身边同学考试作弊、论文抄袭等行为的态度依次为：理解，但自己从不作弊或者抄袭（43.3%）；内心很鄙视（33.3%）；理解，自己有时也偶尔为之（16.3%）（见图5-28）。课题组认为，部分受访大学生对考试作弊、论文抄袭等学术不端行为表现出一种超乎寻常的宽容态度，是一种道德认知边界模糊或知行脱节的表现，值得引起关注。尊

重与理解是现代社会人与人交往的基本要求。然而，面对明显的社会道德失范现象，行为主体如果依然奉行"尊重""理解"的态度，则是对失德者的纵容和失德行为的漠视。长此以往，就会出现"劣币驱逐良币"的恶性循环。所谓的"理解""尊重"也将不复存在，安定有序的社会公共生活氛围也难以建立或形成。

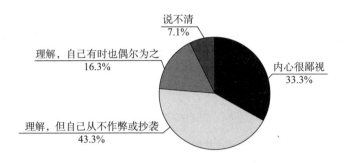

图 5 - 28　大学生对身边同学考试作弊、论文抄袭等行为的看法

　　课题组认为，部分受访大学生存在道德冷漠、社会公德认知边界模糊、公德意识薄弱等突出问题，原因是复杂的、多方面的。概括地说，主要包括如下几个方面：一是处于转型时期的中国社会受到市场经济以及个人主义、拜金主义和享乐主义等多元价值观念、社会思潮的影响，个人利益、眼前利益，物质至上、金钱万能论甚嚣尘上，极大地冲击和影响着大学生正确合理的公德价值观的形成和确立。二是倘若社会公共生活中仅仅依靠行为主体自身的内心信念和道德自律维系社会公共秩序，势必导致社会公德原则或公德规范形同虚设。因此，社会公共生活中社会公德制度体系不健全，公民失德成本低，也是导致部分大学生对自身社会公德水平要求过低的主要原因。三是社会公共生活领域偶尔出现的"扶起摔倒老人反被诬陷"等不良社会现象，也会影响部分大学生的积极道德选择，抑制其良好助人动机的产生。

　　（二）知行不一依然是部分大学生社会公德领域中的突出问题

　　调查数据显示，社会公共生活领域中的知行不一问题依然较为明显地存在于部分受访大学生群体中，成为大学生公德领域中的突出问题。首先，对助人为乐认同度较高，但实施救助行动动力不足。调查数据显示，受访大学生对助人为乐这一中华民族传统美德表现出极高的认同态度。但面对老人摔倒急需救助时，选择"主动给予帮助、救护"的仅占受访大学生总数的54.3%，有近一成的受访学生持消极退避态度（见图5-1）。其次，对见义勇为的高尚道德行为，绝大多数受访大学生表现出极高认同度的同时，也反映出大学生虽然心向往之，但自己很难效仿的矛盾心理，认知与行为严重脱节，知易行难的道德困境表现得十分明显。调查数据显示，对小偷在公交车上行窃的行为有近三成的受访大学生持消极态度。其中，18.6%的受访学生选择"先看看周围的人怎么做再做决定"，4.5%的受访学生选择"无阻止之力，只好听之任之"，3.2%的受访学生选择"装作没看见，尽快躲开"，1.9%的受访大学生选择"其他"（见图5-15）；面对银行女职员勇于与歹徒搏斗的崇高道德行为，54.9%选择"很钦佩，但我不能肯定自己能做到"；19.1%的受访大学生表示"很钦佩，但我不愿意这样做"（见图5-14）。这表明在急难险重的道德选择面前，受访大学生的道德行为取向状况不容乐观。知行不一、知行脱节问题在大学生绿色生活方式选择以及网络道德生活方面，也有一定程度体现。调查数据显示，86.7%的受访大学生选择"愿意"过低碳生活（见图5-6），而在日常生活中，选择"经常"对垃圾进行分类的受访大学生仅占受访学生总数的25.3%，61.2%的受访大学生表示只是"偶尔"进行垃圾分类，还有13.6%的受访大学生从来不进行垃圾分类（见图5-10）。在关涉网络道德生活的调查中，绝大多数受访大学生认为，当前网络道德生活中最突出的问题依次是：网络语言暴力（43.1%）—网络语言、内容低俗化（23.4%）—网络谣言（17.9%）（见图5-23）。然而在网络道德生活是否可以随心所欲的问卷调查中，对这一问题持基本认同态度的受访学生占受访大学生总数的14.1%。其中，3.6%的受访大学生赞同"网络生活可以随心所欲"的观点，10.5%的受访大学生比较赞同"网络生活可以随心所欲"的观点（见图5-20）。

明代大思想家王守仁提出"知行合一"的理念，即人们在认识世界和改造世界的过程中，要将认识事物的"理"实际运用于"行"。实现知行合一，既需要社会道德原则和道德规范的引导和约束，也需要行为主体对外在道德原则、规范的认知和内化。引发大学生群体中部分受访大学生知行不一的原因是多方面的。从学校教育的层面看，长期以来存在于学校道德教育领域中重知轻行、重理论轻实践的情况依然没有从根本上得到解决。从社会层面看，我国社会公共生活中，绿色低碳生活、网络谣言、网络暴力等失德行为的监督、评价与反馈机制不够健全，对公共生活领域的高尚道德行为保障力度还需进一步加强，特别是对见义勇为的道德义举，需要道德践行者付出极大牺牲。倘若社会不能给予这些道德义举足够的社会保障，势必引发负面社会影响，进而抑制民众将善良意志转化为善良行动。大学生群体是我国公民中受教育程度最高的人群，也理应是我国公民中公德素养最高的人群。然而在日常公德践行中，依然有部分大学生存在不同程度的行为选择不确定性。因此，高校大学生社会公德教育应"坚持提升道德认知与推动道德实践相结合……培育正确的道德判断和道德责任，提高道德实践能力尤其是自觉实践能力，引导人们向往和追求讲道德、尊道德、守道德的生活"①。

（三）部分大学生在公德实践过程中功利性考量明显

调查数据显示，绝大多数受访大学生，对社会公共生活领域中的道德，诸如"爱护公物""助人为乐""见义勇为"等优良道德原则持积极、赞同、支持态度，表现出较高的公德认知水平，但也有部分受访大学生在社会公德践行过程中具有较为明显的功利性倾向。例如，面对老人摔倒急需帮助，36.8%的受访大学生选择"当有人救护时，自己会帮一把"（见图5-1）；面对小偷在公交车上行窃时，也有18.6%的受访大学生选择"先看看周围的人怎么做再做决定"（见图5-15）。这表明部分受访学生的道德行为选择是以某种条件的存在为前提的，即只有在确保个人利益不受损失，且周围人也愿意实施道德行为的前提下，自己才可能做出符合社

---

① 新时代公民道德建设实施纲要［M］．北京：人民出版社，2019.

会期待的道德行为选择。这种具有明显功利理性主义倾向的道德行为选择，看似人之常情，但也在某种程度上反映出部分大学生在社会公德践行中存在明显从众心理和功利主义倾向。再如，调查数据显示，面对"某银行女职员与持刀抢劫银行的歹徒英勇搏斗而致残"的英勇行为，有14.6%的受访大学生选择"不太值得，因为生命的价值高于一切"（见图5-14）。这表明部分受访大学生在个人自身生命价值与高尚道德的社会价值孰轻孰重问题上，陷入功利利己主义、精致利己主义的泥潭。通过调查数据，我们也发现，部分受访大学生在面对小偷在公交车上行窃，面对持刀抢劫的歹徒等危急时刻，更加倾向于寻找诸如"设法提醒""设法报警""设法扩散消息"等既保护自己，又积极寻求帮助他人的办法，实现自己助人的目的，所谓"见义智为"。事实上，在社会公共生活中的很多道德冷漠现象的发生，也许就是路人在见义智为和见义勇为的衡量过程中发生的。

当然，现实生活中，我们绝不是否定一般意义的功利性道德。相反，我们否定的或者是担心的所谓普遍意义的功利主义道德充斥于社会生活方方面面，使得原本司空见惯、理所当然、不假思索就应该实施的助人为乐行为，也被涂上浓重的功利主义或者市场经济的色彩。现实生活中，我们也不是一味地强调动机否认效果，这也是一种唯心论。毛泽东曾指出："唯物主义者并不一般地反对功利主义，但是反对封建阶级的、资产阶级的、小资产阶级的功利主义，反对那种口头上反对功利主义、实际上抱着最自私最短视的功利主义的伪善者。世界上没有什么超功利主义，在阶级社会里，不是这一阶级的功利主义，就是那一阶级的功利主义。我们是无产阶级的革命的功利主义者，我们是以占全人口百分之九十以上的最广大群众的目前利益和将来利益的统一为出发点的，所以我们是以最广和最远为目标的革命的功利主义者，而不是只看到局部和目前的狭隘的功利主义者。"[1] 也就是说，在社会公共生活领域，我们否定或者反对也是狭隘的、局部的功利主义道德。

---

[1] 毛泽东选集：第3卷［M］. 北京：人民出版社，1991：864.

调查数据中反映出部分受访大学生在社会公德践行中功利性考量倾向明显。主要原因在于，当前我国社会正处于由传统社会向现代社会化转型的历史时期，传统道德价值观念赖以生存、维系、发展的社会环境遭到了前所未有的冲击破坏。我国社会生活各个领域价值评价标准，包括社会公共生活领域中的价值评价标准受到来自市场经济，以及个人主义、主观主义、实用主义等多元价值观念或社会思潮的冲击。因此高校加强大学生社会主义核心价值教育，重视发挥社会主义核心价值观对大学生道德价值观的引领作用，提升大学生的公德认知水平和认知境界，是高校大学生社会公德教育的重要任务。

二、影响大学生社会公德认知与践行的主要因素

调查数据显示，受访大学生认为影响自身道德品质形成的主要因素由高到低依次是：家庭、社会、学校。因此，分析影响大学生公德意识或公德水平的主要因素，也应从家庭、社会、学校等多个层面深入思考。

（一）传统道德价值观念的影响

中国传统社会是小农社会，自给自足的自然经济，不具备形成大规模社会劳动分工和商品交换的条件，民众生活的空间范围有限，缺乏广泛的社会交往，难以产生一些需要社会公德进行调节的公共领域。人们的一些公德失范行为的发生主体有时并非完全出于主观故意，而更多缘起于自身生活习惯、社会传统公德资源的缺乏或群体社会生活不发达。因此，费孝通先生提出，在传统中国社会结构中，由于行为主体注重在家庭生活、朋友交往中所应遵循的私德，重视私人间的感情，人们行动的选择大多以他人与自己的关系远近为标准，习惯于把私人圈、朋友圈的交往方式运用于公共交往之中，在一定程度上造成了人们在圈内"重情"，圈外"无情"的漠视公共利益思想和情感倾向。梁漱溟先生认为，中国传统社会重家庭生活、缺乏群体生活，造成中国人在传统社会生活方面出现一些劣势，其中在社会公德方面主要表现为缺乏公共观念和纪律习惯。群体社会生活不发达，就谈不上公共生活的发展，公共生活中的规则意识更无从谈起，这

种消极影响一直延续到现代中国社会。

相对于现代社会，传统中国社会的家庭在社会生活中的地位尤为重要，特别是在人才培养和人格塑造方面发挥了不可替代的重要作用。例如，中国传统家庭教育的核心内容"三纲五常"伦理道德原则，既适用于调整家庭伦理关系，也适用于调整家庭之外的其他社会关系。传统中国社会凭借"君君臣臣父父子子"的"家庭私德"培育模式，既可以培育出满足统治阶级需要的人才，也可以培养出符合家庭发展需要的孝子贤孙。然而，中国传统社会以血缘、地缘、亲缘为主的私人情感交往模式下，形成的重血缘、重亲缘、重地缘家庭伦理道德体系，对人与人之间亲疏远近的社会关系有着明确的界限要求，使得家庭教育中极少有现代意义上的社会公德教育内容，使得家庭成员较难孕育出遵守公共道德规范的良好品性。加之，中国传统社会长期以来形成的"重私德，轻公德"的道德价值观念，也使人们常常将"公"和"私"对立起来，无法实现家庭与社会良好对接。因此，早在民国时期，梁启超先生就批评国人不讲公德，一盘散沙而不知团结协作，并认为这是中国近代落后的一个主要原因。他说："我国民所最缺者，公德其一端也。""吾中国道德之发达，不可谓不早，虽然，偏于私德，而公德殆阙如。"①

（二）社会结构急剧转型的冲击

新中国成立后，特别是1978年党的十一届三中全会后，随着我国改革开放政策不断走向深入，中国社会面貌发生了巨大变化，人民生活水平显著提升，社会主义市场经济建设获得了前所未有的大发展。与此同时，市场经济自发性、逐利性的消极特征也不同程度地反映到社会公共生活中，出现一定程度上影响并制约了民众公德意识和公德水平的提升。

进入新时代，伴随改革开放的步伐不断加快、深度不断拓展，我国社会公德建设也遇到诸多挑战。一是城市化进程加快。城市化变迁必然带来人们生产方式、生活方式、交往方式，以及家庭结构的深刻变化，人们被

---

① 梁启超，李华兴，吴嘉勋. 梁启超选集［M］. 上海：上海人民出版社，1984：213.

置于社会分工越来越细、越来越复杂的陌生人环境之中，使得公德需求和公德约束面临极大的挑战。二是我国社会公共生活治理中存在的失德成本过低的社会现象，也在一定程度上拉低了部分大学生对自身社会公德要求水平。大学生极易受其影响降低个人的社会公德标准。三是"德福"不一致。也有学者认为，社会上存在的一些"德福"不一致问题也给大学生良好社会公德的养成带来了负面影响。近年来社会上出现的一些助人行为的负面报道，抑制大学生的实施助人为乐行为的积极性。总之，改革开放以来，大学生成长过程中所依托的社会环境发生了极大的变化，所受到的来自社会的影响更多、更复杂。这一环境因素变化与改革开放以来整个社会由闭塞到开放转型、由计划到市场的体制转轨密切相关，这些因素都在一定程度上制约了大学生公德意识的提升和公德水平的提高。

（三）大学生个人品德的层次性差异

我国社会公德教育在很长一段时间，未能实现公德教育先进性与广泛性的有机统一，忽视了教育对象的差异性和教育内容的层次性特征。事实上，在社会公共生活中，人们道德认知水平、道德境界的实际状况不同，要求社会对不同道德水平或道德境界人们的社会公德要求也应体现出鲜明的层次性。具体说来，社会公共生活中的公德教育内容可划分为三个层次：首先最高层次是舍生取义、见义勇为、一心为他人和为社会；其次是助人为乐、先公后私、先人后己；最后是公私兼顾、不损人利己，这是对公民在社会公共生活领域的最基本、最起码的道德要求。事实上，集体主义道德原则存在、体现于我们的日常生活、工作和学习中，只要我们时时留心、处处克己，人人都可以在社会公共生活中践行助人为乐、见义勇为的道德原则，并能够沿着集体主义道德要求的层次循序渐进地向更高的道德境界攀登。然而，我国社会主义道德建设相当长一段时间内，把公民对个人正当权益追求与自私画上等号，认为只要讲个人利益就是自私自利，就是个人主义，真正的马克思主义者就不能讲任何个人利益，并且在社会生活中人为地塑造了一些"高、大、全"像神一样圣洁的道德形象。即使在社会公共生活中，这种过分强调个体道德的先进性，忽视社会公德教育本身的广泛性、层次性要求，也不利于人们个体道德内化的真正实现，影响公民教育的时效性和社会整体公德水平的提升。

另外，家庭依然是个体道德品格形成的第一课堂，对大学生道德价值观念的形成和公德认知水平的发展影响较大。在良好家风影响下成长起来的大学生，往往具备强烈的社会责任感和较高水平的社会公德意识。调查数据显示，39.2%的受访大学生认为，家庭是影响自身道德品质形成的首要因素；19.7%的受访大学生认为，家风家训的道德约束力最大。（见图 8 – 28、图 1 – 42）因此，习近平总书记多次讲话中强调家庭教育的重要性。他指出"不论时代发生多大变化，不论生活格局发生多大变化，我们都要重视家庭建设，注重家庭、注重家教、注重家风……使千千万万个家庭成为国家发展、民族进步、社会和谐的重要基点"①。"作为父母和家长，应该把美好的道德观念从小就传递给孩子，引导他们有做人的气节和骨气，帮助他们形成美好心灵，促使他们健康成长，长大后成为对国家和人民有用的人。"②然而，调查数据显示，受访大学生独生子女在助人为乐、见义勇为方面的积极表现明显弱于非独生子女。如在遇到老人摔倒急需救助的情形时，非独生子女大学生的帮助意愿显著高于独生子女大学生（见图 5 – 5）；对于"某银行女职员与持刀抢劫银行的歹徒英勇搏斗"做法的认同程度，非独生子女大学生的认同程度显著高于独生子女大学生（见图 5 – 19）。表明家庭教育过程中，部分父母长辈对独生子女的过度保护、溺爱、纵容，也是影响大学生公德认知或规则认知的建立与提升的重要因素。

（四）大学生身心成长特征的影响

大学生正值青春期，正是世界观、人生观、价值观形成的关键时期。彰显自我、张扬个性的鲜明群体特征使得部分大学生在社会公德的践行过程中，表现出较为明显的思想或行为的不确定性倾向。他们时而可以按照

---

① 在 2015 年春节团拜会上的讲话 [N]. 人民日报，2015 – 02 – 18（002）.
② 习近平谈治国理政：第 2 卷 [M]. 北京：外文出版社，2017：355.

要求做，时而又背道而驰；时而坚持某种道德原则，时而又发生动摇；在被监督的环境中做得好，不被监督就退步等。大学生群体中有刚年满十八岁的热血青年，他们处于成人的"边缘"，生理成熟与心理断乳的矛盾客观存在。这一群体不可避免地要将其自身的处境与"真正的"成人进行比较，并在比较的过程中有意地无意地趋同，并有意无意地放大成人世界中的负面信息（这与儿童世界正好相反），致使部分大学生出现道德冷漠以及我行我素的行为表现。甚至也存在一些连自己也不那么关心的大学生，自嘲为活得很"佛系"、怎么都行，极易陷入道德相对主义的泥潭。

随着我国经济社会的全面进步，人们的物质生活得到极大改善，生活水平不断提高，改革开放政策不断走向深入，社会民主进程有序推进，民众的思想观念获得巨大解放，公民个性也获得较大程度的展示。人们的思想意识更加实际甚至功利化，这在成人世界中表现得更加明显。大学生群体更易受到影响，他们当中有部分大学生个体成了矛盾的结合体。他们既盲目自信又固执自卑，既有强烈的偏激，又有极大的宽容；他们理想远大，却疏于努力；他们渴望自由，又经常性地无所适从；他们渴望社会成员人人遵守社会公德，自己有时却难以身体力行。这种极其矛盾的心理，加之市场经济逐利性特征的负面影响，使得大学生群体中部分学生给自身公德意识或公德能力的提升附加上诸多功利色彩。

第三节　提高大学生社会公德的对策思考

社会公德是从社会道德体系的社会层面提出的，用以维护社会公共生活正常进行的最基本道德要求。社会公德具有基础性、广泛性、生活化等特征，即在公共生活和社会交往中所有公民，无论其身份、职业和地位如何，都应该遵守的最基本、最起码的道德准则，是义务性道德。课题组认为，提升大学生社会公德认知及践行水平，应坚持社会公德教育与社会主义核心价值观教育同向同行原则，一方面充分发挥家风家教在社会公德教育方面的积极作用，另一方面通过改进高校公德教育内容、形式与方法、优化道德奖惩机制，改善舆论生态等多条路径，逐步建立起社会、学校、家庭以及大学生个体自我教育协同发力教育模式。

一、充分发挥社会主义核心价值观的引领作用

党的十九大报告明确指出，社会主义核心价值观是当代中国精神的集中体现，凝结着全体人民共同的价值追求。① 大学生社会公德教育与社会主义核心价值观教育以及时代新人的培育具有内在一致性，必须坚持同向同行。因此，大学生社会公德教育，也应以培养担当民族复兴大任的时代新人为目标，充分发挥社会主义核心价值观在国民教育、精神文明创建、精神文化产品创作生产传播的引领作用，把社会主义核心价值观教育融入大学生社会公德教育的方方面面，逐步构建大学生社会公德教育的价值引导、实践养成、制度保障有机统一的教育工作体制。

社会公德是每一个公民在日常工作、学习和生活中均应遵守的基本道德原则。作为未来社会主义事业的建设者，当代大学生是整个社会中认知能力较强，知识层次较高的群体，理应成为自觉遵守社会公德的表率。调查显示，部分受访大学生"比较赞同"（10.5%）和"赞同"（3.6%）网络生活中可以随心所欲的观点（见图 5 - 20）。网络语言暴力（43.1%），网络语言、内容低俗化（23.4%），网络谣言（17.9%），网络诈骗（11.0%）和人肉搜索（3.3%）成为大学生认同的当前网络道德生活中最突出的问题（见图 5 - 23）。"网络随心所欲"与网络道德问题构成因果两面。随心所欲、缺乏监管的网络言论自由，既符合网络虚拟世界的特点，也成为网络道德混乱的推手。网络自由与网络失德交织，客观上加剧了社会公德教育的复杂性和不确定性。网络随心所欲的直接表现就是谣言四起，特别是一些灾难发生、公共事件爆发时正是网络谣言兴盛时。自 2020年 1 月全面启动的抗击新冠病毒疫情以来，网络谣言接踵而至。一些谣言

---

① 习近平. 决胜全面建成小康社会　夺取新时代中国特色社会主义伟大胜利［M］. 北京：人民出版社，2017：42.

被精心包装，混入一些专业内容，普通人无法轻易识破；有些谣言形式新颖，易于传播；有些谣言被带节奏、恶意利用，反华势力趁虚而入，抗击疫情同舆论大战交织，"谣言—辟谣—新谣言"增加了"抗疫"工作的难度。社会主义核心价值观正是要在分散的、多元的个体价值观中找到最大公约数，达成共识，统一认识。2018 年 5 月 2 日，习近平在北京大学师生座谈会上的讲话中提到："要坚持不懈培育和弘扬社会主义核心价值观，引导广大师生做社会主义核心价值观的坚定信仰者、积极传播者、模范践行者。"[①] 社会公德作为素质教育中的关键一环，是社会主义核心价值观要求的基础。当代大学生遵守社会公德要求，与践行和弘扬社会主义核心价值观在本质上具有一致性。开展社会公德教育也必须高扬社会主义核心价值观，同时建设、同步建设，防范网络随心所欲，抵制情绪恶意释放，在网络道德建设中坚定"四个自信"，做到"两个维护"。

二、注重发挥家庭教育的基础作用

社会公德是对社会公民提出的最起码的道德要求。这些要求内化于心、外化于行，从被动地遵守到自觉自律地遵循需要一个长期的过程。因此，大学生社会公德教育不是待其成长为一名大学生后才开始的工作，而是自幼便开始的工作，特别是幼儿期社会化初步适应和学习的阶段就需要不断要求和贯彻。调查显示，受访大学生认为对其"道德品质影响最大的环境"是家庭（39.0%），认为最能约束人的道德行为的因素是"家风家训"（19.7%）。因此，大学生社会公德教育应该首先从家庭教育做起，并贯穿家庭教育的全过程，进而实现与学校教育、社会教育形成良性互动。

家庭作为一个人成长的起点，家长（监护人）是社会公德教育的主要责任人，对培养具有较高社会公德意识的大学生的作用不可替代。因此，提升子女的公德意识或公德水平，首先需要家长（监护人）在日常生活中积极践行社会公德规范，做到率先垂范，身体力行，严格要求自己，做好

---

① 习近平. 在北京大学师生座谈会上的讲话［N］. 人民日报，2018 - 05 - 03（002）.

青少年社会公德教育的引路人。其次要针对子女不同年龄阶段的生理、心理发展特点，采取切实有效的教育引导方法，做到不溺爱，不纵容，摆事实，讲道理。再次要坚持日常、注重点滴培养。这是因为一项道德要求，若想真正被孩子接受、践行到内化，需要多次甚至是长期、反复的坚持和积累。从点滴做起，才能逐渐筑牢孩子的社会公德意识防线，提升孩子践行社会公德规范的能力。最后是家庭公德教育要与学校、社会公德教育同向同行、通力合作。

总之，家长（监护人）与孩子的关系是一种血缘关系、亲缘关系、契约关系，而不是依从关系、依附关系、私有财产关系。养育孩子的过程是一个不断分离的过程，孩子要成长为一个独立的社会人、国家人。与此同时，每个人也都是社会的人。从某种意义上说，家长（监护人）培养孩子不仅为自己，为家庭，而是为了这个社会、国家的永续发展。每一个家庭都是联结这个社会、这个国家有机体的细胞和单元，家长需要从民族复兴、国家富强的高度重视下一代的道德教育问题。家长要重视孩子的社会公德教育，坚持学业教育与道德教育并举，注意培养孩子的良好行为习惯，规范引导孩子可能发生的不道德思想或行为。

三、增强高校公德教育的实效性

系统、深入、有针对性地对大学生进行社会公德教育是高校思政工作题中应有之义。积极探索高校社会公德教育的有效方法，不断提升大学生的公德意识和公德水平，也是高校思想政治教育的重要任务。课题组认为，新时代增强高校公德教育的实效性，应坚持如下几个原则。

一是坚持公德教育结果论与义务论有机统一的原则。结果论和义务论是道德教育中两种常见的阐释理路。结果论以行为结果作为道德善恶的评价标准；义务论则强调以具有普遍性的道德原则或义务作为善恶评价标准，更注重程序的正当性。高校社会公德教育应突破结果论的论述方式，进一步延伸至对义务论的阐释和运用。我们以引导学生自觉垃圾分类的教育为例，若诉诸自利的说理较易被学生理解，但若仅局限于此，反而会助长学生自利的思维定式。所谓的"好行为"就是那些能保证个体权益的行为，这显然不是进行社会公德教育的最终目的。教师也可以诉诸公益原则，即突破自利局限，从所有人的角度来评价行为的善恶。垃圾分类是为了保障更多人享受优良生态环境的正当权益，这尽管从思路上已经从利己过渡到公益，然而，当进一步追问公益何以重要时，仍需引入个体权利的平等。也就是说，虽然结果论的说理方式在说服效果上非常有力，但很难申明公正原则的根本内涵，即"人是目的"这不以任何外在结果的善来衡量其内在价值。有效的社会公德教育，应综合"结果论"和"义务论"两种不同说理方式，要克服仅重视结果论而忽视义务论的教育思维逻辑，帮助大学生树立正确的公德观。

二是坚持思政课程与课程思政有机统一的教育教学原则。现代教育行为心理学认为，人的行为习惯、道德品质是经过反复练习而形成的较为稳定的行为特征。因此，高校大学生社会公德教育也应被纳入一个多维系统之中进行教育，实现专业课教育教学和思想政治理论课教育教学系统的有机统一。专业课教学是高校课程设置中占有学时最多，对学生影响更深远的课程。相对于其他课程，大学生更愿意接受和配合专业课教师的各种教育、教学活动。倘若专业课教师在自己承担的课程中自然而然、潜移默化地融入社会公德教育内容，必然产生事半功倍的效果。因此，在专业课教学目标、教学内容中适当融入一些社会公德教育元素或教育理念，有利于培养出专业知识基础好、专业技术技能高，且具有较强公德意识和公德素养的现代型合格人才。社会公德是理论问题，更是实践问题。高校思想政治理论课是对大学生进行思想政治教育的主渠道和主阵地，也是大学生社会公德教育的主阵地。高校思想政治理论课主要侧重对大学生进行社会公德理论教育，帮助大学生深刻认识当前我国社会公德建设领域存在的突出问题，引发这些问题的深层原因以及社会公德建设之于国家、民族进步的重要意义，深化大学生的社会公德理论认知，激励大学生积极践行社会公德规范，不断提升自身的公德意识和公德素养。

三是坚持第一课堂与第二课堂有机统一，不断丰富和拓展社会公德教育的方法和途径。经验告诉我们,空洞的社会公德理论说教、过时的公德教育形式将直接影响高校社会公德教育的实效性。教育者应结合大学生特点,充分发挥网络新媒体的积极作用,采用传统与现代相结合的教育形式,积极创新教育方法。例如,在低碳生活、保护环境这一社会公德教育过程中,可以利用互联网设计低碳生活公众号,定期推出相关文章介绍低碳生活的重要性、低碳生活的做法等。布置展板、宣传栏,举办座谈会、生态文明知识讲座等,对大学生加强低碳生活理念的宣传普及;或者举办知识竞赛、征文、演讲等主题活动,开展"低碳宿舍""低碳班级"行动,或者通过组织社会实践活动等方式,提高大学生参与建设低碳校园的积极性,向学校提出建设"低碳校园"的建议,并向全校师生发出倡议,引导全校师生以实际行动实现校园日常运行的节能降耗,使低碳生活理念不断深入大学生的内心世界,并逐渐转化成为积极道德行动和应尽的社会责任。

四是结合不同学科、性别、年级大学生的不同特点,有针对、分层次地开展社会公德教育。调查数据显示,不同性别、不同学科、不同政治面貌、是否独生子女的受访大学生在社会公德认知与表现上存在较为明显的差异。为提升高校育人效果,提高社会公德教育的针对性和实效性,高校在开展大学生社会公德教育过程中,需要正视和分析这些差异,结合相关研究结论,以因材施教、抓重点、抓主要矛盾的原则开展相关教育活动。同时,针对大学生社会公德水平的层次性差异,进行分层引导。其中,不伤害他人与社会,即"不害人"是社会公德的较低层次;认真履行社会公德规范,做好自己是社会公德的中间层次;不仅自己做到,还可以监督、带动更多的人做到,与违背社会公德的行为做坚决斗争是较高层次;在特殊情况下,舍己为人,为维护社会公德发扬勇于奉献的大无畏精神是社会公德的最高层次。社会公德教育中需要引导大学生树立公德理念,不断提升认知水平,从"自己守法"到"带动守法""参与执法"再到勇于挺身而出,逐步践行社会公德的更高境界。

四、构筑良好的社会公德"生态链"

在自然界里，要保证一种优质植物不退化或灭绝，就要让这种植物的周围大量生长同样优质的植物，相互授粉，不断繁衍。如果我们把社会公德的建设也比喻成一条"生态链"的话，那么同样需要这样的优良环境以实现良好社会公德行为的传递。正所谓，近朱者赤，近墨者黑。良好的社会生态可以保证一些人心底的善良与热情被唤醒，防止人们滑向冷漠和自私的深潭。因此，社会公德环境建设，直接关系到社会公德行为的方向和实效。而社会公德环境建设的优劣直接取决于国家或政府的环境治理是否有效。《纲要》明确提出："道德建设既要靠教育倡导，也要靠有效治理。要综合施策、标本兼治，运用经济、法律、技术、行政和社会管理、舆论监督等各种手段，有力惩治失德败德、突破道德底线的行为。"① 同样，社会公德教育也要"健全各项配套法律法规，'以法保德''以法促德'，完善的配套法律政策能为社会公德教育提供一个方便快捷、公正公平、稳定有序的客观环境"②。

首先，完善公德保障机制。榜样的力量是无穷的。社会公德榜样作为一定社会、一定阶级道德理想的人格化，是一定社会道德原则和道德规范在具体人物身上的集中反映，是值得广大人民群众学习和效仿的典型人物或典型事件。因此，通过树立各行各业、各条战线涌现出的可歌可泣的社会公德榜样，营造见贤思齐的社会氛围，并在此基础上，逐步建立起完善的公德榜样保障救助机制，是构筑新时代良好社会公德"生态链"的重要前提。所谓榜样保障机制指的是从社会整体的角度出发，对社会公德榜样的奉献和付出给予一定回报、照顾或奖励的社会程式。这一程式的建立和完善有赖于人们观念的转变和相应社会制度的建设。建立和完善公德榜样保障机制，就是要通过立法、行政等多种途径，把对社会公德榜样的精神奖励和物质奖励相结合，把社会对榜样的教育与榜样的自我教育相结合，

---

① 新时代公民道德建设实施纲要［M］.北京：人民出版社，2019.

② 席彩云.当代社会公德教育研究［M］.武汉：湖北人民出版社，2008：140.

把榜样权益法制化建设与适应社会主义市场经济道德体系建设相结合，通过利用社会保险、社会团体、各级政府等多种机构和部门的联动，整合社会各种力量，架起资助者与受助者之间的桥梁；努力营造适合榜样生长发育的道德氛围与法治环境，建设赏罚分明、保障有力的监督协调机制，将道德榜样权益提高到系统化、法制化的水平，最终实现社会公共利益最大化。

培养大学生感恩意识是公德榜样保障机制实现的重要心理前提。知恩、感恩是中华民族的传统美德。传统文化中认同感恩是社会每一个人都应有的基本品德，是做人最起码的修养。每个人都无法孤立地在这个社会上生存，从呱呱坠地到长大成人，无处不浸透着父母和教育者的辛勤汗水。甚至是一个成年人，每天生产、生活中的种种需要的满足都是从他人或社会那里获得，同时也需要为他人、为社会付出自己的努力。因此说，感恩是相互的，每个人都需要有一种感恩意识。懂得感恩是一个人格健全者的必要条件。未成年人以及在校大学生的价值观和人生观还处于形成和发展的阶段，具有很强的可塑性。对他们进行感恩意识的培养和教育，无疑是必要而迫切的。如果社会上到处充斥着道德冷漠的人，那么对榜样的保障也将无从谈起。感恩是一种高尚的道德情操，具备良好感恩观念的人不一定仅回报那些帮助过他的人，而是常常在这种感恩意识的指引下再去帮助其他需要帮助的人。

其次，优化公德环境建设的组织依托与保障。大学生社会公德教育是一项复杂的系统工程，社会生活中的各个方面都在其中发挥着重要作用。因此，在社会公德的践行方面，单纯依赖政府、学校及相关机构的强制手段是不够的。因此，课题组认为，鼓励社会组织参与大学生社会公德的培育，充分发挥社会公益组织、大学生志愿服务组织等社会团体，以及社区居委会、村委会等基层党组织的积极作用，为大学生社会公德教育提供必要的组织依托和组织保障，共同推动社会公德的宣传与践行。与此同时，各级各类社会精神文明建设单位和组织也应积极担负起社会公德的教育责任，主动开展相关调研，接收学生社会公德方面的反馈，不断优化社会公德教育的途径与形式，尽可能地组织更加生动、趣味性更强的实践活动，努力营造内外联动的公德教育氛围，不断提升社会公德教育的实效性。

最后，充分利用互联网、新媒体、电影、电视等大众传播媒介，营造德福一致的舆论生态，形成抵制不良社会公德行为的舆论压力，对于提升大学生社会公德教育时效性也至关重要。近年来，户外媒体用于社会公德宣传也可以起到润物无声的作用。它设置灵活、不占空间，却可以充分利用人们行路的碎片化时间，抓住闲散时间呈现社会公德要求，引导大众的思想。如果把户外媒体投入到社会公德建设中必定会起到较好的效果。闲散时间，多次有意无意的视觉刺激，可以在人们脑海中留下印象，也能起到一定的宣传教育效果。

第六章 大学生职业道德状况调查与分析

大学生的职业道德认知直接关系到大学生自身未来的工作与生活，也一定程度上影响着中国特色社会主义事业的发展。因此，全面了解大学生的职业道德认知状况，分析其优势与特点，把握其问题及原因，对于探寻大学生职业道德塑造的途径和方法具有重要意义。为了解大学生的职业道德认知状况，课题组主要从大学生未来从业态度、对为人民服务、集体主义的社会主义道德价值取向的基本态度以及大学生诚信道德认知等多个方面考察受访大学生的职业道德状况。

第一节 大学生职业道德状况及差异性分析

一、大学生对未来从业态度认同状况的数据分析

调查数据显示，有 60% 的大学生从业态度为"爱岗敬业，精益求精"，37.7% 的大学生的从业态度为"尽职尽责，做好分内之事"，0.9% 的大学生的从业态度为"马马虎虎，敷衍了事"，另有 1.4% 的大学生选择了"其他"（见图 6-1）。

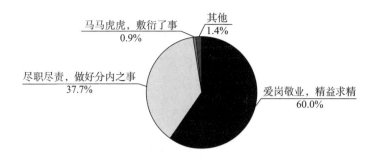

图6-1　大学生对未来从业态度的认同状况

二、大学生对未来从业态度认同状况的差异性分析

以性别、学科、政治面貌、是否为独生子女为依据，对调查数据进行多层面差异分析。调查数据显示，不同性别、学科、政治面貌、是否为独生子女的大学生群体间在未来从业态度上存在显著差异（$p < 0.05$）。图表中得分越低，代表越赞同爱岗敬业、精益求精的从业态度。

通过数据分析比较可以看出，不同性别大学生对未来的从业态度存在显著差异（$p = 0.001$）。其中，女性大学生（1.41）对"爱岗敬业，精益求精"从业态度的赞同度显著高于男性大学生（1.45）（见图6-2）。

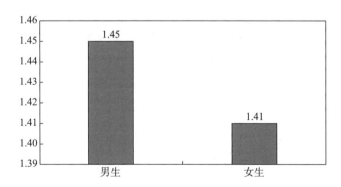

图6-2　不同性别大学生对"爱岗敬业，精益求精"从业态度的看法

通过数据分析比较可以看出，文科学生（1.42）对"爱岗敬业，精益求精"的认同程度高于工科学生（1.43）和理科学生（1.44）（见图6-3）。

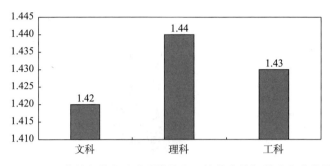

图 6 - 3　不同学科大学生对"爱岗敬业，精益求精"从业态度的看法

通过数据分析比较可以看出，中共党员大学生（1.38）对"爱岗敬业，精益求精"的认同程度高于共青团员（1.42）和群众（1.59）（见图 6 - 4）。

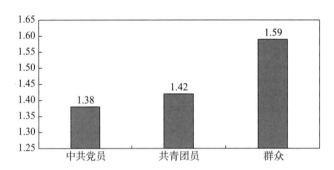

图 6 - 4　不同政治面貌大学生对"爱岗敬业，精益求精"从业态度的看法

通过数据分析比较可以看出，是否为独生子女对"爱岗敬业，精益求精"从业态度的赞同程度存在显著差异（$p = 0.007$），非独生子女（1.41）对"爱岗敬业，精益求精"从业态度的认同程度显著高于独生子女（1.45）（见图 6 - 5）。

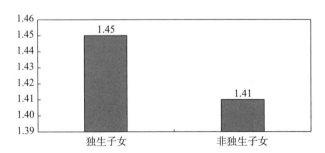

图 6 - 5　独生子女与非独生子女对"爱岗敬业，精益求精"从业态度的看法

第二节　大学生职业道德认知基本状况、
存在问题与原因分析

调查结果表明，大学生的职业道德认知整体上明晰且正确，主要表现为大学生赞同为人民服务的社会主义道德原则且具有明确积极的未来从业态度。大学生良好职业道德认知的形成，既得益于家庭、学校和社会都发挥了各自的教育优势，又得益于三者形成的有效教育合力。调查结果也表明，受特定人生发展阶段、部分家庭职业道德教育缺失、学校职业道德教育实效性不够，以及我国社会生活各个领域职业道德失范现象的负面效应等多方面因素的影响，当前我国大学生的职业道德认知也呈现出差异性、功利性和易变性特征，大学生的职业道德认知仍有提升空间。

一、大学生职业道德认知的总体状况及成因分析

大学生的职业道德认知整体上明晰且正确。前文调查数据显示，92.0%的大学生对为人民服务的道德原则持赞同态度（见图2－1）。绝大多数学生认为，包括自己在内的所有公民都应该坚持为人民服务的社会主义道德原则。这表明，为人民服务作为社会主义道德建设的核心已深入大学生内心，并为大学生的未来从业态度定了基调。60.0%大学生的从业态度为"爱岗敬业，精益求精"，37.7%大学生的从业态度为"尽职尽责，做好分内之事"，97.7%的大学生具有相对明确的未来从业态度（见图6－1）。基于这一结果不难推断，家庭、学校和社会对大学生的职业道德认知均产生了积极的影响。究其原因主要在于。

（一）良好的家庭教育是大学生正确职业道德认知确立的首要条件

前文调查数据显示，39.2%的受访大学生认为，家庭教育是影响自己道德品格的最重要因素（见图1－40）。2016年12月，习近平总书记在会见第一届全国文明家庭代表时的讲话中指出："家庭是人生的第一个课堂，

父母是孩子的第一任老师。"[①] 对孩子来说，父母也是其职业道德认知的启蒙老师。孩子从小就知道父母需要在特定的时间去工作，不能迟到、不得早退，也知道父母需要完成特定的工作内容，不能偷工减料。尽管这些认知零散且感性，但却是学生构筑职业道德认知大厦的基石，也是学生未来建构与他人、国家和社会特定联系的前提。随着年龄的增长，学生在家接受的职业及职业道德教育会逐渐从非自觉、无意识的状态转变为自觉、有意识的职业及职业道德教育。伴随年龄的增长，学生的理解力在增强、社会化程度在提升，父母家人会有意识地跟学生进行职业相关内容的有效对话和交流，带领学生参加各种职业体验类的活动。父母这种自觉且有意识的陪伴、参与和引导，能让学生对不同职业及其特定的专业要求有更多的认识，也能让学生对爱岗敬业、诚实守信、办事公道、服务群众、奉献社会等职业道德基本内容和要求有更深入的了解。

（二）有效的学校职业道德教育为大学生形成正确职业道德认知创造了良好条件

数据显示，24.4%的大学生认为，学校是影响自己道德品质的重要因素（见图1-40）。随着学生年龄的增长，学校逐渐成为影响学生职业道德认知的重要场所，而老师对学生的影响尤为重要。随着与老师交往的增多，学生逐渐会从老师身上感受到一份独特的爱与付出，这有利于学生的健康成长，也让学生得到更多关于教师这一职业和职业道德的认知。随着大学生活的开始，学生在一定程度上开启了以自己所学专业为"轴心"的成长模式。学生每天所学的知识和关注的重点会不自觉地与本专业有关，学生了解的社会就业状况与就业前景也会不自觉地从本专业出发，这种成长模式也可以被看作是大学生职业道德认知的发展过程。加上高校面向大学生开设的职业规划与创新创业类课程，以及思政课程中有关职业道德内容的专题讲授，都在一定程度上让学生对职业道德，特别是与个人即将选

---

① 习近平. 在会见第一届全国文明家庭代表时的讲话［N］. 人民日报，2016-12-16（002）.

择和从事的职业相关的职业道德有了更清晰的认识。学校积极引导大学生
参加各类志愿服务活动。如作为此次调研对象的北方工业大学学生，积极
参与了北京2022年冬奥会和冬残奥会志愿者全球招募启动仪式翻板演出、
2019年中国北京世界园艺博览会的志愿服务工作及2019年的国庆70周年
志愿服务活动等。大学生越来越注重结合自身的能力、专业、特长，积极
参与各项活动，投身志愿服务活动。大学生志愿服务活动遍及城市社区建
设、环境保护、社会公益、大型活动、抢险救灾、农村扶贫等诸多领域。
大学生积极投身志愿服务活动，到国家和社会最需要的地方去。大学生在
国际国内大型活动中提供优质高效的服务，在救灾一线不畏艰险、奋力救
援，在贫穷落后地区帮扶、支教，带头把志愿服务活动做进基层、做进社
区，也做进家庭。大学生还关注空巢老人、留守儿童，关注残疾人、农民
工及其子女、困难职工等弱势群体。大学生用实际行动关爱着社会、奉献
着爱心，向社会传递着温暖，践行着为人民服务的理念，也在实践中不断
长知识、强本领、增才干。学校良好的职业道德教育帮助学生更好地把握
个人与他人和社会的关系，也帮助学生更好地认识自我，助力大学生职业
道德认知逐渐从感性走向理性。

（三）良好的社会道德环境为大学生形成正确职业道德认知提供了
优良土壤

前文调查数据显示，30.1%的大学生认为，社会是仅次于家庭对其道
德品质产生重要影响的因素（见图1-40）。党的十八大以来，以习近平同
志为核心的党中央高度重视公民道德建设，立根塑魂、正本清源，做出一
系列重要部署推动思想道德建设。中国特色社会主义和中国梦深入人心，
践行社会主义核心价值观、传承中华优秀传统文化的自觉性不断提升，爱
国主义、集体主义、社会主义思想广为弘扬，崇尚英雄、尊重模范、学习
先进成为风尚，民族自信心、自豪感大大增强，人民思想觉悟、道德水
准、文明素养不断提高，道德领域呈现出积极健康向上的良好态势。作为
社会个体，能感受到满满的正能量。另外，学生在社会生活过程中会接触
并了解各种具体职业。新冠疫情爆发后，无数的医护人员奋战在第一线，

他们用血肉之躯为人民群众的生命安全筑起了安全隔离带。学生能从他们身上真切地感知什么是医者仁心，什么是职业道德。学生在社会生活过程中也会接触到一些新兴职业，例如在网络中看到的各种网络主播、接受在线学习培训时遇到的网络培训师、因垃圾分类而催生的代收垃圾网约工等。无论传统职业还是新兴职业，特定从业人员的言行举止和社会给予的评价反馈都是学生职业道德认知的重要来源。学生逐渐认识到，职业道德不仅是个人从事某种行业应当遵循的道德规范，还是社会对该职业的特定要求和期许；不仅是个人的行为规范，也是个人与社会的有效联结方式，还是个体人生价值得以实现的重要保障。职业道德既体现着个人的道德素养，也表征着社会的文明与进步。

二、大学生职业道德认知中存在的主要问题

（一）大学生职业道德认知情感差异明显

调查结果显示，与理科生（1.44）和工科生（1.43）相比，文科生（1.42）对"爱岗敬业，精益求精"职业道德的认同度更高（见图6-3）。与共青团员（1.42）和群众（1.59）相比，党员大学生（1.38）对"爱岗敬业，精益求精"职业道德持有更高的认同度（见图6-4）。与独生子女（1.45）相比，非独生子女（1.41）对"爱岗敬业，精益求精"职业道德的认同度更高（见图6-5）。与男性大学生（1.45）相比，女性大学生（1.41）对"爱岗敬业，精益求精"等职业道德的认同度更高（见图6-2）。仅就男女生之间的道德认知差异而言，这既与男女生理差异有关，更与男女社会性别差异有关。尽管社会性别差异在许多方面呈现出某种隐蔽性，但它真实地在男女生成长过程中发挥着重要的影响，对他们的学习、工作、家庭生活等各个方面产生着持久、深刻的影响。这种影响不仅使男女生的自我认知出现差异，使他们对自我与国家、社会、家庭和他人的关系的认知出现差异，也使他们对责任、担当、诚信等道德问题的认知出现差异。

大学生在职业道德认知上的差异，表明大学生的职业道德情感存在差

异。职业道德情感，狭义上是指人们在处理自己和职业的关系及评价特定职业行为过程中形成的荣辱好恶等情绪和态度，包括对所从事职业产生的荣誉感、责任感，对服务对象的"亲如一家"情感，热爱本职、敬业乐业等。广义上是指人们对一切从业人员应遵守的爱岗敬业、诚实守信、办事公道、服务群众及奉献社会等具体职业道德的认同感。职业道德情感的形成受个人、家庭、学校及社会等多种因素的影响。职业道德情感一经形成，会成为一种稳定而强大的力量，影响到人们的职业道德认知，进而影响人们实际的职业道德行为。男女生之间、文理科生之间和不同政治面貌的学生之间以及独生子女与非独生子女之间在职业道德认知上存在的差异，说明大学生对爱岗敬业、诚实守信、办事公道、服务群众及奉献社会等具体职业道德的认同感存在差异，表明大学生对爱岗敬业、诚实守信、办事公道、服务群众及奉献社会等具体职业道德的好恶情感上存有差异。

（二）大学生职业道德信心有待增强

前文调查数据显示，在对周围人的诚信状况的态度上，50.6%的大学生认为"绝大多数人讲诚信"，43.8%的大学生认为"能够始终坚持诚实守信的人不多"，1.6%的大学生认为"现在根本无诚信可言"，另有4.0%的大学生选择"说不清"（见图1-35）。不难看出，部分大学生对他人或者说是对社会的道德信心不足。调查结果也显示，绝大多数大学生对未来持有积极的从业态度。60.0%的大学生认为应该"爱岗敬业，精益求精"，37.7%的大学生认为"应尽职尽责，做好分内之事"，还有个别学生选择了"马马虎虎，敷衍了事"（见图6-1）。也就是说，有2.3%的大学生从业态度不明朗，个人的职业道德信心不足。另外，在对"身边同学考试作弊、论文抄袭行为"的看法上，76.6%的大学生表示自己不会抄袭或作弊，这意味着有23.4%的学生可能会作弊，甚至是曾经做过弊。有33.3%的大学生不仅要求自己诚信，对于他人的不诚信行为也表示鄙视，也有43.3%的大学生表示自己不会那么做，但是对于他人的作弊造假行为表示理解（见图4-6）。这些数据都在一定程度上表明，部分大学生的职业道德信心不足。

职业道德信心在广义上是指人们对社会从业人员普遍的职业道德水准的信任程度，而在狭义上是指人们对自身职业道德的相信和认可。大学生职业道德信心既受个人道德修养状况的影响，也在一定程度上受社会道德状况的影响。当接收到的是积极的道德信号时，大学生的职业道德信心会有所提升，其对职业道德的认可与尊崇程度会相应提升。当接收到的是消极的道德信号时，大学生容易变得无奈、失望，其对职业道德的认可和尊崇程度会大打折扣。不可否认，在一些地方、部门和单位，在一些少数从业人员身上，一定程度地存在着职业道德缺失现象。诸如一些国家公职人员将有限的财力物力用在"政绩工程""形象工程"上，而老百姓的困难、诉求却长期得不到解决和回应；一些地方和单位存在一批饱食终日、无所用心的"躺平"式干部。同时也要看到，从中央到地方，从高层到基层，无数的从业人员锐意改革、勇于探索、致力发展、开拓进取、干事创业，不断开创工作的新局面。无数的从业人员忠于职守、敬业奉献、不计报酬、不辱使命，在自己的岗位上建功立业。无数的从业人员舍小家、顾大家，没有节假日、没有星期天，负重前行，超负荷工作，甚至牺牲了健康和生命。无数的从业人员严格自律、清正廉洁，在抗洪抢险、抗震救灾的第一线，在抗击非典、防控疫情的危机中，在关键时刻和危难关头，总有各行各业的工作人员挺身而出，冲锋在前，舍生忘死，慷慨赴义。如果没有这些从业人员的兢兢业业和勇于奉献，我们的党和政府就不可能成功推进并驾驭这40多年来波澜壮阔的大变革，我们的新中国就不可能有70年来突飞猛进、举世惊叹的发展和进步。作为新时代的大学生，应当看到国家和社会的发展进步，用心去体会这些发展进步背后的职业精神，以不断增强自身的职业道德信心。

三、大学生职业道德认知存在问题的原因分析

（一）特定的人生阶段影响大学生的职业道德认知

大学生的职业道德认知体系初步形成，但对处于人生特定阶段且尚未

真正走入职场并对职业有切身体会的大学生来说，在职业道德认知和态度上难免存在一定不足，职业道德认知仍有提升的空间。从法律上讲，年满十八周岁的大学生已是成年人，可以也能够独立料理自己的生活，但大多数学生尚未经济独立，未真正走入职场并履行特定的职业责任和义务，因此，无法获取对职业和职业道德的真实体验，这影响了大学生的职业道德认知。另外，对于复杂多变的外部世界来说，大学生是易感群体，极易受影响，有可能会在物质生活中迷失自己。一些地方、一些领域不同程度存在道德失范现象，如拜金主义、享乐主义、极端个人主义，这对大学生的世界观、人生观、价值观都会产生影响，容易引发大学生内心的矛盾和冲突，使大学生在职业道德认知方面出现一定的偏差。学生会不同程度地呈现出群体性特征，如目标远大但缺乏可操作性，遇到问题容易采取极端的立场和处理方法，看问题更趋向于表面化而缺乏长远性和深刻性，对人对事容易出现情绪化处理方式。

大学生的职业道德认知会随着外部环境的影响而变化，也会随着人生体验的不断丰富而改变。大学生职业道德认知的丰富和完善不仅依赖于家庭、学校和社会的系统教育和引导，更需要大学生在个人成长过程中不断地进行自我教育，不断去打破特定人生阶段对学生职业道德认知形成的限制。大学生精力充沛，求知欲旺盛，理解能力强，记忆力好，对新事物、新观念眼光敏锐，敢于尝试和创新。大学阶段是大学生对自我进行积极规划，逐渐走入社会活动领域并最终走向社会的重要时期。大学这一特殊的人生发展时期又为大学生职业道德认知的不断丰富和完善提供了条件。大学生会逐渐意识到具备良好的职业道德是其人生发展阶段的必然要求。因为职业道德是人们处理特定关系和矛盾的智慧结晶，具备良好的职业道德，能有效帮助大学生更好地看待某些特定的关系，更好地认知这个社会，更好地审视自己的优缺点，也更好地给自己在社会中以合理的定位，为解决内心冲突和矛盾提供智慧。社会应当给予大学生足够的成长空间，也要给予他们足够的信任，相信大学生在经过大学四年的学习和实践，能够运用家庭、学校和社会所教和自己的所学在自己的专业同未来职业之间建立起有效的联结，进而开启属于自己的职业生涯，大学生的职业道德认知自然会得到进一步的丰富和完善，甚至实现某种质的飞跃。

（二）从业态度功利化影响大学生的职业道德认知

前文调查数据显示，大学生对于为人民服务这一社会主义道德原则总体持赞同态度，持"非常赞同""赞同"和"比较赞同"态度的大学生分别占 20.0%、43.0% 和 29.0%，3.0% 的大学生表示"不赞同"，5.0% 的大学生表示"说不清"（见图 2-1）。调查数据还显示，当个人利益与集体利益发生冲突时，58.5% 的大学生选择"先考虑集体利益，再考虑个人利益"，2.7% 的大学生选择"无条件服从集体利益"，18.1% 的大学生选择"先考虑个人利益，再考虑集体利益"，2.3% 的大学生选择"只考虑个人利益"，18.4% 的大学生选择"说不清"（见图 2-7）。可见，大学生群体中依然有部分大学生的思想或情感倾向存在为人民服务意识薄弱，集体主义观念不强，在特定情境下只考虑一己私利。

目前，我国的大学共有 13 个学科，90 多个大学专业类，700 多种大学专业。专业化的大学培养模式，本意旨在培养出高素质的专业化人才，更好地适应社会发展需求，实现人才资源的优化配置。专业化的培养模式，利于大学生将职业及职业道德的认知以自己所学专业为轴心展开，这既符合学校的培养目的，也符合个人的发展需要，本无可厚非。但是，当大学生将专业所学能带来的社会价值抛诸一边，仅仅将专业所学与个人利益所得挂钩并追逐利益回报时，大学生的从业态度就呈现出了功利化趋势。就现实情况而言，部分大学生有成就事业的愿望，但对待实际工作却是眼高手低，过分强调付出与回报要成正比，甚至是重回报、轻付出，缺乏脚踏实地的实干精神，对工作环境和工作条件挑三拣四，缺乏敬业精神和奉献精神，这些都可以被看作是从业态度功利化的具体表现。越来越多的用人单位不断调整自己的用人标准。他们不再一味地看重学生成绩单上的分数，而是注重学生学习和融入的能力，注重学生对新的工作和生活环境的适应程度，注重学生个人的品质和对职业的态度。也就是说，大学生除了要具备基础和专业知识，还要有足够的工作热情、创造力、团队精神，要有良好的职业道德才能适应未来职场的需要。用人单位已将职业道德素质作为衡量人才的重要标准。用人单位对大学生职业道德的注重，也一定程度说明了大学生在学校所接受的职业道德教育与用人单位的实际需求之间存有一定差距。

（三）学校职业道德教育针对性不强影响大学生职业道德认知

前文调查数据显示，24.4%的大学生认为，学校是影响自己道德品质的重要因素（见图 1 - 40）。另有 13.1%的大学生认为，学校道德教育乏力是出现道德问题的重要原因之一（见图 1 - 12）。就现实来看，部分高校并未设置合理的职业道德教育课程体系，未构建较为完整的大学职业道德教育理论体系，不能很好地为大学生职业道德教育提供指导，更新教育者和大学生关于职业道德教育的理念。部分大学生也没有接受过全面和专业的职业道德教育方面的培训，没有形成全面的职业道德认知，这些会让学生在面临陌生的环境及未来的职场时不知所措。相当一部分学生认为，只要技术水平高、操作技能熟练就可以找到一份好工作。职业道德教育不能教给他们任何技术操作方面的知识，故这门课程没有实用性。这是学生对这门课程意义的错误认知。如果说专业课程教给大学生的是如何做事，职业道德课程则教给他们的是如何做人。要学会做事必先学会做人。要学会做人首先得认真学习其基本的理论。职业道德的基本理论包括职业道德的起源、本质和发展规律，职业道德的特点和社会作用，职业道德的理论基础，职业道德的基本原则、基本规范等。因此，引导学生自觉学习职业道德的基本理论知识，并主动转化为自己的思想觉悟和品德，不断增强大学生职业道德领域中的善恶、是非、荣辱观念，是保证大学生树立正确职业道德观的关键。

大学生职业道德教育不仅是一种知识的传递，更是一种价值观的培育、能力和品质的培养，需要结合学生的知、情、意等心理活动进行布局和实操，帮助学生将所学、所知、所感的职业道德迁移到日常的学习生活中，进而化职业道德为完整、稳定的心理结构，让学生在今后的职业生活中坚定职业操守，践行职业道德。对于青年大学生来说，应接受全面系统的职业道德教育，形成良好的职业道德认知。这不仅有助于大学生适应未来市场和职场的要求，帮助学生更好地融入工作环境，并为学生此后的人生发展提供动力，还能帮助学生意识到青年肩负的实现中华民族伟大复兴的历史使命，在离开校园进入社会后仍能牢记这份历史使命，并将实现历史使命这一目标与个人的职业生活紧密联系起来，将个人的职业视为崇高的事业，通过经营这份事业来承担自己对社会、国家和民族的责任和义务。

（四）家庭教育缺失影响大学生职业道德认知

前文调查数据显示，39.2%的受访大学生认为，家庭教育是影响自己道德品质的最重要因素（见图1-40）。家庭教育内涵丰富，外延宽广，可以指家中的长辈对晚辈实施的教育和影响，也可以指家庭成员之间的相互影响和教育，还可以指家庭成员之间的终生持续不断的教育和影响。通常来讲，家庭教育被理解为父母对子女自觉或非自觉、经验或非经验、有形或无形的教育行为。家庭教育理念、教育方式的不同，会对学生的职业道德认知产生重要影响。前面曾提到，学生对于职业和职业道德的最初认识就是来自家庭，来自父母的非自觉、非经验、无形的教育。这种家庭教育并没有明确的目的、具体的方法，仅仅作为一种特定的存在对学生产生影响。这种影响在学生之间不会产生很大的差异。尽管每个学生的感知能力、抽象思维能力、共情能力并不相同，但父母非自觉、非经验、无形的职业及职业道德教育，对学生的影响具有相对的普遍性。而且，随着学生年龄的增长，理解能力的增强，父母的不同做法拉开了学生职业道德认知的差距。有些父母有意识地开始对子女进行自觉的、经验的、有形的职业及职业道德教育，例如和子女进行与职业相关的对话和交流、鼓励子女参加各种职业体验类的活动。直到孩子进入大学，有些家长还会有意识地引导他们多关注自己所学专业的发展情况、关注自己所学专业的就业状况。父母有意识的陪伴、参与、引导，会使学生对不同职业及其特定的专业要求有所关注，也对不同职业都需要有的爱岗敬业、诚实守信、办事公道、服务群众、奉献社会职业道德内容和要求有所了解。当然，也有些父母受个人文化水平、知识阅历等因素的影响，致使家庭职业道德教育始终停留在非自觉、非经验、无形的教育状态之中，成长于这类家庭的学生对职业道德的认知可能会略显不足。

（五）社会道德失范影响大学生职业道德认知

前文调查数据显示，30.1%的受访大学生认为，社会是仅次于家庭对其道德品质产生重要影响的因素（见图1-40）。调查数据显示，70.0%的大学生对当前我国道德风尚整体印象持肯定态度，大学生对当前我国道德风尚的态度评价相对客观理性（见图1-2）。与此同时，也有30.0%的大学生对我国当前的道德风尚持消极态度。"在国际国内形势深刻变化、我国经济社会深刻变革的大背景下，由于市场经济规则、政策法规、社会治理还不够健全，受不良思想文化侵蚀和网络有害信息影响，道德领域依然存在不少问题。一些地方、一些领域不同程度存在道德失范现象，拜金主义、享乐主义、极端个人主义仍然比较突出；一些社会成员道德观念模糊甚至缺失，是非、善恶、美丑不分，见利忘义、唯利是图，损人利己、损公肥私。大学生的职业道德认知尚未完全成型，容易受到各种外部因素的影响。"[①]

以2019年底播放的纪录片《国家监察》第四集中提到的案件为例。2018年4月，重庆某职业学院原党委副书记杜某接受了纪律审查和监察调查。重庆市纪委监委后来指出，她在"鸡脚杆上刮油"，[②] 连经济困难学生的补助款都不放过，失德失范之程度令人咂舌。看到这样的人和事，谁都不免唏嘘，对于尚未真正走入社会的大学生来说，更是如此。当大学生尚未完全具备理性看待社会中出现的各种道德失范甚至是违法乱纪事件的能力时，容易以偏概全，将负面人物和事件视为社会的主流，进而动摇自己的职业道德信心，改变自己的职业道德认知。

---

① 新时代公民道德建设实施纲要［M］．北京：人民出版社，2019：2-3.
② 电视专题片《国家监察》第四集《护航民生》［EB/OL］．（2020-01-15）［2023-02-28］．http：//news. cctv. com/2020/01/15/ARTITptRhJYGpbXyC6cMd1f8200115. shtml.

第三节　增强大学生职业道德修养的对策思考

一、加强大学生职业道德的心理认同建设

心理认同是职业道德修养的重要前提，要提升大学生的职业道德修养，需要加强大学生职业道德的心理认同建设，包括构筑大学生的职业道德目标、增强大学生的职业道德情感、培养大学生的职业道德意志、培育大学生职业道德品质等方面。

（一）构筑大学生职业道德目标

职业道德目标主要是指人们在职业道德方面想要达到的境界或标准。只有个人的职业道德目标定位与社会公认的职业道德要求一致，人们才会对职业道德产生心理认同。为此，构筑大学生职业道德目标对于提升大学生的职业道德心理认同至关重要。要构筑大学生的职业道德目标，离不开系统的职业道德教育。职业道德教育的目标其实是整个教育目标的具体化，它体现着社会对个体在职业领域的道德要求。职业道德教育目标具有预见性、超前性，更应具有时代性和方向性。家庭、学校及社会要明确职业道德的目标是以习近平新时代中国特色社会主义思想为指导，根据大学生特定的认知和心理特点，引导学生学会分析、思考以及内化与社会主义市场经济相适应的职业道德观念，引导学生以养成良好的职业道德品质和职业行为习惯为个人的职业道德目标，引导学生将个人理想与社会理想有机结合，能客观地对自己的职业道德进行正确评价，进而能进行职业道德方面的自我教育，不断提高自身的职业道德素养，真正成为德智体美劳全面发展的社会主义建设者和接班人。

（二）增强大学生职业道德情感

职业道德情感主要是指人们依据一定的职业道德标准，对现实的职业道德行为等所产生的爱憎好恶等心理体验。职业道德情感是一种情感体

验，是个体对职业道德认知的主观态度。在一定的社会条件下，人们根据职业道德要求评价特定的职业活动时所产生的较为持久而稳定的内心体验。职业道德情感是个人职业道德认知的重要构成因素，具体包括对特定职业的荣誉情感、责任感，热爱本职工作，敬业乐业等。职业道德情感一经形成，就会成为一种稳定而强大的力量，积极影响人们职业道德行为的形成和发展。对于尚未完全进入社会、步入职场的大学生来说，要想培养并增强其职业道德情感，应在以下两方面下功夫。

一是面向学生有针对性地开展职业道德教育。除了专门开设系统的职业道德教育课程，还可以利用各种社团活动让学生通过扮演特定的角色，承担特定的工作来体会"工作"带来的荣誉感、成就感，从而更好地理解责任与敬业。据前文调查数据显示，文科学生对"爱国与爱社会主义、爱中国共产党是一致的"提法的认同程度显著高于理科学生和工科学生。文科学生在遇到老人摔倒急需救助情形时的帮助意愿显著高于理科学生和工科学生。文科学生对于女职员与银行抢匪英勇搏斗做法的认同程度显著高于理科学生和工科学生。文科学生对身边同学的考试作弊、论文抄袭等行为的反对程度显著高于理科学生和工科学生。不难看出，文科生在特定职业道德情感方面的整体状况好于理科生和工科生。鉴于此，高校特别是理工科为主的院校，要不断提高对理工科学生道德教育的重视程度，适度增加理工科学生修习人文社科类课程的学分学时要求，科学建构理工科大学生道德素质评估体系，引导部分理工科大学生走出职业道德认知误区，提升职业道德认知水平，整体优化部分理工科大学生职业道德教育的效果，增强学生的职业道德情感。

二是不断加强社会道德教育，优化社会道德环境。34.1%的大学生认为，导致道德问题的最大原因是社会环境，有近30.0%的大学生对我国当前道德风尚持消极态度，其中，26.0%的大学生对当前我国社会道德风尚表示"不满意"，2.0%的大学生表示"很不满意"（见图1-12、图1-2）。营造良好的社会道德环境，为学生传递积极的道德信号，帮助学生坚定职业道德信心势在必行。学生的职业道德情感只有在温润的土壤和适当的环境中才可能生根发芽。因此,要培养和增强学生的职业道德情感,需要从根源上为学生营造适宜环境。优化社会道德环境是个系统工程,加强道德教育是其中的重要一环。因此,家庭、学校和社会要形成合力,共同为培育学生职业道德情感而努力。

(三)培养大学生职业道德意志

职业道德意志是个人在职业道德情境中,自觉地调节行为,克服内外困难,实现职业道德目标的心理过程。职业道德意志是职业道德意识的能动作用,帮助我们把职业道德动机贯彻于职业道德行动之中。它能促使人们将自己的职业道德意识、道德情感、道德信念外化为职业道德行为,帮助人们自觉地调节自己的言行和情感,克服内外部的各种困难障碍,坚持自身认定的行为方式,形成行为习惯。当人们坚持某种职业道德的正当性并决心践行它的时候,就会在内心里产生一种坚强的信念和意志力,从而严格要求自己,果断地做出行为抉择,并努力保持自己行为的稳定性和一贯性。培养大学生的职业道德意志,需要注意做好以下三个方面的工作:

首先,关注大学生职业道德意志的一贯性培养。意志的一惯性主要是指人有明确的行为目的,并深刻认识到行动的社会意义,使自己的行动服从社会需要并一以贯之的一种意志品质。职业道德意志所表现出的一惯性,则是从业人员基于明确的职业目的,深刻把握职业的社会意义,使自己的行动自觉服从社会需要的目的,并始终如一地为之努力,乃至为之献身的坚定性。大学生能主动以社会要求为准绳,自觉地、独立地调节自己的行动,对符合预定目的和社会要求的事,即使遇到障碍和危险,也能以全部的热情和力量,勇往直前。

其次,关注学生职业道德意志的自制性培养。意志的自制性,主要是指意志行动过程中所表现出的抗干扰能力,是一个人在意志行动中善于控制自己的情绪,约束自己言行的一种意志品质。职业道德意志的自制性表现为在职业领域内遵守职业规范和道德准则,积极推进个人的职业发展并担当起自己的职业责任。它要求大学生要以职业道德为指导,在遵守法规和行业标准的前提下,拒绝客观环境的诱惑和困难,以务实、创新、负责的态度努力完成职业计划，达成职业目标，从而实现个人职业生涯的发展和社会责任的承担。

最后，关注大学生职业道德意志的果断性培养。意志的果断性，主要是指善于及时地采取决断的能力。职业道德的果断性，则是从业人员在进行特定的职业活动中，所表现出的迅速而又经过深思熟虑地选择目的和确定方法的一种意志品质。它表现为从业人员在处理具体问题或突发事件过程中能够因势利导、当机立断。它要求从业人员在工作中尽量避免草率决定和犹豫不决。草率决定是欠缺思考、逃避动机地选择，从而草率地做出决定，这不失为一种冒失。犹豫不决，长时间不做决定，或者总怀疑所做决定的正确性，极易贻误时机。

总之，职业道德意志需要磨炼，需要学生自觉地为自我进行情境设置。通过对职业道德目标、职业道德情感以及职业道德行为的调节与评价，产生坚强的毅力和韧劲，也就是自己有意要跟自己的不良情感和行为"过不去"。职业道德意志的锻炼在于能系统地执行不感兴趣但却很有职业道德价值的行为。职业道德上的高标准和严要求是学生职业道德意志磨炼的关键。同时，职业道德意志的培养也需要家庭、学校和社会的教育影响，通过系统的教育、特定的社会设置来完成。

（四）培育大学生职业道德品质

职业道德品质是指人在职业道德行为中所表现出来的比较稳定的、一贯的特点和倾向，它是一定社会职业道德原则和规范在个人思想和行为中的体现，由职业道德认识、职业道德情感、职业道德信念、职业道德意志和职业道德行为等因素构成。调查结果显示，大学生认为不注重道德修养是导致道德问题的一大原因（见图1-12）。因此，借鉴中华优秀传统文化中蕴含的各种有效道德修养方法，通过提升大学生个体道德素养培育职业道德品质，应是新时代培育大学生职业道德品质的题中应有之义。一是学思并重方法，即通过虚心学习、积极思索、辨别善恶、学善戒恶以涵养良好的德性。大学生在提升个人职业道德品德的过程当中，要善于思考，把学习和思考有机地统一起来，只有不断学习深入思考的修养方式才能对人为什么要讲道德、讲什么样的道德和怎样讲道德形成全面而深刻的认识，产生道德智慧，过有意义的生活。二是省察克治方法，即通过反省检查以发现和找出自己思想与行为中的不良倾向，并及时对它们进行抑制和克服。在日常生活中，要经常在自己内心深处用道德标准检查反省，找出那些坏毛病、坏思想、坏念头并加以纠正。自我反省，是自我认识错误、自我改正错误的前提。善于反省自己的言行，并对错误加以克制，才能使自己的德性不断地完善。三是慎独自律方法，即在无人知晓、没有外在监管的情况下，坚守自己的道德信念，自觉按道德要求行事，不因无人监督而恣意妄为。慎独自律的道德修养方法，既是对中国传统道德修养方法的批判性继承，也是在现代社会条件下仍需坚持的道德修养方法。慎独是自觉坚守道德情操的修炼功夫，自律是经慎独而达到的一种修养境界。四是积善成德方法，即通过积累善行和美德，使之巩固强化，以逐渐凝结成优良的品德。积善成德强调道德修养需要日积月累的坚持，成就理想的人格要靠积累。在个人品德修养方面要懂得坚持，唯有如此，才能够不断提高自己的精神境界和道德素质。五是知行合一方法，即把提高道德认识与躬行道德实践统一起来，以促进道德要求内化为个人的道德品质，外化为实际的道德行为。道德修养，并不是脱离实际的闭门思索，而是人们在社会实践基础上进行道德层面的自我反省和自我升华。我国古代社会有丰富的道德教育资源，它们在历史上发挥了稳定家庭、促进社会发展、培育个人良好道德品格的作用，新时代大学生应立足于现实，积极推动传统文化的创造性转化和创新性发展，不断赋予民族传统优秀道德教育资源以新的时代内涵，生发出更好、更符合时代发展要求的道德教育资源。

二、加强大学生职业诚信道德建设

诚信是职业道德的核心内容，提升大学生的职业道德素养，诚信道德建设是关键。大学生职业诚信道德建设是一项系统的工程，需要多环节共同发力，协同配合。具体来说，应以高校为中心，充分发挥高校对大学生良好思想道德素质的培育作用，以家庭为依托，充分发挥家庭教育对大学生诚信品质的养成作用，以社会为根本，充分发挥社会环境对大学生诚信人格的形塑作用。

（一）发挥学校育人功能

1. 加强学校思想道德教育

前文调查数据显示，13.1% 的大学生认为，学校道德教育乏力是出现道德问题的重要原因之一（见图 1 - 12）。为此，继续深化高校思想政治工作，加强学校道德教育特别是职业道德教育，让学生接受系统的职业道德教育，帮助学生完善职业道德认知、提升职业道德境界至关重要。

首先，继续发挥课堂教学这一主渠道功能和作用。在改进中加强思想政治理论课，提升思想政治教育亲和力和针对性，更好地满足大学生成长发展需求和期待。同时要更加注重以文育人，广泛开展文明校园创建，开展形式多样、健康向上、格调高雅的校园文化活动。运用新媒体新技术使工作"活起来"，推动思想政治工作传统优势同信息技术高度融合，增强时代感和吸引力。同时，继续加强大学生马克思主义理论教育。深化学生对马克思主义历史必然性和科学真理性、理论意义和现实意义的认识，教育学生学会运用马克思主义立场观点方法观察世界、分析世界，继续加强大学生爱国主义教育，教育和引导学生正确认识世界和中国发展大势，从我们党探索中国特色社会主义历史发展和伟大实践中，认识和把握人类社会发展的历史必然性，认识和把握中国特色社会主义的历史必然性，不断树立为共产主义远大理想和中国特色社会主义共同理想奋斗的信念。引导大学生了解中华民族历史，秉承中华文化基因，培养民族自豪感和文化自信心。要时时想到国家，处处想到人民，做到"利于国者爱之，害于国者恶之"。

其次，培育大学生的责任意识与担当精神。调查数据显示，76.5% 的受访大学生认为，自己最需要具备的德性是责任心（见图 8 - 6）。为实现中华民族伟大复兴的中国梦而奋斗是人生难得的际遇，大学生应该珍惜这个伟大时代，做时代的奋斗者和开拓者。因此，教育和引导大学生正确认识历史使命，培育学生的责任意识，用中国梦激扬青春梦，为学生点亮理想的灯、照亮前行的路，激励学生自觉把个人的理想追求融入国家和民族的事业中，勇做走在时代前列的奋进者、开拓者。培养大学生的担当精神，做到理想坚定，信念执着，不怕困难，勇于开拓，顽强拼搏，永不气馁。教育和引导学生正确认识远大抱负和脚踏实地，珍惜韶华、脚踏实地，把远大抱负落实到实际行动中，让勤奋学习成为青春飞扬的动力，让增长本领成为青春搏击的能量。

最后，发挥党员大学生的引领作用。调查结果显示，党员大学生对为人民服务的道德原则的认同程度、在遇到老人摔倒急需救助的情形时的帮助意愿、对身边同学考试作弊、论文抄袭等行为的反对程度都显著高于团员和群众。党员大学生对"国家兴亡，匹夫有责"的认同程度都显著高于团员和群众。通过宣传和表彰具有良好学术道德操守的优秀学生事迹来感染和激励其他学生，引导他们遵守学术规范，坚守学术诚信。还可以借助讨论、辩论、展演等方式对学生进行诚信教育，强化学生以诚信为荣、以失信为耻的道德认知，营造良好的校园诚信氛围，帮助大学生实现从"不敢失信"到"不愿失信"的转变。进行学术诚信教育是对大学生职业道德教育的有效方式。学生时代培养良好的学术道德，一定程度上可以确保学生在毕业后职业生活中同样诚信，诚信是职业道德的重要内容，是每个人安身立命的根本。学校可以通过宣传具有良好学术道德与操守的优秀学生事迹来感染和激励学生，让学生以优秀学生为榜样，将遵守学术规范、坚守学术诚信作为对自己的内在要求。在此基础上，引导学生树立崇高的职业理想，不仅要让学生坚定自己的职业选择，还要让学生认识到爱岗敬业的重要性，要以恭敬严肃的态度来对待自己的岗位和职业。爱自己的工作岗位和职业，不仅是社会生活中普遍的道德和职业道德要求，也是个人事业获得成功的保证。在教育过程中，学生在心目中会树立起良好的榜样，并可以监督和激励自己朝着典型榜样的方向努力，最终将诚信有效且牢固地变成自在的行为。

2. 注重专业课育人功能的发挥

随着我国改革开放的深入推进和社会分工的不断细化，行业竞争日趋激烈，各行业对从业人员的素质也提出了更高的要求。作为从业者，不仅要有扎实的专业知识和精湛的职业技能，同时还要具备良好的职业道德素养。高校在加快推进社会主义现代化建设进程中具有不可替代的作用，高校肩负着为国家和社会培养面向生产、建设、服务和管理的高素质人才的使命，为国家和社会培养全面发展的人才，不仅要让学生掌握知识技能，更要让学生形成良好的道德素养。具备良好的职业道德不仅能帮助学生调节职业生活中与他人出现的各种矛盾和冲突，关系着学生离校后在工作岗位上的表现，还能提高整个社会群体的职业道德认知水平。因此，职业道德教育是大学生道德教育中的重要组成部分。在新形势下，高校的职业道德教育应进一步加强，强化职业道德教育、培育职业道德意识、构建职业道德品质，为社会提供高素质的技能型人才。

高校应摆脱以往重技能轻德育的教育弊端。高校应设置合理的职业道德教育课程体系，适当开设专门的职业道德教育课程，制定专门的教学计划和大纲，针对不同年级的学生开设内容上各有侧重的职业道德教育课程，尤其要关注大四这一即将毕业、走向工作岗位的学生。高校的专业课教育应把专业技能知识教育与职业道德教育紧密结合起来，在专业课中渗透职业道德教育，让学生掌握专业知识的同时，也了解本专业对口的相关行业职业对从业人员的职业道德要求。正如法国社会学家涂尔干所说，职业道德不同于社会公德，因为社会公德对所有人的要求都是相同的，但对于职业生活来说，不同职业组织所规定的义务往往差别很大，有着不同的职业道德要求，其职业道德规范各不相同。

专业课教师要利用自己的专业优势，通过从社会建设需要的高度为学生讲解专业的重要性，让学生了解自己所学专业的社会定位、社会价值，让学生首先爱上自己的专业，这是学生今后从事与本专业相关工作且能对工作抱有一定热情的重要基础。然后，专业课教师应当在引导学生学习专业知识的同时，也要学习本专业的职业道德规范、职业纪律、职业禁忌等多方面的内容，把专业知识同职业道德有机结合起来，把专业课堂和实验室结合起来，让学生在实验室里真实地把职业道德呈现出来，达到理论与实践的结合，真正发挥出专业课在大学生职业道德素养培养中的独特作用。

3. 增加大学生的道德实践比重

2014年5月4日，习近平总书记在北京大学师生座谈会的讲话中告诫青年："道不可坐论，德不能空谈。"① 青年要加强道德修养，注重道德实践。道德不应该只是一种规范性知识，使学生在校期间能够得到较为系统全面的职业道德教育，解决"知"的问题。它更应该是一种意识、一种力量。道德意识只有与具体的实践相联系，才能真正彰显其规范性的本义。良好道德品格的形成重在实践。要形成职业道德认识，培养职业道德情感，养成职业道德品质，同样离不开对职业生活的体验。部分学生认为"理论知识"学而无用，自然会产生抵触职业道德教育的心理。为了培养大学生的职业道德素养，应充分利用实践环节，让学生融入职业生活中，培养职业道德能力。因此，学校要有效引导大学生积极进行道德实践。

首先，运用体验式教学加强学生的职业道德培养。职业道德是高度角色化和实践化的道德。职业道德的养成和职业道德教育的目标，只有在职业道德训练和职业道德实践中才能得以实现。让学生"以身体之，以心验之"，激活学生的情感世界，让学生获取鲜活的感知和感悟，引导学生逐步构建自己的价值判断体系，对相应的人与事做出独立的分析与判断，进而接受、认同相应的道德规范，能主动内化并逐步付诸道德实践，养成特定的职业道德素养。职业道德体验式教学不仅是教学方式方法的变革，更根本的是教学思维方式的转换，体验式教学的价值就在于通过教师的引导，有效促进学生的道德体验，使他们在体验中学会判断，在判断中做出选择，在选择中付诸行动，在行动中促进发展，职业道德一旦内化为学生的内在品质，职业道德教育就会转化为自主学习、自我体验、自我提升的自我教育。因此，教师要有意识地开放课堂，开展实践性的体验教学，从与学生发展相关联的人、事、物等方面去引导学生密切联系学生的生活体

---

① 习近平. 青年要自觉践行社会主义核心价值观 [N]. 人民日报，2014-05-05 (002).

验，教师可以充分地挖掘本地区优秀的职业道德教育资源，让学生进行相关的调查，写出专题报告，提升学生的职业道德意识。教师可结合行业、企业及职业角色的特点，让学生在游戏、情景剧当中扮演一定的角色，模拟真实职业环境中发生的职业道德故事，在揣摩、模仿角色的过程中，体验该角色内心世界的道德情感、道德态度和道德认知，感受该角色与周围世界人和物的关系，认识该角色应履行的责任义务、应恪守的职业道德规范等。

其次，引导大学生积极参加各类志愿服务活动，培养志愿服务精神。当前，志愿服务已经逐渐成为大学生参与社会实践、提升自我道德修养、实现成长成才的重要舞台，成为大学生关爱他人、传播青春能量的重要途径。大学生志愿服务活动遍及农村扶贫开发、城市社区建设、环境保护、大型活动、抢险救灾、社会公益等领域。大学生应积极投身志愿服务活动，到国家和社会最需要的地方去。无论是在国际国内大型活动中提供优质高效的服务，还是在救灾一线不畏艰险、奋力救援，在贫穷落后地区帮扶、支教，带头把志愿服务活动做进基层、做进社区、做进家庭，都是大学生关爱社会、奉献爱心的重要表现。无论是关注空巢老人、留守儿童，还是关注困难职工、农民工及其子女、残疾人等弱势群体，都是大学生向社会传递温暖和爱心的方式。大学生投身志愿服务活动，要注重引导学生结合自身的能力、专业、特长，积极参与教育、科技、文化、卫生等帮扶行动，多参与城乡清洁、绿色出行、低碳环保、美化家园等活动，在实践中不断长知识、强本领、增才干，成为有理想、有道德、有本领、有担当的时代新人。

最后，引导学生积极参与学生社团。高校学生社团一般是指在校大学生基于共同的兴趣、爱好、志向等因素自发组成的学生群众团体，是校园文化的重要组成部分，学生社团作为大学生自发组成的学生组织，具有组织形式的自发性。学生社团是在高校管理部门的许可下，以共同的观念、兴趣、爱好、追求、目标为基础而自发组成的，自愿参加活动的学生组织。学生组织有以下特点，一是群体目标的整合性。社团成员具有共同的兴趣爱好，志同道合，彼此能从交往和共处中受益。所以社团凝聚力强，大家都能为共同的社团目标努力。二是群体的灵活性。由于社团类型差异很大，社团成员多才多艺，社团活动规模大小不一、时间不定、形式自由、灵活多样，因而吸引了众多参与者。三是组织体制结构的松散性。作为一种群众组织形式，一般都有组织结构松散的特点，其加入手续简单、退出自由，不管是组织形式、社团成员，还是活动主题等都容易变动。四是组织成员的多样性。不同年级、不同专业、不同学科、不同层次、不同性别、不同民族的学生都可以参加到社团活动中，有的大学参加社团活动的学生高达 60.0%，一些大型社团开展的活动，在校内外产生了很大影响，吸引了众多的爱好者和热心者。它覆盖面广、辐射能力强、发展迅速，对丰富学生课余生活、繁荣校园文化、提高学生综合素质、培养高素质创造性人才、提升学生的职业道德素养具有积极作用。

（二）提升家庭道德教育效果

调查结果也显示，家庭对个人道德品质的影响最大（见图 1 - 40）。因此，促进家庭教育现代化转型，增强家庭教育对学生职业道德认知的正面影响意义重大。促进家庭教育现代化的转型，实现家庭教育现代化，重在父母教育理念、教育方法、教育实践的科学化、有效化与合理化。

首先，为人父母者要不断学习以掌握科学的教育理念。当今中国家庭教育最大的隐忧是过度溺爱。各种溺爱手段轮番上演，媒体上各种"巨婴"新闻层出不穷，有上大学而仍无法自理者，有已然成年但仍痴迷游戏不找工作专注啃老二十年者……多年溺爱换来的是精神的侏儒、人生的失败，多年付出换来的是恩将仇报、不懂感恩的白眼狼。成功的家庭教育，不能是一味地溺爱，不能是家长一味地付出、孩子一味地索取，必须宽严相济，必须亲情与磨砺同在，必须让孩子在身体成长的同时，接受生活的磨砺，在磨砺中懂得感恩、懂得亲情、懂得付出。为此，父母也要摒弃功利性的教育目的，注重学生兴趣的培养和个性的发展。父母要树立以人为本的教育理念，尊重学生在家庭中的地位，允许学生充分表达个人的意见和看法，让学生参与各项家庭事务，进而培养学生的独立人格，培养学生的责任与担当意识。通过与学生的平等对话，让学生在自我认识、判断和选择过程中明确自己在家庭、学校以至社会中应扮演的角色，明晰个人的成长路径。

其次，为人父母者要运用有效的教育方法。父母能教导子女如何做人，但不能为子女所有的行为负责。父母能告诉子女怎样分辨是非，但不能替学生做出选择。为此，父母应把握教育的尺度，运用有效的教育方法，注入法、启发法是常用的两种方法。注入法主要用于子女成长的初期，是指父母有意识地向子女灌注一定的认识和知识，让孩子对职业、职业道德等问题有最初的认识。尽管这种方法没有发挥出子女主体的能动作用，似乎仅把孩子视为被动的装知识的容器，但这对于子女职业道德认知的形成具有重要作用。启发法主要用于子女已经具备一定认知基础时，父母不再直接把知识的结果直接告诉子女，应启发孩子去思考，帮助子女自己发现和获取知识、观点与态度。在教育过程中，子女既是对象又是主体。家长的指导和教育影响是子女学习的外因。而孩子学习的主动性、自觉性及其原有的认识水平等是子女学习的内因。父母的教这一外因只有通过子女的学这一内因的积极配合才能收到好的效果。启发法是促进外因与内因有机结合的重要手段。

最后，为人父母者要有正确的教育行为。具体来说：一是要加强对独生子女的道德教育。前文调查显示，独生子女在集体主义、助人为乐等方面的意识相对薄弱。为此，独生子女家庭要有针对性地关注子女集体主义的培养和助人为乐品格的养成。一方面，让子女积极参与家务、校务劳动。有些独生子女家庭的家长溺爱孩子，不仅家务活全包，就连学校的清洁卫生、公益劳动也为孩子代劳，完全不给孩子参与劳务的机会。这种做法不仅懒惰了孩子的身体，也钝化了孩子的心灵。家长应鼓励孩子积极参与家务、校务劳动，让孩子在劳动中体会创造的乐趣，体会相互协助的真义，养成尊重他人和爱惜劳动成果的意识和品格，这对独生子女集体主义的培养、助人为乐品格的养成大有裨益；另一方面，注重对子女的言传身教。父母对自己的要求，父母对自己长辈的尊敬，父母对自己言行的检点，是家庭道德教育首要和最基本的方法。如果作为教育者的父母自身素质堪忧，那么，任何对子女的教育都会徒劳无功。具备健康身心、文明举止、高尚情操的父母能帮助子女形成良好的道德认知、健康的道德情感、积极的道德行为，进而形成良好的道德品质。因此，父母长辈要紧跟时代发展需要，适时调整已有的道德教育理念，不断吸收和学习最新的道德教育理论知识，掌握更新更有效的道德教育方法，不断总结教育经验与教训。父母长辈要以身作则，用积极向上的生活态度，助人为乐、甘于奉献的精神去感染子女，用自己的道德力量和人格魅力教育和熏陶子女。二是要有意识地缩小男女生的道德认知差距。前文调查显示，男女性大学生在道德认知方面存有较大的差距，这既与男女生理性别的差异有关，更与男女社会性别差异有关。尽管社会性别差异在许多方面是一种隐蔽性存在，但它的确在男女生成长过程中发挥着重要的影响，对男女生的学习、工作、家庭生活等各个方面产生着持久、深刻的影响。这种影响不仅关系到学生的自我认知，更关系到学生对自我与国家、社会、家庭、他人关系的认知，关系到学生对于责任、担当、诚信等道德问题的认知。为取得更好的教育效果，在家庭道德教育过程中，父母长辈应当从培养有德公民的视角和目标出发，不要引起子女对本已存在的生理性差异的过分强调和关注，更不能因为男女有别而在道德教育上做区别对待，要通过合理有效的家庭道德教育缩小男女性大学生在道德认知上的差距，让男女性大学生都具备较强的社会责任感、助人为乐的精神和诚实守信的品质。三是要营造良好家风。营造良好家风对提升大学生道德认知、规约大学生道德行为、培养大学生良好道德品质具有重要作用。营造良好家风，一方面，要矫正当前家庭教育中重智轻德的偏差。古代偏重德性教育而缺乏自然科学知识教育的家教具有一定的片面性，现代社会过分注重科学知识教育的家教同样也有失偏颇。当下中国的家教在一定范围、一定程度上蜕变成了智识教育，德育尴尬地扮演了家教辅助这一角色。不可否认，知识的教授理应成为家教的重要内容，但德性教育乃家教之本，没有良好的德行，即便懂得再多的科学知识也难以"成人"。另一方面，将营造良好的家风与培育大学生社会主义核心价值观结合起来。时代在变，制度在变，家与国、家与社会的密切联系不会变。当前，良好家风的营造始终应与国家和社会的前途紧密相连，与我国社会主流价值观相一致。因此，要始终以社会主义核心价值观来引领家风的营造，使家风内蕴的价值取向和精神追求与社会主义核心价值观相契合。良好家风的营造能促进大学生将社会主义核心价值观内化于心、外化于行，使家庭真正成为培育大学生社会主义核心价值观的重要场所。

（三）发挥社会道德教育优势

职业道德是个历史范畴，是人类历史发展到一定阶段的产物，它随着生产的发展和社会分工的出现逐步形成，并随着社会分工和职业实践的发展而不断变化。具体就社会职业道德教育途径来说，可以根据不同职业的特点，邀请社会相关从业人员讲述职业道德故事，从而让大学生理解职业道德的内涵，理解什么是在岗爱岗，什么是敬业乐业。让学生知道应热爱自己所从事的职业，忠实地履行岗位责任。因为只有热爱本职工作的人，才可能对自己的职业有一种自豪感和荣誉感，才会尽心尽力地去履行自己的岗位职责。

任何一个从业人员不会天生就爱岗敬业，对于自己从事的职业，自然会有一个从不了解到了解、从不满意到满意、从不热爱到热爱，最后达到全身心融入到职业活动的过程中。从业人员的现身说法更能打动学生。在为学生讲解的过程中，也可以适当通过讨论等方法对学生进行职业理想方面的教育。职业理想是个体对理想职业的憧憬和追求，有了职业理想，职业才可能转化为对于个体生命有神圣意义的"事业"，才可能真正具有敬业精神和职业道德。另外，还可以将与学生专业相关的行业先进模范人物、优秀毕业生、优秀教师邀请到学校给大学生做生动的报告或讲座，讲述他们是如何加强职业道德修养做出不凡业绩的，用他们良好的职业道德感染和激励学生。

职业道德教育方式方法不能孤立、死板地呈现给学生。为了最大限度地提高职业道德教育的效果，发挥学生的主体性，可以根据职业道德教育的某一个主题、学生的个性特点以及当时的教育情境，综合选择利用各种教学方法，与课堂讲授相得益彰。高校并不是唯一应该承担对大学生进行职业道德教育重任的主体，用人单位也应承担起特定的教育责任。在大学生实习期，用人单位不仅应对大学生进行业务培训，也应对大学生进行更有针对性的职业道德教育。用人单位在大学生实习期间对其进行的职业道德教育应有计划性。实习过程中的职业道德教育是一个复杂的过程，同时也是一个渐进的过程，因此不应搞突击和强化，而是要将职业道德教育渗透到实习的整个过程当中。大学生实习过程的职业道德教育必须做好周密的计划，如在制订实习计划时，不仅要详细地规划好实习过程中所开展的各项职业道德教育活动的时间、内容以及形式，还要让每个学生都明确每个活动的目的以及评价指标和方法等。

要建立科学的评价机制，对职业道德教育效果进行有效反馈和评价，以不断改进教育内容、目标、方式及方法。在建立大学生职业道德教育评价机制过程中，首先要注意制定评价指标体系的宗旨和原则。充分发挥职业道德教育评价机制的监督、指导作用和教育评价的导向、调控作用，完善体制机制，加强队伍建设，健全工作制度，创新工作模式，基本建立起能适应职业道德教育需要，具有时代特征、有特色的职业道德教育评价体系，进一步促进教育水平和教育质量的提高。通过评价指标及评价标准为教育主管部门评估提供依据，为学校职业道德教育提出规范要求，因此制定评价指标的出发点和归宿是明确职业道德教育科学化、规范化的标准及实施要求。职业道德教育涉及的诸多问题，如教育观念的更新、经费的投入、队伍和制度的完善、教育内容和方法的改革等，均须蕴含在其中。在制定评价指标体系时，需要注意导向性原则、实践性原则、整体优化原则、简易性原则和定量评价与定性评价相结合的原则。注重坚持这些原则能够确保大学职业道德教育评价体系的完整性和科学性。

三、提升大学生职业道德认知的有效实施路径

提升大学生职业道德认知离不开良好的社会道德环境的营造。因此，课

题组认为，通过建立健全社会道德奖惩机制、发挥道德榜样的引领作用、营造良好师德师风氛围等路径创建优质的社会道德氛围，为学生传递积极的道德信号，才能达到从根本上改善大学生职业道德认知状况的目的。

（一）完善奖惩机制

建立健全道德奖惩机制既是优化社会道德风气、解决社会道德问题的重要突破口，也是改善大学生职业道德认知、加强大学生职业道德教育的有效路径之一。首先，加大褒奖的力度。以良好的政策导向和利益机制促进公民个人和各类组织崇德守德。丰富褒奖举措，如为诚信守德公民提供免费的旅游门票、为合法守德的各类组织提供贴息扶持等，真正把荣誉和奖励做实。其次，严明惩治的举措。让奖惩机制在食药安全、环境保护、产品质量、工程建设、投融资等社会诸多领域有效发挥作用。不断完善失信行为约束和惩戒机制，建立多部门、跨地区失信联合惩戒机制，对失信者形成社会联防和互联互动的协同监管网络，综合运用市场性、行政监管性、行业自律性、司法性等惩戒手段进行惩罚，使失信者步步难行，真正把惩治做严。另外，各级政府及其工作部门应定期组织开展专项治理工作，对制假售劣、环境污染、拖欠工资等人们深恶痛绝的诚信领域突出问题，严刑峻法地常态化处置，加大惩戒力度，为营造守信光荣、失信可耻的社会环境提供机制保障。

（二）加强榜样示范作用

尽管认知与行为并不具有必然的一致性，但一般来说，党员大学生对很多问题的道德认知水平明显高于团员和群众，在现实生活中也更能关心同学、热心公益、热爱祖国、服务社会。朋辈间的影响力有时会远超我们的想象和预期。为此，要充分发挥党员大学生的榜样带动作用，让他们在学习和生活中更好地发挥引领作用，引导非党员大学生以党员大学生为学习对象，学习党员大学生关心他人和集体、诚实守信、热爱祖国、拥护中国共产党的情怀与立场，进而在帮助他人、服务国家和社会的过程中创造人生价值。

一方面，提升党员的道德素质。就党的领导干部而言，他们既是党和国家众多政策、法令、规章制度的重要制定者和执行者，又是广大人民群众的组织者和领导者。领导干部道德素质的高低，直接影响到党和政府的形象，对社会道德风气、对大学生的职业道德认知具有重要的示范和导向作用。提升党员特别是党的领导干部的道德素质对形成良好的社会风尚能产生积极的推动作用。为此，要教育引导党员、干部继承和发扬中华民族传统美德的精髓，牢固把握社会主义的道德规范，大力倡导共产主义的道德观，重品行、做表率，切实加强道德修养，陶冶道德情操，锤炼道德意志，提升道德境界，守好道德防线，坚持道德底线，做社会主义道德的示范者、诚信风尚的引领者、公平正义的维护者，以共产党人的道德人格力量去赢得人心、凝聚人心，激励民众崇德向善、见贤思齐，鼓励全社会积善成德、明德惟馨，推动全社会形成并保持良好的道德风尚。

另一方面，发挥道德榜样的引领作用。我国各个地区、各行各业、各类人群中涌现出了一批具有先进事迹和高尚品格的道德模范，包括助人为乐模范、见义勇为模范、诚实守信模范、敬业奉献模范、孝老爱亲模范等，他们大多是来自基层的普通人，他们的故事就发生在我们的身边，他们用自己的行动诠释着道德的内涵，彰显着中华民族代代相传的高尚品格，展示着道德的力量。道德模范的事迹、精神和品质是取之不尽、用之不竭的力量源泉，全社会应大力弘扬道德榜样精神，营造学习道德榜样的氛围，掀起学习道德榜样的热潮。学习道德模范有助于全社会崇德守礼，无论在公共场所还是私人场所，无论国内生活还是出国旅游都能遵规守法，养成良好的道德习惯。学习道德模范有助于全社会多办实事、多做好事，不断提升个人道德素质，做社会良知的守望者、传播者和践行者。只有通过道德榜样的示范和引领，全社会的认可和学习，人们的道德修养才能不断提升，传递向上向善的正能量，营造良好的社会道德氛围。

（三）塑造良好师德师风

大部分学生都认为教师对自己的影响巨大。一个教师，从他从事这个神圣事业的第一天起，便和学生、家长及社会发生了千丝万缕的联系。教师的职业理想、职业态度、职业良心和职业荣誉都在潜移默化地影响着学生。我国各级各类学校中有绝大多数专任教师都敬重学问、关爱学生、严于律己、为人师表，受到学生尊敬和爱戴，教师队伍师德师风的总体状况是好的。但也有极个别人理想信念模糊，育人意识淡薄，放松自我要求，责任心不强，爱心耐心细心不足等，损害教师队伍形象，影响学生健康成长。鉴于此，有必要有针对性地加强师德师风建设，塑造良好师风师德氛围。2018 年 5 月 2 日，习近平总书记在北京大学师生座谈会上指出："评价教师队伍素质的第一标准应该是师德师风。师德师风建设应该是每一所学校常抓不懈的工作，既要有严格制度规定，也要有日常教育督导。"① 教育部也先后印发了新时代高校教师、中小学教师以及幼儿园教师职业行为十项准则，并制定了教师师德失范行为处理的指导意见和处理办法，这一系列政策规章明确了教师职业规范，划定了师德底线，是贯彻全国教育大会精神、进一步加强师德师风建设的重要抓手。

首先，从讲政治的高度加强师德师风建设。百年大计，教育为本；教育大计，教师为本；师德师风，为师之本。深化新时代教师队伍建设，突出师德师风建设，把提高教师思想政治素质和职业道德水平摆在首要位置，对于推动教师成为学生健康成长的引路者、自我行为规范的践行者、爱岗爱生爱校的模范者意义重大。提高政治站位，准确对标新时代、新形势、新要求，深刻认识师德师风建设的重要性，全面贯彻党的教育方针，牢记立德树人的崇高使命。深入学习领会习近平新时代中国特色社会主义思想，树立正确的历史观、民族观、国家观、文化观，坚定中国特色社会主义道路自信、理论自信、制度自信、文化自信，对我国教育事业所取得的成就要有深刻认识，热爱祖国、奉献祖国，热爱教育事业，奉献教育事业。

其次，从强修养的维度加强师德师风建设。育人者必先育己，身不修则德不立。教师的职业道德水平决定着人才培养质量，教师在世界观、人生观、价值观方面的任何偏颇，都会影响到学生正确世界观、人生观、价值观的形成。因此，广大教师应全面提升思想政治素养，以德立身、以德立学、以德施教、以德育德。教师必须自觉贯彻习近平新时代中国特色社

---

① 习近平. 在北京大学师生座谈会上的讲话 [N]. 人民日报，2018 – 05 – 03（002）.

会主义思想，爱党爱国、坚定信念，锻造师德之魂；涵养人格、砥砺品格，深扎师德之根；专心治学、厚积薄发，筑牢师德之基；恪尽职守、仁而爱人，疏浚师德之源。为人师表，知其所止，坚决杜绝师德失范现象，大力培育高尚师德，树立良好师风，营造风清气正的育人环境。要坚持弘扬高尚师德，以榜样的精神感染人，鼓舞人，引导人，加强典型宣传引领。教师应自觉增强立德树人、教书育人的荣誉感和责任感，学为人师，行为世范，努力当好学生健康成长的指导者和引路人。

最后，从重机制的角度加强师德师风建设。认真总结经验教训，建立和完善师德师风教育管理机制，不断探索改革创新师德师风建设的模式和方法，促进教师师德师风教育管理规范化，建立师德师风激励和惩治机制，建立科学合理的教师师德师风评价标准、评价方法和体系。学校可开展年度师德师风教育检查评估和评选师德标兵等表彰活动，以激励广大教师积极参加师德教育活动，也可以将教师师德师风列为教师年度工作考核、职务职称评聘和评选先进的重要依据，充分发挥教育机制的教育和管理作用，引导教师以德立身、以德立学、以德施教、以德育人。一句话，师德是建设出来的，也是考核出来的。各级教育行政部门、大中小学校应当用价值立标、用事实说话、用榜样引领、用奖惩激励，将师德摆在教师考核的首要位置，针对教师职业伦理底线要求和理想要求，制定师德考核的具体办法和实施细则。同时，教育行政部门和学校要构建学校、教师、学生、家长和社会广泛参与的师德监督体系。对于顶风违纪者，必须以"零容忍"的态度坚决查处，情节特别严重的应坚决清除出教师队伍，涉嫌违法犯罪的要及时移送司法机关依法处理。

总之，大学生职业道德素养的提升，既离不开由外而内的他者教育，也离不开由内而外的自我教育。全社会都要关心帮助支持青少年成长发展，完善家庭、学校、政府、社会相结合的思想道德教育体系，引导青少年树立远大志向，热爱党、热爱祖国、热爱人民，养成好思想、好品行、好习惯，扣好人生第一粒扣子；要按照社会主义核心价值观的基本要求，健全各行各业规章制度，要发挥各类组织的自我教育、自我管理、自我服务功能。一方面，要为大学生创设适合其成长的家庭、学校和社会环境并提供良好道德教育，要把实践中广泛认同、较为成熟、操作性强的职业道德要求转化为法律规范，推动社会诚信、见义勇为、志愿服务等方面的立法工作。另一方面，也要给予学生足够的自我教育和自我成长的空间。大学生将逐步走入社会，并对职业产生真切的感受，他们的职业道德认知会得到进一步的丰富和完善，甚至实现某种质的飞跃，进而更好地为职业道德实践提供有力指导。

第七章 大学生家庭美德认同状况调查与分析

大学生作为未来社会与家庭建设的重要主体，对于家庭美德的认知、认同与践行状况，不仅关乎大学生自身的成长与成才，还影响着未来家庭与社会的稳定与发展。家庭美德的培育自然成为大学生道德培育的题中应有之义。本章主要针对大学生对家庭美德的主要内容，诸如纵向关系中的代际道德、横向关系中的两性道德、家庭生活中的勤俭美德以及家际关系中的邻里道德的总体认知、认同状况及其存在的突出问题，进行深入探讨与分析，并在此基础上，提出新时代大学生家庭美德培育的对策建议。

第一节 大学生家庭美德认同状况及差异性分析

家庭是社会的细胞，是道德养成的起点。良好的家庭道德即家庭美德，主要指公民在家庭生活中应该遵循的处理和调节夫妻、长幼、邻里之间关系的道德观念、规范与品质等，对于个体人格塑造、家庭和谐幸福与社会稳定发展具有一定的影响。作为社会意识形态之一的家庭道德在不同的时代、社会乃至阶级中具有不同的表现与要求。我国现阶段家庭美德的基本原则与主要内容，是在对传统家庭美德进行批判继承，对现代家庭文明借鉴吸纳的基础上确立的。2019 年 10 月中共中央发布的《新时代公民道德建设实施纲要》将家庭美德作为社会主义道德建设的重要着力点，提出要积极"推动践行以尊老爱幼、男女平等、夫妻和睦、勤俭持家、邻里互助为主要内容的家庭美德"①。为了考察新时代大学生家庭美德的认知认同状况，课题组设计了如下几个问题：

"您认为现代家庭生活中最需要坚持的道德规范有哪些？"，以家庭美德的主要内容即"尊老爱幼""夫妻和睦""男女平等""勤俭持家""邻里团结"为选项，调查大学生对各项家庭美德的认同比例；针对家庭美德中的重要内容"孝"设置了问题"您认为现代大学生尽孝最应该做什么？"以孝的不同内涵即"赡养老人""敬重长辈""顺从长者意愿""追念先祖""事业成功，回报父母"为选项，调查大学生关于现代尽孝的观念，也反映出大学生对于传统孝道不同层次内涵及要求的认同状况。在婚恋家庭道德中，除了"男女平等""夫妻和睦"等两性道德原则，性观念也成为观察两性伦理观念的一个重要维度，其在一定程度反映出大学生婚恋家庭道德观念的特点。基于婚前性行为与大学生群体的密切关联，本研究设置了"对于部分大学生恋爱过程中的时有发生的'婚前性行为'，您的态度是什么？"这一问题，目的在于通过大学生对于婚前性行为的态度观测大学生性伦理观念的表现。同时，课题组还对不同性别、学科、政治面貌以及是否独生子女等类别调查数据进行了差异性分析。

一、大学生对"现代家庭生活中最需坚持的道德规范"的认同状况及差异性分析

调查数据显示，受访大学生认为现代家庭生活中最需要坚持的道德规范依次是"尊老爱幼"（75.3%）、"夫妻和睦"（68.3%）、"男女平等"（60.0%）、"勤俭持家"（35.1%）和邻里团结（29.0%）（见图7-1）。调查数据反映出大学生关于家庭美德的认同状况呈现出以下几个突出特点：首先，大学生对于"尊老爱幼"的传统家庭美德具有高度认同；其次，大学生对于"夫妻和睦""男女平等"的道德观念与规范具有较高的

---

① 中共中央党史和文献研究院. 十九大以来重要文献选编：中［M］. 北京：中央文献出版社，2021：229.

认同度，此两项成为选择比例仅次于"尊老爱幼"的选项；最后，大学生对于"邻里团结"和"勤俭持家"的认同度相对较低。

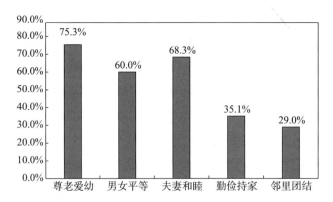

图 7 – 1   大学生认为现代家庭生活中最需要坚持的道德规范

对不同性别大学生的调查数据进行比较分析发现，男女性大学生认为现代家庭生活中最需要坚持的道德规范依次均为"尊老爱幼""夫妻和睦""男女平等""勤俭持家""邻里团结"。其中，女生选择"尊老爱幼"的比例相比男生高出 5.3%，女生选择"男女平等"的比例相比男生选择比例高出 12.5%，反映出女性大学生对于"男女平等"具有更深切的关注、认同与诉求；而男生选择"勤俭持家"的比例相比女生高出 8.5%（见图 7 – 2）。

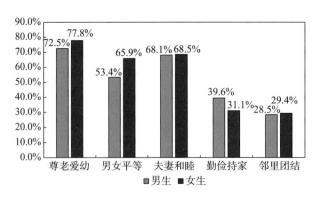

图 7 – 2   不同性别大学生认为现代家庭生活中最需要坚持的道德规范

对不同学科大学生的调查数据进行比较分析发现，文科、理科和工科大学生认为现代家庭生活中最需要坚持的道德规范依次均为"尊老爱幼""夫妻和睦""男女平等""勤俭持家"和"邻里团结"。其中，选择"男女平等"的比例，文科生（63.7%）要高于理科生（58.0%）与工科生（56.0%）；选择"勤俭持家"的比例，工科生最高（39.0%），其次为理科生（36.0%），文科生占比相对最少（33.3%）；选择"邻里团结"的比例，工科生最高（33.5%），其次为理科生（29.2%），文科生占比最低（26.4%）（见图7－3）。

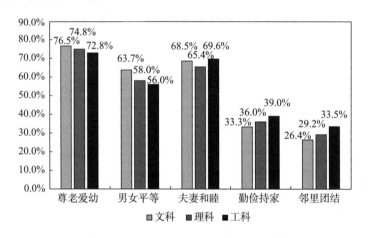

图7－3 不同学科大学生认为现代家庭生活中最需要坚持的道德规范

对独生子女与非独生子女大学生的调查数据进行比较分析发现，独生子女和非独生子女大学生关于现代家庭生活中最需要坚持的道德规范的观念差异不显著。其中，独生子女大学生选择"男女平等"的比例（62.6%）略高于非独生子女大学生（57.9%），而非独生子女大学生选择"尊老爱幼""夫妻和睦""勤俭持家"与"邻里团结"的比例均略高于独生子女大学生的选择比例（见图7－4）。

对不同政治面貌大学生的调查数据进行比较分析发现，党员、团员和群众大学生关于"现代家庭生活中最需要坚持的道德规范"的观念差异不显著，认同度最高的三项均为"尊老爱幼""夫妻和睦""男女平等"（见图7－5）。

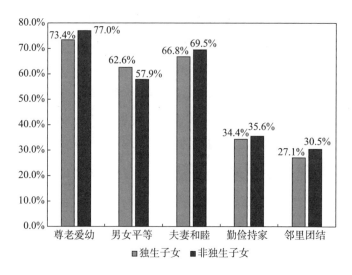

图7-4 独生子女和非独生子女大学生认为
现代家庭生活中最需要坚持的道德规范

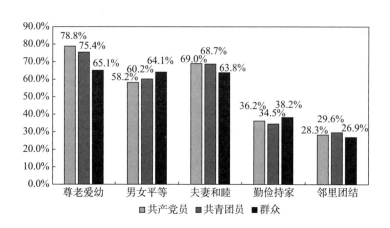

图7-5 不同政治面貌大学生认为现代家庭生活中最需要坚持的道德规范

二、大学生对"现代大学生尽孝最应该做的事情"的认同状况及差异性分析

孝是中华传统伦理道德的始基与元德，也是新时代仍需继承与发展的传统家庭美德。孝具有丰富的内涵与不同层次的要求："追念先祖"是孝的原初内涵，其之后延伸出"继志述事"的意涵；敬养是孝的核心内涵，

其中，"赡养老人"即养亲是基本层次的要求，而"敬重长辈"即敬亲是更高层次的要求，彰显出孝的伦理精神实质；尽职尽忠与显亲扬名是孝的延伸性内涵，也即"荣亲"或"显亲"观念，其在现代表现为将个人的事业成功与孝亲相连，即"事业成功，回报父母"。课题组从孝的主要内涵与基本要求角度对大学生关于现代尽孝的认知状况进行了调查。

调查数据显示，受访大学生认为"现代大学生尽孝最应该做的事"依次是"敬重长辈"（86.0%）、"赡养老人"（69.9%）、"事业成功，回报父母"（68.8%）、"顺从长者意愿"（9.6%）和"追念先祖"（7.3%）（见图7-6）。可见，"敬重长辈"成为新时代大学生关于尽孝认同度最高的选项；另外，养亲作为孝的基础性内涵与要求仍然在新时代大学生群体中具有较高的认同度，而"事业成功，回报父母"的荣亲观念在大学生群体中也具有较高的认同度；大学生对顺亲与追念先祖的孝观念认同度较低。而作为孝的原初性内涵的"追念先祖"，在大学生群体中的认同度最低。

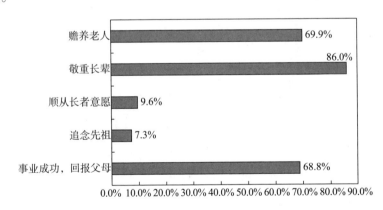

图7-6 受访大学生认为现代大学生尽孝最应该做的事

对不同性别大学生的调查数据进行比较分析可以发现，受访男性大学生认为现代大学生尽孝最应该做的事依次是"敬重长辈"（83.1%）、"事业成功，回报父母"（68.4%）、"赡养老人"（66.3%）、"顺从长者意愿"（10.9%）和"追念先祖"（8.7%）；女性大学生认为现代大学生尽孝最应该做的事依次是"敬重长辈"（88.5%）、"赡养老人"（73.1%）、"事业成功，回报父母"（69.2%）、"顺从长者意愿"（8.5%）和"追念先祖"（6.1%）。其中，选择"敬重长辈"的占比均最高，但是女生占比相比男生占比高出5.4%；女生选择"赡养老人"的比例相比男生比例高出6.8%（见图7-7）。

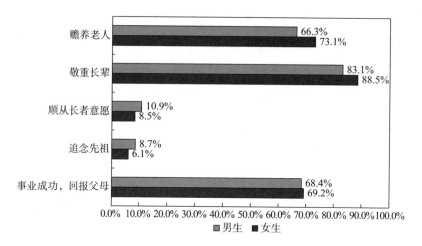

图7-7　不同性别大学生认为现代大学生尽孝最应该做的事

对不同学科大学生的调查数据进行比较分析可以发现，文科大学生认为现代大学生尽孝最应该做的事依次是"敬重长辈""赡养老人""事业成功，回报父母""顺从长者意愿"和"追念先祖"，理科和工科大学生都认为现代大学生尽孝最应该做的事依次是"敬重长辈""事业成功，回报父母""赡养老人""顺从长者意愿"和"追念先祖"。其中，理科生选择"赡养老人"的比例（66.0%）略低于文科生（71.3%）与工科生（71.1%）。工科生选择"事业成功，回报父母"的占比（72.9%）高于文科生（67.8%）和理科生（66.7%）（见图7-8）。

对独生子女与非独生子女大学生的调查数据进行比较分析可以发现，独生子女与非独生子女大学生在此问题上的观念差异不显著。独生子女大学生认为现代大学生尽孝最应该做的事依次是"敬重长辈"（85.1%）、"赡养老人"（67.2%）、"事业成功，回报父母"（66.9%）、"顺从长者意愿"（9.7%）和"追念先祖"（7.6%）。非独生子女大学生认为现代大

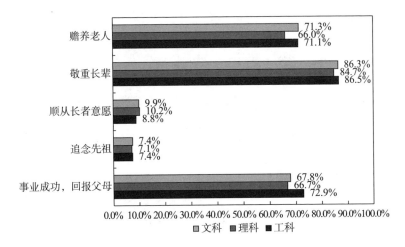

图7-8　不同学科大学生认为现代大学生尽孝最应该做的事

生尽孝最应该做的事依次是"敬重长辈"（86.8%）、"赡养老人"（72.2%）、"事业成功，回报父母"（70.3%）、"顺从长者意愿"（9.5%）和"追念先祖"（7.0%）（见图7-9）。其中，非独生子女大学生对于"赡养老人""事业成功，回报父母"的认同度略高于独生子女大学生。

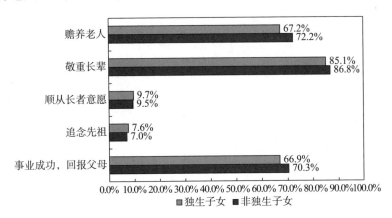

图7-9　独生子女和非独生子女大学生认为现代大学生尽孝最应该做的事

对不同政治面貌大学生的调查数据进行比较分析可以发现，党员、团员和群众大学生都认为，大学生的尽孝行为最应该做的事前三项依次为"敬重长辈""赡养老人""事业成功，回报父母"。不同政治面貌的大学生关于现代尽孝的观念不存在显著差异（见图 7 – 10）。

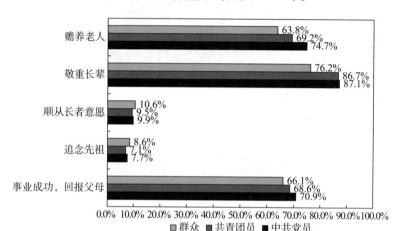

图 7 – 10　党员、团员和群众大学生认为现代尽孝最应该做的事

三、大学生对"婚前性行为"的认同状况及差异性分析

在婚恋家庭道德观念中，除了关于重要的两性道德原则如"男女平等""夫妻和睦"，性观念也成为观察两性伦理观念的一个重要维度。随着性伦理观念的转变和社会包容度的增加，婚前性行为在部分大学生的恋爱过程中时有发生。基于婚前性行为与年轻群体关系的密切性，考察大学生对此现象的态度，能够在一定程度上了解与把握当前大学生的性伦理乃至两性伦理观念的特点。调查数据显示，对于部分大学生恋爱过程中的婚前性行为，39.5% 的受访大学生认为"属于个人隐私，不应评论"，33.8% 的大学生认为"只要真心相爱，不应指责"，11.0% 的受访者认为"不道德，自己不做，但可以理解"，6.2% 的受访者认为"这是一种不道德的行为，坚决反对"，5.4% 的受访者选择"只要两人同意，没有爱情也行"，还有 4.1% 的人选择"说不清"（见图 7 – 11）。

对不同性别大学生关于婚前性行为的态度进行比较分析发现，男生与女生选择占比最高项均为"属于个人隐私，不应评论"。男生选择此项占比 33.3%，而女生选择此项占比 45.0%，女生明显高于男生；男生选择

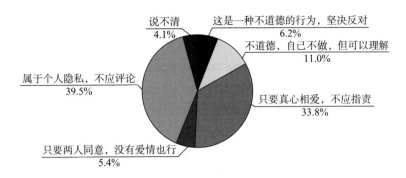

图 7 - 11　大学生对于"部分大学生恋爱过程中的婚前性行为"的态度

"只要真心相爱，不应指责"的比例（37.7%）高于女生占比（30.4%）；男生选择"不道德，自己不做，但可以理解"的比例为 8.7%，略低于女生此项占比（12.9%）；男生选择"只要两人同意，没有爱情也行"的比例为 7.6%，略高于女生此项占比（3.4%）；男生选择"这是一种不道德的行为，坚决反对"的比例（7.3%）略高于女生选择此项的比例（5.3%）。此外，还有 5.0% 的男生和 2.7% 的女生选择"说不清"。（见图 7 - 12）

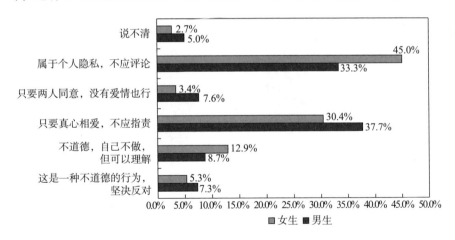

图 7 - 12　不同性别大学生对于"部分大学生恋爱过程中的婚前性行为"的态度

对文科、理科和工科大学生关于婚前性行为态度的调查数据进行单因素方差分析发现，文科、理科和工科大学生对婚前性行为的态度存在显著差异（$p < 0.05$，得分越低，代表越不赞同婚前性行为）。理科大学生的得分

（3.61）显著低于工科大学生（3.81）和文科大学生（3.73）的得分，文科大学生的得分（3.73）也显著低于工科学生的得分（3.81）（见图7–13）。

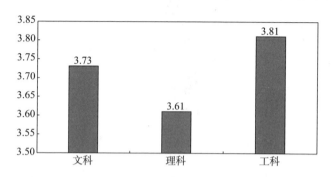

图7–13 不同学科大学生对于婚前性行为的态度

课题组对独生子女和非独生子女大学生对婚前性行为的态度进行比较分析发现，独生子女大学生和非独生子女大学生对婚前性行为的态度不存在显著差异（$p > 0.05$）。这些结果说明是否独生子女对大学生关于婚前性行为的态度影响不大（见图7–14）。

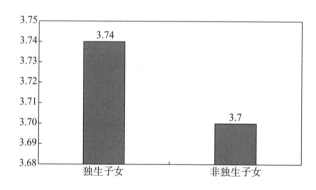

图7–14 独生子女与非独生子女大学生对于婚前性行为的态度

第二节 大学生家庭美德认同状况的特点及原因分析

本次调查反映出新时代大学生对家庭美德认同状况的特点，主要体现在代际道德、两性道德、勤俭持家、邻里道德几个方面：大学生对尊老爱幼的代际美德具有高度认同，孝观念以"敬亲"为主，"养亲"与"荣亲"并重；对于"夫妻和睦""男女平等"的两性道德具有较高认同，性伦理观念具有较强开放性与包容性；对于勤俭持家、邻里团结的家庭美德认同度较低。本节在对其相关特点进行论述的基础上，结合社会、家庭、学校、群体等方面对大学生家庭美德认同特点的成因进行分析。

一、大学生对代际道德认同状况的特点及原因分析

（一）大学生对代际道德认同状况的特点

大学生在代际道德观念方面，表现出对"尊老爱幼"代际美德的高度认同，孝观念则呈现以"敬亲"为先，"养亲"与"荣亲"并重的特点。调查数据显示，大学生认为"现代家庭生活中最需要坚持的道德规范"依次是"尊老爱幼"（75.3%）、"夫妻和睦"（68.3%）、"男女平等"（60.0%）、"勤俭持家"（35.1%）和"邻里团结"（29.0%），其中"尊老爱幼"成为认同度最高的家庭道德规范（见图7-1）。关于"当代中国最值得传承的中华美德"的调查数据显示，42.1%的受访大学生选择了"孝悌"，仅次于诚信（76.6%）和仁爱（43.9%），位列第三（见图4-13）。关于"您认为当代大学生最需要具备的德性有哪些"的调查数据显示，50.0%的受访大学生选择了"孝心"，仅次于责任心（76.5%）与诚心（58.9%），位列第三（见图2-13）。关于大学生孝观念的调查数据显示，受访大学生认为"现代尽孝最应该做的事"前三位分别是"敬重长辈"（86.0%）、"赡养老人"（69.9%）、"事业成功，回报父母"（68.8%）（见图7-6）。可见，大学生对"敬重长辈"具有高度认同，对"养亲"与"荣亲"观念的认同度较高。总而言之，新时代大学生受中华传统家庭美德的深刻影响，对于"尊老爱幼"，尤其是"孝老爱亲"的传统家庭美德具有高度认同。

与此同时，大学生对传统代际道德的部分观念与规范呈现出低认同度，如大学生认同"顺从长者意愿"的仅占9.6%，认同"追念先祖"的

仅占7.3%（见图7-6）。进一步比较研究可以发现，大学生对于代际道德不同内涵与规范的认同也呈现出群体性差异，如不同性别在孝观念问题上表现不同：女生选择"敬重长辈"与"赡养老人"的比例（分别为88.5%和73.1%）高于男生（分别为83.1%和66.3%）。值得注意的是，女生选择"事业成功，回报父母"的比例（69.2%）略高于男生（68.4%），即女生对"荣亲"观念的认同度略高于男生（见图7-7）。

（二）大学生对代际道德认同特点的成因分析

新时代大学生对于"尊老爱幼"代际道德的高度认同，与中华传统家庭美德的弘扬密切相关。重视家庭与家庭道德建设是中华民族的优良传统。在中华民族长期历史实践与文化传承中形成的"尊老爱幼""孝老爱亲"的传统家庭美德，已深深嵌入中国人深层的文化心理结构之中，融入世代相继的文化基因之内，其中蕴含的丰富深远的道德意涵以及具有时代特征的人文精神，也成为新时代家庭道德建设的重要资源。一直以来，国家、社会与广大家庭都高度重视这一传统家庭美德的弘扬与培育。事实上，大学生对"尊老爱幼"传统家庭美德的高度认同，正是长期以来社会弘扬、学校教育与家庭传承实践综合影响的结果。

然而，由于家庭关系的平等化已成为现代家庭的重要原则，加之大学生群体受教育程度较高，理性批判思维能力提升，自我意识与平等、权利意识增强，其对于强调子代对亲代顺从的"顺亲"规范认同度较低；至于不同性别在孝观念问题上的差异性，则与社会分工、家庭角色、性别特质等诸多因素有关：女性往往表现出较男性更强的家庭观念，对于家庭成员包括老人的关怀照料具有较强的认同意识，而女性大学生群体的家庭美德观念中也体现出这种性别特点。与此同时，随着女性受教育水平以及经济能力和社会地位的提升，其对于个人事业发展的意愿增强，在孝观念上表现为对将事业成功与尽孝相结合的"荣亲"观念的认同度也明显增加，与男性此观念的差异缩小，这一特点从女性大学生与以往及其他群体对此问题的调查结果的对比中可得到反映。

二、大学生对两性道德认同状况的特点及原因分析

（一）大学生对两性道德认同状况的特点

夫妻关系构成现代家庭关系的主轴，关于夫妻、两性之间的道德规范构成现代家庭道德的重要内容。新时代大学生对两性道德具有较高认同，在性伦理观念上表现出较强的开放性与包容性。关于"现代家庭生活中最需要坚持的道德规范"的调查显示，68.3%和60.0%的大学生选择"夫妻和睦"和"男女平等"，仅次于"尊老爱幼"的认同比例（见图7－1）。可见，大学生在高度认同代际美德的同时，对两性道德也具有较高认同。进一步比较分析发现，不同性别与不同学科的大学生在此问题上表现出差异：女生选择"男女平等"的比例相比男生高出12.5%，反映出女性大学生对于"男女平等"具有更强的关注、认同乃至诉求（见图7－2）。不同学科大学生的数据比较显示：文科生（63.7%）选择"男女平等"的比例，要高于理科生（58.0%）与工科生（56.0%），反映出文科生对于男女平等具有更强的关注与认同（见图7－3）。

在婚恋家庭道德领域，性观念成为观测两性伦理观念的一个重要维度。关于婚前性行为态度的调查在一定程度上反映出大学生性伦理观念的特点。大学生对待婚前性行为的态度呈现出包容与多元的趋势，具体表现为以下几个方面：

其一，归为隐私成为大学生对待婚前性行为态度的主流。39.5%的受访大学生认为，婚前性行为"属于个人隐私，不应评论"（见图7－11）。此态度显示出当前大学生对于婚前性行为的态度呈现出包容与开放的特点，也反映出其对待婚前性行为去道德评价的态度趋向。不同性别大学生关于此问题的调查数据显示，女生选择"属于个人隐私，不应评论"的占比（45.0%）明显高于男生此项占比（33.3%），反映出女生更倾向于将婚前性行为归为个人隐私（见图7－12）。

其二，大学生对基于情感基础上的婚前性行为的认同比例较高。调查数据显示，33.8%的大学生选择"只要真心相爱，不应指责"，反映出大

学生对婚前性行为持一定程度的理解与包容，但是体现出对于情感前提的重视（见图7－11）。进一步比较分析发现，不同性别大学生在此问题上表现出明显的差异性：男生选择"只要真心相爱，不应指责"的比例达37.7％，明显高于女生此项占比（30.4％）（见图7－12）。

其三，大学生对待婚前性行为的道德批判态度占比相对较低。调查数据显示，11.0％的受访大学生认为其"不道德，自己不做，但可以理解"，还有6.2％的受访者选择"这是一种不道德的行为，坚决反对"。可见，不到两成受访大学生对婚前性行为持道德批评的态度，但其中超过一成受访者仍表示了理解。大学生对待婚前性行为的态度整体上呈现出一种弱道德评价的态势（见图7－11）。进一步比较分析发现，不同性别受访大学生关于此问题的道德批判态度略有差异：女生认为婚前性行为属于不道德行为的比例略低于男生。可见，女性大学生对于婚前性行为所持道德评判的态度略低于男性大学生（见图7－12）。

其四，大学生对基于同意基础上的婚前性行为认同比例最低。调查数据显示，5.4％的受访大学生选择了"只要两人同意，没有爱情也行"，可见，极少部分大学生对双方同意基础上的婚前性行为表示认同。这种态度其实是将婚前性行为视为一种完全基于双方意愿且与道德无涉的个体行为（见图7－11）。进一步比较分析发现，不同性别大学生对此问题的调研数据显示：选择"只要两人同意，没有爱情也行"的男生占比（7.6％）略高于女生占比（3.4％）（见图7－12）。

（二）大学生对两性道德认同特点的成因分析

大学生对两性道德具有较高的认同度，这是以家庭结构、功能及关系的现实变迁为基础的：现代家庭逐步呈现出功能缩减、规模小型化、结构简单化、关系平等化的趋势，家庭关系的轴心由代际转移为夫妻，同时，青少年在家庭中的地位提升。这种变迁奠定了大学生对"夫妻和睦""男女平等"的道德原则具有较高认同的现实基础。具体到不同性别大学生对两性道德认同存在的差异性，如女性大学生对于"男女平等"具有更强的关注与认同，主要包括两个方面的原因：一方面，女性在两性不平等中居于相对弱势的地位，使女性大学生对"男女平等"具有较高认同；另一方面，伴随受教育水平的提升，女性大学生对两性关系的反思批判意识和对"男女平等"的诉求也随之增强。而不同专业背景的大学生由于知识背景与关注领域有所差异，一定程度也会影响其对于两性之间道德议题的关注，进而导致不同学科背景的大学生对两性道德的认同上存在差异。由于专业背景不同，文科大学生对于人文社科领域的许多问题有相对系统的学习与探讨，对于多元价值观念的了解与接触相对更多，对家庭道德规范具有较强的反思意识和批判思维，如文科生在回答"现代家庭生活中最需要坚持的道德规范"时，选择"男女平等"的比例最高。

大学生性伦理观念表现出较强的开放性与包容性的特点，与社会环境的影响尤其是全球化、城市化背景下多元价值观念的影响密不可分。从一定意义上说，当前世界各国都在现代化和全球化变革层面讨论男女平等、性解放及其对家庭制度的影响。因此，新时代大学生性观念的宽容趋势，是"以经济进步、教育普遍提高、信息传播和共享等为特征的现代化和全球化背景下的产物"，也是"以尊重人的尊严和自主性、保护个人隐私和自我发展、倡导平等与自由理念为基本点的个人主义"等价值观不断影响建构的结果。① 事实上，这种影响具有双重性：一方面，自由主义、个人主义、享乐主义等社会思潮对大学生的两性伦理观念产生影响，引发大学生对传统两性伦理观念的反思乃至批判，表现出对"婚前性行为"的道德批判态度相对弱化；另一方面，多元文化的交流与碰撞也构成了大学生建构其新时代家庭道德观的推动力量。例如，对性与爱乃至个体自由之间关系进行现代性视角的思考，彰显出多元与包容的倾向。

城市化的发展及其部分特质也促进了大学生性观念的开放与多元。城市生活的功能分化带来的相对人际隔离与陌生人交往生活环境，造成传统的舆论监督和社会规范对个体私生活的约束能力很弱，个人的情感和性生活相对处于隐秘状态。相关研究发现，经济越发达、现代化程度越高的地

---

① 徐安琪. 转型期的中国家庭价值观研究［M］. 上海：上海社会科学院出版社，2013：229.

区，对于婚前性行为的态度越宽容。大学生所处高校往往位于城市化水平较高、经济较发达的地区，其更趋开放与多元的价值观念对于大学生两性伦理观念产生相应影响。此外，现代网络社交软件的迅猛发展，在为大学生的社会交往提供便利的同时，由于其私密性与快捷性，一定程度上也为一些随意、偶然的性行为打开了方便之门，促成了部分大学生对去道德化的性观念的认同。

然而，大学生的性宽容态度与实际行为之间的关系需谨慎理性分析。相比 20 世纪初的调查结果，新时代大学生的性观念在一定程度上表现出更趋理性、谨慎的态度。大学生性态度的宽容性趋势，并非意味着性行为的放纵与对主导价值观和社会规范的反叛与无视，而是对既有习俗、主导观念和社会规范不被动接受，注重通过个人理性思考而自主选择生活方式。

三、大学生对勤俭持家美德认同状况的特点及原因分析

（一）大学生对勤俭持家美德认同状况的特点

勤俭作为"勤"与"俭"两种美德的合称，是中华民族的传统美德，而"勤俭持家"是勤俭美德在家庭领域中的贯彻与体现。大学生对勤俭持家美德，表现出较低的认同。关于"现代家庭生活中最需要坚持的道德规范"的调查显示，受访大学生选择"勤俭持家"的比例为35.1%（见图7-1）。相比代际与两性道德规范，大学生对"勤俭持家"的认同度较低。关于"当代中国最值得传承的中华传统美德"的调查数据显示，受访大学生选择"勤俭"的比例为18.3%，相较其他美德的认同比例最低，这在一定程度上反映出当今大学生对于"勤俭"美德的认同弱化（见图4-13）。进一步的差异性分析发现，不同性别与不同学科的大学生对"勤俭持家"的认同表现出明显的差异性：男生选择"勤俭持家"的占比（39.6%）比女生（31.1%）高出8.5%，可见男生对于"勤俭持家"的认同度相比女生更高；不同学科大学生的数据对比显示，工科生选择"勤俭持家"的比例最高（39.0%），其次为理科生（36.0%），文科生选择比例最低（33.3%）（见图7-2、图7-3）。与勤俭相反的表现是懒惰、安逸和奢

侈、浪费。近年来，一些大学生对粮食、水、电、时间等资源的浪费现象严重，有些大学生利用网贷等形式进行超前消费、过度消费等非理性消费现象的出现，这也反映出当今大学生勤俭美德观念的弱化。

（二）大学生对勤俭持家美德认同特点的原因分析

当今大学生勤俭美德观念弱化的原因是多方面的：其一，经济社会状况的客观变化与社会环境中浮躁奢侈之风的不良影响。现代社会中生产生活方式的变革，客观上造成传统勤俭美德观念赖以形成和发展的社会与思想基础发生了改变，尤其是物质生产力极大发展、物质生活水平极大提升，市场经济的发展与收入分配方式的多样化，消费成为经济发展的重要推动力，商家与媒体宣扬物质消费的生活方式，加之社会生活中出现的高消费、超前消费、攀比消费、铺张浪费现象和轻视劳动、奢侈浮夸风气，都对大学生的勤俭美德观念产生影响。其二，家庭与学校勤俭美德教育存在不足。部分家庭注重大学生物质生活需要的满足，但对于个体与物质、财富之间的关系缺乏勤俭意识与行为的规范和引导。学校对于勤俭美德的教育存在内容刻板与形式单一的问题，欠缺从勤俭与个体身心发展、国家及世界可持续发展的必要性等多维度开展勤俭教育。其三，大学生自身对于勤俭美德的认知与实践体会不足。谈到勤俭，大学生易将其焦点置于"俭""艰苦朴素"层面的内涵。事实上，勤俭不是只强调勤勉劳作、创造财富而压抑合理消费、享受生活的需求，而是倡导勤勉向上、理性用度的生活态度与方式。此外，部分大学生缺乏现实生活的实践锻炼，一定程度上也造成其对于勤俭的现代价值与必要性缺乏切身体会。

四、大学生对邻里道德认同状况的特点及原因分析

（一）大学生对邻里道德认同状况的特点

大学生对邻里团结美德的认同，表现出明显的弱化。关于"现代家庭生活中最需要坚持的道德规范"的调查显示，大学生选择"邻里团结"的占比相较其他家庭美德最低，为29.0%（见图7-1）。进一步比较研究发现，不同学科大学生对"邻里团结"的认同表现出差异：工科生选择"邻

里团结"的比例最高（33.5%），其次为理科生（29.2%），文科生比例最低（26.4%），可见，工科生对于"邻里团结"的认同度相对高于文科生和理科生。此外，独生子女与非独生子女对此问题的认同也存在差异：非独生子女大学生选择"邻里团结"的比例（30.5%），略高于独生子女大学生选择"邻里团结"的比例（27.1%）（见图7-3、图7-4）。

（二）大学生对邻里道德认同特点的原因分析

大学生关于"邻里团结"的认同度最低，这是由大学生家庭居住模式、交往方式以及社交理念的变革决定的。针对其所处家庭邻里关系认同度低受以下因素的影响：其一，居住模式的变化影响邻里关系的互动。中国大学生在学校主要为集体住宿的居住生活模式，其周围主要为大学师生同学，不同于家庭间的邻里关系，家庭邻里互动实践较少。其二，随着大学生社会交往与支持网络的拓展，以地缘关系连接起来的邻里关系对于大学生的重要性有所减弱。其三，居民的生活方式与社交理念的变革，如隐私意识增强、对个人空间的重视等，也一定程度上减少了邻里互动，造成邻里关系的弱化。此外，现代通信手段、社交软件的迅猛发展与广泛应用深刻影响着人们的社交范围与方式，尤其是大学生，对于网络平台与社交软件的应用更为普遍，其社交范围已大大拓宽，对于传统的邻里关系的需求与依赖减弱，这些因素都会影响到大学生对"邻里团结"的认同。

第三节　大学生家庭美德培育的对策思考

《纲要》提出，"推动家庭道德建设，要弘扬中华民族传统家庭美德，倡导现代家庭文明观念，推动形成爱国爱家、相亲相爱、向上向善、共建共享的社会主义家庭文明新风尚，让美德在家庭中生根、在亲情中升华"①。这

---

① 中共中央党史和文献研究院. 十九大以来重要文献选编：中［M］. 北京：中央文献出版社，2021：231.

一指导思想为新时代大学生家庭美德培育明确了整体理念与方向。新时代大学生家庭美德培育，既要弘扬中华民族传统家庭美德，并结合时代特点与现实要求对其进行创造性转化与创新性发展，彰显传统家庭美德的时代价值，也要发展和倡导新时代家庭文明理念，增强大学生对于新时代家庭美德的自觉认同与实践，使之成为大学生家庭生活与道德实践的鲜明标识。

大学生家庭美德状况受到家庭环境、学校教育与社会环境等诸多因素的影响。因而，新时代加强大学生家庭美德培育还应充分考虑其状况特点与影响因素，充分发挥不同主体的培育功能，增强家庭美德培育的针对性与实效性。具体对策建议如下：

一、注重发掘家庭在家庭美德情感培育中的基础性作用

家庭是涵育家庭美德最直接的场域，也是影响家庭美德认同与践行最基础且最深层的因素。调查数据显示，39.2%的大学生认为对自己道德品质影响最大的环境是"家庭"，明显高于选择"社会"（30.1%）与"学校"（24.4%）的比例，可见家庭环境的重要性。家庭作为具有亲缘性、情感性特质的伦理实体，对于家庭美德的涵养，相比道德规范的一般性认知教导，更适宜以人伦亲情的沟通培养、家长的身教言传、美德的生活实践与家风的熏陶传承为着力点。

（一）注重家庭的情感培育

调查显示，15.5%的大学生在关于约束人的道德行为因素的调查中选择了"良心谴责"，"良心谴责"的发生需要有重要的道德元素即道德情感的支撑。例如，对于父母养育的感恩之情便是一种重要的道德情感，也是对于"良心"的一种培育。个人对于未能尽孝而感到自责、愧疚等情绪或情感，便是"良心谴责"的一种体现。可以说，情感性作为家庭伦理的突出特点，为家庭美德的涵育与践行提供了心理基础。与此同时，对情感品质与能力的培养也成为现代家庭发展的客观需求与家庭美德培育的目标之一。因而，当今家庭道德教育应注重情感培育的重要维度，在坚持平等、

尊重、理解、关爱等原则的指导下，自觉增强亲子、夫妻、长幼、邻里之间积极文明、健康真挚情感的沟通与培育，厚植家庭美德的情感基础。

（二）注重家长的身教言传

家长是孩子的第一任老师，对孩子人生观、价值观与道德观的形成，有着深刻的影响。因而，家庭美德的培育必须重视家长的重要作用，尤其要处理好家长对孩子的身教与言传问题。在这两种紧密相连的教育方式之间，身教是基础、是关键。如果施教者能以身作则、身先示范，即使未进行言教，也能对个体的教育尤其是德行的教化发生深刻的影响，若能再加之适宜的言教，教育效果就会更加理想。反之，若施教者本身不能率先垂范，甚至自身行为与自己言传所授相违背，其教育必然是无效的，甚至会起到相反的效果。加之在家庭教育中，家长与受教育者之间的血缘亲情、长者威信以及朝夕相处的共同生活，使家长的身教示范具有更为深刻独特的教化影响。因此，在时下的家庭美德教育中，家长要有责任担当，树立正确的家庭美德教育理念，自觉践行亲子孝老慈幼、夫妻互敬互爱、长幼友爱相携、邻里团结互助等家庭美德，在家庭理财、消费、教育、社交等各项活动中，秉持理性适宜、积极健康、向上向善、重视公益、重视学习等生活理念与生活方式，积极营造与维护人伦和美、家风雅正的家庭环境，为大学生树立榜样。在此基础上家长辅之以适当"言教"，使教育具有信服力与实效性。

（三）注重美德的生活实践

家庭美德不仅是德行伦理，还是规范伦理，这两者是相辅相成的。因而，家庭美德的涵养还需要注重对美德的具体生活实践，即通过对美德在生活中的具体践行以增强个人对德性的体认，并进一步推动个人在这种德性伦理的指导下进行日常生活道德实践。以孝德培育为例，在许多家庭日常生活之中，都有一些体现孝之内涵的生活礼仪或规矩，如子女出门回家同父母打招呼告知即"出必告，反必面"的日常礼节，就餐时请长者上坐，请长辈动筷子后才都开始用餐的家庭规矩，序齿（按年龄大小排序）敬酒的生活礼仪等，都体现出对孝德的具体实践，也成为培育和巩固孝老爱亲美德的重要途径。可以说，正是通过一系列具体家庭礼仪、规矩的设计与践行，家庭美德的思想和意涵才得以体现，也正是通过对家庭美德在生活中的不断操习，家庭美德才逐步内化为民众日用而不觉的伦理道德规范，乃至逐渐融入群体的深层文化心理结构中。然而，本次调查数据显示，知行不一成为大学生道德状况中的突出问题之一。例如，86.7%的大学生具有环境保护的意愿，但是仅有25.3%的大学生表示在日常生活中经常反对垃圾分类（见图5－6、图5－10）。这就需要在家庭美德的培育中加强对美德的生活实践教育，将新时代家庭美德通过具体的规范和仪节，贯穿于家庭起居饮食、家务分工、交流互动、问题商议、社区参与等一系列具体的生活实践中，进而增强大学生对于家庭美德的体悟与认同。

（四）注重家风的传承熏陶

调查显示，19.7%的大学生在"最能约束人的道德行为的因素"的调查中选择了"家风家训"，仅次于法律政策而位列第二。可见家风对于大学生的道德养成具有重要影响。因而，在新时代大学生家庭美德培育中，要积极发挥家庭家风的作用与功能，具体而言，可以从以下几个方面着手：其一，家庭可通过搜集与整理家族历史，挖掘家训、家书、家史中蕴含的具有时代价值的内容，作为进行家庭美德教育的重要资源；其二，家庭可利用重要的节庆或纪念日，如清明、端午、中秋、重阳、春节等，通过回顾家族历史，特别是一些有德行先辈的品行与事迹，来强化家庭成员对优良家风文化及家庭美德的认同；其三，家庭还可利用关于人生重要时间节点的意识，如家庭成员生日、升学、成人、婚嫁、丧葬、祭祀等，发挥仪式沟通历史、现在和未来，以营造家庭成员进行自我省思以及同历史和先辈展开"对话""沟通"场域的功能，用优秀家风文化对成员进行潜移默化的教育，增强大学生对优良家庭美德的体认与传承。

二、充分发挥学校教育在家庭美德理性培育中的主阵地作用

学校是进行系统道德教育的主阵地，对于大学生家庭美德的培育尤其是道德理性的培育具有自身优势。调查研究显示，学校道德教育与大学生

道德状况实际观测数据拟合情况良好，反映出学校道德教育对大学生道德品质养成具有积极影响。24.4%的大学生在"您认为对您的道德品质影响最大的环境"的调查中选择了"学校"。49.2%的受访大学生认为青少年是"当前中国最需要接受道德教育的群体"。可见，大学生对于本群体接受道德教育的必要性是认可的。然而，关于"导致道德问题的最大原因"的调查显示，13.1%的大学生选择了"道德教育乏力"，反映出大学生对于道德教育的切实需求与当前道德教育未能满足需求之间的矛盾（见图1-12）。解决这一问题还需要学校从以下几个方面采取措施。

（一）更新教育理念

学校应关注家庭美德的教育，树立重视、尊重、理性、积极的家庭美德教育理念。其一，高校应重视家庭美德培育对于大学生人格塑造与人生发展的重要意义，重视学校在家庭美德培育中的责任与作用，积极探索学校进行家庭美德教育在目标、内容、方式等方面的创新。其二，高校应尊重大学生道德主体性，改变陈旧刻板的家庭道德知识与观念的宣教，注重结合大学生的思想困惑与现实需求进行教育引导。其三，正视婚恋家庭道德观的变化与发展，理性面对现实婚恋家庭道德问题，对相关问题做出理性、客观、深入的分析，增强学生的道德理性。其四，对于在大学生群体中产生相当影响的婚恋家庭价值观与道德观争论，学校需转变被动应对乃至回避的态度，对大学生的思想观念及行为进行主动的引导与规范。

（二）丰富教育内容

学校开展家庭美德教育，需要进一步丰富和深化教育内容。一方面，学校应继续加强传统家庭美德教育。相关研究表明，大学生虽然对传统美德具有较高认同，但是对于传统文化包括传统美德具体内涵的认知明显不够全面和深入，这就意味着大学生对于传统家庭美德的理性认同基础还不牢固，需要进一步加强中华传统文化尤其是传统美德的教育。另一方面，学校除了挖掘传统与现实生活中鲜活生动的教育资源，通过典型人物、故事、案例等提升大学生的情感认同之外，还应重视学生对于道德理性的诉求，增进教育内容的深度与广度，注重从历史发展、世界比较、家庭与社会、国家互动等视角引导学生深入认识家庭美德的时代价值，进而增强大学生对于家庭美德的理性认同。例如，将社会老龄化状况与"孝老爱亲"教育相结合，将资源环境危机与可持续发展战略同"勤俭持家"教育相结合，将公共安全、社区治理与"邻里团结"教育相结合，以家庭美德与世情、国情相结合的教育内容，增强大学生对家庭美德时代价值的体认。

（三）完善培育方式

学校开展家庭美德教育，还需继续改进和丰富教育方式，以增强教育的吸引力与有效性。首先，完善课程教育。将家庭美德的教育内容有机融入学校相关课程。在思想道德与法治、语文、历史、国学等德育、思想政治理论课、通识课等课程中，增加相关专题或主题教育，弘扬爱国爱家、向上向善、孝老爱亲、尊师敬长、平等互爱的家庭美德与中华优秀家风文化。与此同时，学校课程教育还应改变对道德规范进行宣教的方式，要讲清楚家庭美德对于个体德性修养、家庭和谐稳定、人生长远发展乃至社会稳定的现实意义，讲清楚新时代家庭美德的时代内涵与具体要求。课程教育应注重多采用案例教学与问题探讨等形式，针对社会生活中凸显的婚恋家庭道德问题，尤其是青年大学生感兴趣并对其家庭道德观具有影响的议题，进行理性、深入的探讨，对于其中凸显的多元价值观与道德观进行辨识和分析，提升大学生的道德判断与评价能力，增强其对新时代家庭美德的理性认同，引导大学生形成积极、健康、理性、和谐的婚恋家庭道德观。其次，提供咨询服务。调查显示，对于不同性别、学科和家庭的大学生而言，他们的家庭美德认同状况也往往表现出差异性。因而，学校需坚持广泛性与层次性、个别性相结合原则，既提供普遍性的教育、培训或咨询，也要在分析和研究不同类型学生特征及其需求的基础上，为大学生提供涵盖婚恋家庭心理、艺术、能力锻炼等多方面内容的咨询与辅导。最后，增强实践教育。学校可以通过社会实践课程或相关实践活动，提升学生对于家庭美德的感知、体悟、认同与践行。例如，开展大学生家族口述史实践调研，参观家书博物馆、优秀家风文化教育基地等场馆或历史遗迹，增强大学生对于中华优秀家风文化尤其是家庭美德的体认与践行。

三、重视发挥社会在家庭美德培育中引领、示范和保障作用

调查显示，大学生在对"导致道德问题的最大原因"的选择中，"社会环境的影响"排在第一位，占比34.1%；第二位是"市场经济的负面影响"，占比19.0%；还有12.6%的受访者选择了"多元价值观念的影响"（见图1-12）。此外，大学生对"道德品质影响最大的环境"的选择，"社会"排在第二位，比例为30.1%（见图1-40）。可见，社会环境对于大学生家庭道德观的建构具有重要的影响。因此，新时代大学生家庭美德培育，需要优化社会环境，以良好社会风尚支撑大学生家庭美德教育。具体而言，需要从以下几个方面采取措施。

（一）更好发挥网络平台与大众传媒的价值导向功能

关于"哪种媒体对您的道德思想影响最大"的调查显示，35.2%的大学生选择了"新媒体"，位列第一；31.6%的大学生选择了"电影电视"，位列第二（见图1-45）。可见，新媒体与影视传媒对大学生道德思想的形成具有重要影响。然而，当前网络生活中存在一些不良因素影响着大学生家庭美德的建构。调查显示，大学生认为网络生活中存在的不道德行为最突出的两项是网络语言暴力（43.1%）和网络语言、内容低俗化（23.4%），这些不良因素对于大学生涵养和践行家庭美德产生了负面影响（见图4-5）。此外，关于"最能约束人的道德行为的因素"的调查显示，仅有1.9%的大学生选择了"媒体监督"，反映出媒体对不道德言行的监督责任意识与效果尚待加强。因而，广大媒体要积极发挥其对大学生的价值引领功能，对于直接或变相宣扬的消极、腐朽、低俗家庭道德观念，自觉进行辨识、过滤与抵制；对引发社会关注与热议的家庭道德议题，如现代家庭中的代际压榨、男女不平等、家庭暴力等问题，需要广大媒体发声，以问题探讨为契机，积极组织公共探讨与引导，传递向上、向善、亲情、责任、学习、公益等家庭理念，推动新家庭文明理念与生活方式的建构与传播。此外，大众传媒还应注重影视作品等对大学生婚姻家庭观潜移默化的影响，近几年一些纪录片与影视作品将具有代表性的家风文化因素融入

其中，引起了较好的社会反响，为优良家风文化传播与家庭美德培育做出了探索，但是还需要继续创作更多既彰显传统家庭美德，更体现现代家庭文明理念的影视作品，用丰富有深度的内容和大学生喜闻乐见的形式，弘扬积极、健康、雅正、文明的家庭道德观与生活方式，推动新时代家庭文明的建构与传播。

（二）充分发挥家庭美德榜样的示范引领作用

充分发挥家庭美德榜样的示范引领作用，注重党员干部、公众人物等群体的社会影响，强化与提升其社会责任意识，积极发挥其在道德生活中的榜样示范作用。关于"当前中国社会最应该接受道德教育的群体"的调查显示，34.8%的受访大学生选择了"党政干部、公众人物"（见图1－21）。64.1%的受访大学生认为"共产党员的道德水平应该比一般群众高"，而关于"周围大学生党员的模范带头作用发挥得如何"的调查显示，48.2%的大学生认为一般，还有9.4%和5.3%的大学生认为较差甚至很差。这说明大部分大学生对于党员干部与公众人物的道德素质具有较高的期待，但对于大学生党员等群体的模范带头作用的现实表现还不太满意，需要其提升道德素质，更好地发挥道德引领和榜样示范作用。因此，新时代培育大学生家庭美德，需要重视并发掘校园与社会中践行家庭美德的典型人物与家庭代表，通过道德人物表彰、公益广告、纪录片等多样化形式，对文明家庭、代表人物、典型事例进行宣传报道，积极发挥道德榜样模范带动作用。

（三）激活社区的公共生活实践

在现代城市治理与社区建设的背景下，邻里关系仍是现代社区建设需要关注的重要问题，新型社区邻里关系对于大学生的成长发展、社区的和谐互助所具有的价值使其仍具有发展空间。提升现代邻里关系，构建和谐且具有凝聚力与活力社区的关键在于聚焦社区公共问题的解决与公共需求的满足。不同的群体对于邻里关系的需求具有多样性。对于青年大学生而言，丰富并激活现代社区生活实践，发挥社区邻里的团结互助功能，既为社区共同安全、健康等权益提供保障，也为大家的物质精神文化生活需要提供服务，进而促进个人发展与社区和谐。具体而言，需要拓展社区公共空间，发展符合需要的社区组织、开展吸引青年大学生在内的广大居民的社区活动，促进青年大学生参与社区的邻里互动。

其一，开发与拓展社区公共空间。社区公共空间为增强邻里互动、探讨公共问题、提升社区参与提供了平台，尤其是为关涉社区公共利益的相关信息与议题进行信息共享、问题商议、行动组织提供了公共场域。当前开发和拓展社区公共空间，一方面，需要增加诸如社区公园、社区文娱活动中心、社区服务中心、社区学校与社区舞台等公共空间形式，为居民提供增加互动、建立交往以及培养信任的空间场所。另一方面，社区需要重视网络空间的开发与运用。例如，微信公众号、微博等自媒体，目前不仅被应用于社区管理与服务，还形成了现代社区邻里之间进行信息共享、经验交流以及生活互助的新空间场域。

其二，发展多样的社区组织与开展社区活动。相关调查研究显示，居民的社团活动参与程度越高，社区公共空间的组织程度越高，居民邻里关系互动程度就越高。① 除传统的居委会以及商住房小区物业公司外，其他社区组织尤其是公益性、兴趣型等多样社区组织的发展，是增强邻里互动、建设有凝聚力社区的另一重要措施。如果说社区公共空间为邻里交往与意见表达提供了场域，那么社区组织的发展尤其是公益性组织的发展，则为解决社区公共问题提供了行动能力。现有的居委会与物业公司在社区组织方面虽然发挥着一定作用，但由于居委会的行政属性和物业公司的商业属性及其任务，两者在促进邻里互动和社区参与方面的能力有限。这就需要社区发展公益性、兴趣性社区组织，进而增强青年大学生的邻里互动与团结互助意识。例如，组织兴趣社团，开展文娱体育活动，满足大学生文化娱乐和体育健身等需求。这种邻里互动与社区参与，对于提升大学生的公共参与积极性与能力具有积极影响，其不仅有助于促进个人的成长和发展，也使社区逐步发展为内含公共利益与情感的真正共同体，成为共同

---

① 蔡禾，贺霞旭. 城市社区异质性与社区凝聚力：以社区邻里关系为研究对象 [J]. 中山大学学报：社会科学版，2014（02）：147－151.

生活的美好家园。

（四）重视家庭美德培育的制度支持

大学生认为"最能约束人的道德行为的因素"中排名位列第一的是法律政策（38.5%），而关于"导致道德问题的最大原因"的调查显示，9.7%的受访大学生选择了"道德奖惩机制不完善"（见图1-12）。这些调查结果反映出大学生一方面肯定制度的道德规范功能，另一方面也认为制度的道德规范功能有待完善。法律政策具有的强制性、权威性使其对人道德行为的约束具有鲜明的效果。但是，法律政策等制度因素对于道德建设的作用不只在于其具有强制约束性，对法律政策等制度的宣传教育对于人们道德观念的形成也具有引导功能。虽然家庭美德的培育主要并不依赖强制性因素，但是美德培育中一些基本层面的内涵与要求，却需要相关制度的支持。对大学生进行相关法律、政策的普及教育与宣传，发挥法律政策在大学生家庭道德观念塑造与行为规范中的作用，能够切实增强大学生关于婚姻家庭法律法规及相关政策的学习与理解，进而以制度教育强化大学生关于家庭美德的认同与践行。

相关法律政策中关于尊老爱幼、孝亲敬老、男女平等的相关规定，为家庭美德的实践和推广提供了制度支撑，成为尊老爱幼、男女平等原则及相应道德观念得以贯彻践行的最基础也最有力的支持。[①]《宪法》《婚姻法》《老年人权益保障法》《未成年人保护法》《反家庭暴力法》中对于家庭成员合法权益的保障，对于父母抚养教育子女的义务与子女赡养父母的义务和尊重、关心等规定，对男女平等、一夫一妻原则的明确，对于任何形式家庭暴力的禁止等内容，都为家庭道德的贯彻提供了基础且有力的支持。此外，国家逐步完善退休制度、养老保险、医疗保险、最低生活保障制度，推动老龄事业与产业发展、创建家庭福利支持体系，为现代家庭的平等、和睦和稳定提供了物质和制度支撑。新时代培育家庭美德，需要在

---

① 郭清香. 孝文化的现代价值及其实践探析［J］. 中国特色社会主义研究，2017（2）：77-81，99.

社会范围内增强大学生对相关法律、法规的了解和学习，以法治教育与政策学习强化大学生关于尊老爱幼、男女平等家庭道德观的认知、认同与贯彻，并教育学生在面临校园、社会中出现的一些破坏家庭基本道德原则及相关权益侵害等事件时，学会以相关法律法规保障自己的合法权益。

第八章 大学生个人品德状况调查与分析

习近平总书记指出："青年是引风气之先的社会力量。一个民族的文明素养很大程度上体现在青年一代的道德水准和精神风貌上。"① 《纲要》把个人品德建设作为新时代公民道德建设的重要着力点，强调要"推动践行以爱国奉献、明礼遵规、勤劳善良、宽厚正直、自强自律为主要内容的个人品德，鼓励人们在日常生活中养成好品行"②。个人品德在公民道德建设中具有基础性作用，社会公德、职业道德和家庭美德的状况实质上都以个人的道德修养为基础。社会主义道德建设成效归根到底要通过每一位社会成员的思想品德状况和精神风貌体现出来。因此，把握新时代大学生的个人品德认知状况，引导大学生树立崇高的道德理想、砥砺个体德行、养成良好品行，对于推动公民道德建设进程，落实高校立德树人总任务，助力时代新人培育，提升全民思想道德素质和社会文明程度意义重大。

第一节 大学生个人品德状况及差异性分析

国无德不兴，人无德不立。讲道德、尊道德、守道德，追求高尚的道德理想和道德情操，锤炼坚定的道德品质，是大学生自觉践行社会主义核

---

① 习近平谈治国理政：第1卷［M］. 北京：外文出版社，2018：52.
② 中共中央党史和文献研究院. 十九大以来重要文献选编：中［M］. 北京：中央文献出版社，2021：229.

心价值观的基本要求，更是个体道德境界的重要标志。较高的个人品德对于有效发挥道德和法律的社会调节功能，激发大学生参与道德实践的自觉性和能动性意义重大。大学生个人品德是指大学生在日常生活中呈现出来的较为稳定的心理状态和行为习惯，是大学生思想水平、道德素养和规则意识的集中体现。课题组以新时代大学生对人生道德理想、品德修养、道德价值的认知和践行为观测点，编制了"您是否将'做一名品德完善的人'作为自己的人生重要目标？""您平时十分注重自身的道德修养完善吗？""您认为当代大学生最需要具备的德性有哪些？"以及大学生个人品德修养的影响因素等题目，用以考察新时代大学生个人品德的认知与践行情况。

一、大学生对"做一名品德完善的人"的认知状况及差异性分析

品德是人的内在品性修养，也是人的存在方式。品德完善是人们的永恒价值和人生意义的内在诉求。《左传·襄公二十四年》提出"太上有立德，其次有立功，其次有立言"的"三不朽"思想，将崇德修身视为做人做事、成就不朽人生的首要前提。大学生是否愿意将"做一名品德完善的人"作为自己的人生目标，反映了该群体在"做什么人""过什么生活"等人生问题上的理论认知及道德愿望，与大学生的人生目的和人生意义选择关系密切。

（一）大学生对"做一名品德完善的人"认知状况的数据分析

调查数据显示，受访大学生对"您是否将'做一名品德完善的人'作为自己的人生重要目标"这一问题持积极认同态度的占比为85.7%。其中，受访大学生选择"是"的占71.3%，选择"偶尔是"的占14.4%，选择"无所谓"的占2.4%，选择"说不清"的占5.9%，选择"不是"的占6.0%（见图8-1）。表明绝大多数大学生认同人生道德理想，愿意把崇德修身、品德完善作为自己人生修养的重要目标；少数大学生道德意愿不坚定、道德选择模棱两可，另有少部分大学生存在道德认知误区和道德冷漠倾向。

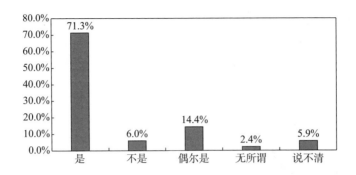

图 8-1 大学生是否将"做一名品德完善的人"作为自己的人生重要目标

（二）大学生对"做一名品德完善的人"认知状况的差异性分析

课题组以性别、学科、政治面貌和是否独生子女为依据，对调查数据进行单因素方差分析发现，不同类别大学生群体对是否将"做一名品德完善的人"作为自己人生重要目标在态度上不存在显著差异（$p > 0.05$）。

女性受访大学生将"做一名品德完善的人"作为自己人生重要目标的意愿相对更加强烈，选择分别是"是"（76.0%）、"偶尔是"（13.6%）、"不是"（4.9）。男性受访大学生的选择分别是"是"（69.8%）、"偶尔是"（16.1%）、"不是"（7.8%）。表明女性对"做一名品德完善的人"这一道德理想表现出较为强烈的道德意愿（见图 8-2）。

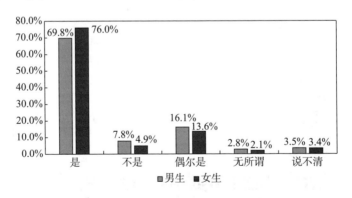

图 8-2 不同性别大学生是否会将"做一名品德
完善的人"作为自己的人生重要目标

不同学科背景的受访大学生对人生道德目标的认同度整体差异不大，选择"是"的比例依次是，工科大学生（74.6%）、文科大学生（73.8%）、理科大学生（71.5%）（见图8－3）。

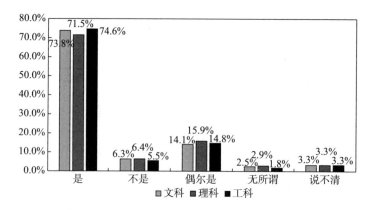

**图8－3　不同学科大学生是否将"做一名品德
完善的人"作为自己的人生重要目标**

对不同政治面貌受访大学生对人生道德目标认同度的数据分析发现，认同度由高到低依次为党员（79.2%）、团员（72.3%）、群众（63.6%）（见图8－4）。这说明由于党员和团员受访大学生接受过系统党课教育，参与党组织活动较多，他们的思想政治觉悟较高，对自己的道德要求和道德期待也高。

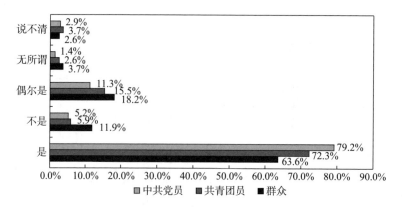

**图8－4　不同政治面貌大学生是否将"做一名
品德完善的人"作为自己的人生重要目标**

以是否独生子女为条件进行数据差异性分析发现，独生子女的选择分别为"是"（74.3%）、"偶尔是"（13.7%）、"不是"（6.5%），非独生子女性大学生的回答分别为"是"（72.2%）、"偶尔是"（15.5%）、"不是"（6.1%）。这说明是否为独生子女在人生道德理想追求上的整体差异不大（见图8-5）。

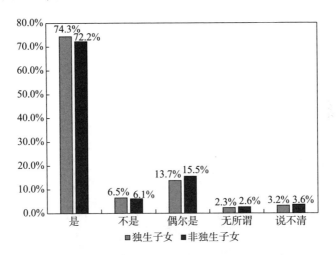

图8-5　独生子女和非独生子女大学生是否
将"做一名品德完善的人"作为自己的人生重要目标

二、大学生对"当代大学生最需要具备的德性"的认知状况及差异性分析

德性或品德是个人道德素养的重要标志，也是个人趋向至善的追求和选择。对诸多品德条目重要性的排序反映了大学生关于道德品质的理解和把握，体现了新时代大学生的道德价值观。道德价值观是大学生个人品德的核心，强调人生价值目标和道德责任，即人"应该如何"的问题，是大学生进行道德判断和道德选择的前提。个人品德修养状况往往通过自己对于"他者"的责任心、诚心、孝心、爱心等道德认知、道德情感和道德信念体现出来。调查数据显示，受访大学生认为当代大学生最需要具备的德性依次是责任心（76.5%）、诚心（58.9%）、孝心（50.0%）、爱心（47.6%）和公心（32.9%）（见图2-13）。

课题组以性别、政治面貌为依据，对调查数据进行单因素方差分析。数据显示，不同类别大学生对于当代大学生最需要具备德性看法的差异性不显著（$p > 0.05$）。

不同性别大学生数据分析结果表明，男性受访大学生认为当代大学生最需要具备的德性依次是责任心（73.5%）、诚心（57.2%）、孝心（47.5%）、爱心（44.7%）、公心（32.9%）、其他（1.9%）。女性受访大学生认为当代大学生最需要具备的德性依次是责任心（78.7%）、诚心（60.0%）、孝心（52.2%）、爱心（49.8%）、公心（32.8%）、其他（0.8%）。比较分析发现，女生相对更加看重"责任心""诚心""孝心"和"爱心"在个人道德品质中的地位（见图8－6）。

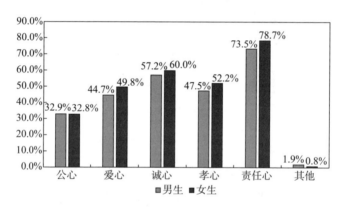

图8－6 不同性别大学生认为当代大学生最需要具备的德性

以政治面貌为条件进行交叉分析发现，受访党员大学生认为最需要具备的德性依次是责任心（74.7%）、诚心（57.4%）、孝心（51.2%）、爱心（48.1%）、公心（34.7%）、其他（1.3%）。受访团员大学生的选择依次是责任心（76.9%）、诚心（59.0%）、孝心（50.4%）、爱心（47.6%）、公心（32.5%）、其他（1.3%）。受访群众大学生的选择依次是责任心（76.2%）、诚心（61.8%）、孝心（44.8%）、爱心（44.1%）公心（31.6%）、其他（1.8%）。这表明不同政治面貌受访大学生对"最需要具备的德性"这一问题看法的差异性不显著（见图8－7）。

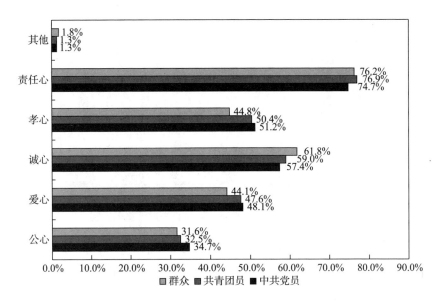

图 8－7　不同政治面貌大学生认为当代大学生最需要具备的德性

三、大学生对"平时十分注重自身的道德修养完善"的认同状况及差异性分析

重视自身道德修养完善是锤炼个人道德品质、提升道德境界的重要途径。大学生个体平时是否重视自身的道德修养完善，可以从一个侧面反映其对个人品德修养完善的认知认同及践行状况。调查数据显示，受访大学生对"平时十分重视自身的道德修养完善"的回答依次是，非常重视（63.8%）、重视（20.9%）、偶尔为之（12.1%）、不重视（1.1%）、无所谓（0.5%）、说不清（1.6%）（见图8－8）。这说明多数受访大学生对自己的道德品质有较高的期待，重视自己的道德修养完善和道德品格锤炼，但仍有小部分受访大学生对自身的道德修养重视度偏低，极少数受访大学生呈现出道德认知模糊和道德认知冷漠现象。

以性别、学科、政治面貌和是否独生子女为依据，对调查数据进行单因素方差分析。调查数据显示，不同类别大学生对自身道德修养完善的重视程度存在显著差异（$p < 0.05$，得分越低，代表该类大学生越注重自身的道德修养完善）。

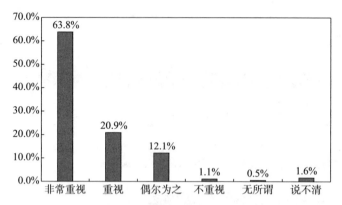

图8-8 大学生平时是否注重自身的道德修养完善

以性别为条件进行分析发现，女性大学生为1.95，男性大学生为2.04（见图8-9）。进一步比较分析显示，受访女性大学生比男性大学生平时更注重自身的道德修养完善。

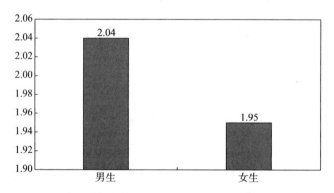

图8-9 不同性别的大学生关于道德修养完善的认知差异

以学科为条件进行分析发现，文科学生为1.96，理科学生为2.04，工科学生为2.01（见图8-10）。表明受访文科大学生比理科和工科大学生平时更注重自身的道德修养完善。

以政治面貌为条件分析发现，党员学生为1.83，团员学生为2.03，群众学生为2.20（见图8-11）。表明受访党员大学生比团员和群众大学生平时更注重自身的道德修养完善。

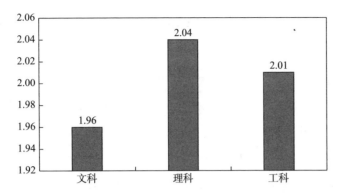

图 8 - 10 不同学科背景的大学生关于道德修养完善的认知差异

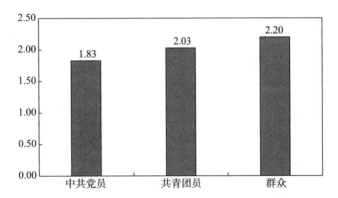

图 8 - 11 不同政治面貌的大学生关于道德修养完善的认知差异

以是否独生子女为条件分析发现，独生子女大学生受访者为 1.97，非独生子女大学生受访者为 2.02。表明独生子女大学生比非独生子女大学生平时更注重自身的道德修养完善（见图 8 - 12）。

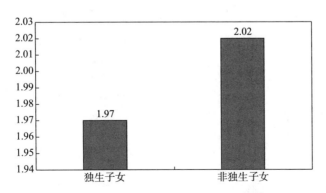

图 8 - 12 是否独生子女的大学生关于道德修养完善的认知差异

四、大学生对"对您的道德品质影响最大的环境"的认知状况及差异性分析

个体道德品质是多方面因素共同作用的结果，既受个人认知状况影响，又受教育引导等客观环境的制约。从总体上，大学生认为家庭、社会和学校对个人道德品质的影响最大。调查数据显示，受访大学生认为对道德品质影响最大的因素依次是家庭（39.2%）、社会（30.1%）、学校（24.4%）、说不清（3.4%）、其他（2.9%）（见图1-40）。这表明新时代大学生最看重家庭美德教育在大学生个人道德品质认知和养成中的基础性作用，其次是社会道德环境的熏陶和学校道德教育引导。

分别以性别、学科、政治面貌、是否独生子女为参照对调查数据进行差异性分析，发现不同类别大学生对影响个人道德品质最重要因素的认知不存在显著差异（$p > 0.05$）。

以性别为条件进行数据分析显示，男性受访大学生认知依次是家庭（36.5%）、社会（33.0%）、学校（23.4%）、说不清（3.6%）、其他（3.5%）。女性受访大学生的认知依次是家庭（41.5%）、社会（27.5%）、学校（25.4%）、说不清（3.2%）、其他（2.4%）。表明不同性别受访大学生均认为家庭、社会、学校对个体道德品质影响最大，其中，女生更认同家庭教育对个人道德品质完善的引导和潜移默化作用（见图8-13）。

以学科背景为条件进行数据分析发现，文科受访大学生的认知依次是家庭（40.2%）、社会（30.2%）、学校（23.8%）、说不清（3.1%）、其他（2.7%）；理科受访大学生的认知依次是家庭（36.5%）、社会（29.8%）、学校（26.7%）、说不清（3.7%）、其他（3.3%）；工科受访大学生的认知依次是家庭（40.0%）、社会（30.7%）、学校（22.8%）、说不清（3.8%）、其他（2.7%）。相对而言，文科大学生更看重家庭品德教育对个体道德品质的熏陶和引导（见图8-14）。

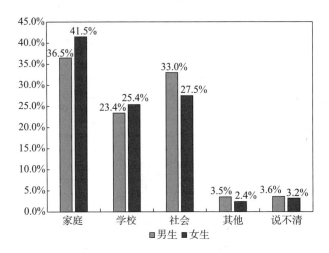

图 8-13　不同性别的大学生对影响个体道德品质最重要因素的认知状况

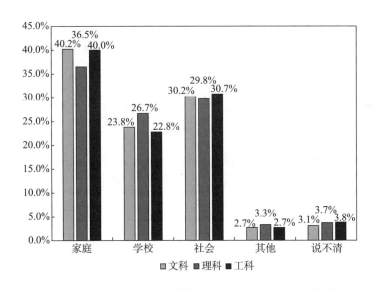

图 8-14　不同学科大学生对影响个体道德品质最重要因素的认知状况

以政治面貌为条件进行数据分析发现，受访党员大学生的认知由高到低依次是家庭（40.7%）、社会（29.3%）、学校（25.4%）、说不清（2.9%）、其他（1.7%）；受访团员大学生的认知由高到低依次是家庭（38.8%）、社会（29.8%）、学校（24.6%）、说不清（3.7%）、其他（3.1%）；受访群众大学生的认知由高到低依次是家庭（39.7%）、社会

（34.1%）、学校（19.3）、其他（4.6%）、说不清（2.3%）。表明不同政治面貌受访大学生对影响个体道德品质最重要因素的认知差异不明显（见图8－15）。

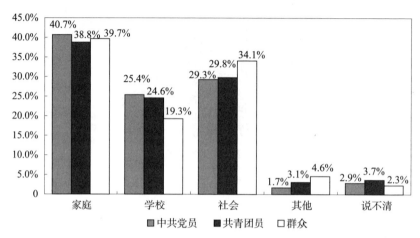

图8－15　不同政治面貌的大学生对道德品质影响因素的认知状况

以是否独生子女为条件进行数据分析发现，独生子女大学生受访者的认知是家庭（42.3%）、社会（29.9%）、学校（21.5%）、说不清（3.2%）、其他（3.1%），非独生子女大学生受访者的认知是家庭（36.9%）、社会（30.1%）、学校（26.8%）、说不清（3.5%）、其他（2.7%）。可见，独生子女大学生受访者更看重家庭品德教育，非独生子女大学生受访者更看重学校品德教育（见图8－16）。

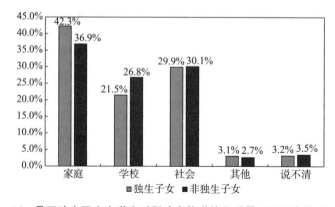

图8－16　是否独生子女大学生对影响个体道德品质最重要因素的认知状况

五、大学生对"哪种媒体对您的道德思想影响最大"的认知状况及差异性分析

调查发现，新媒体已经成为影响新时代大学生道德观念和道德行为选择的最大媒体和最重要因素。因此，加强网络内容建设，营造良好的网络道德环境，也是新时代提升大学生个人品德修养的重要任务之一。调查数据显示，受访大学生认为对道德思想影响最大的媒体由高到低依次是，新媒体（35.2%）、电影电视（31.6%）、书籍（23.5%）、报刊（6.1%）、其他（2.9%）、广播（0.7%）（见图8-17）。

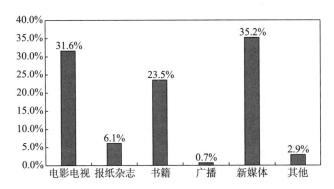

图8-17 大学生对影响个体道德思想最大媒体的认知状况

分别以性别、学科、政治面貌、是否独生子女为参照进行差异性分析发现，不同类别大学生对影响道德思想最大的媒体的看法不存在显著差异（$p > 0.05$）。

以性别为条件进行数据分析发现，男性受访大学生认为对思想道德影响最大的媒体由高到低依次是新媒体（32.2%）、电影电视（31.1%）、书籍（24.8%）、报纸杂志（7.2%）、其他（3.9%）、广播（0.8%），女性受访大学生的认同度依次是新媒体（37.9%）、电影电视（32.1%）、书籍（22.3%）、报纸杂志（5.2%）、其他（2.0%）、广播（0.5%）。表明不同性别大学生在影响个体道德思想影响最大媒体的认知方面不存在明显差异（见图8-18）。

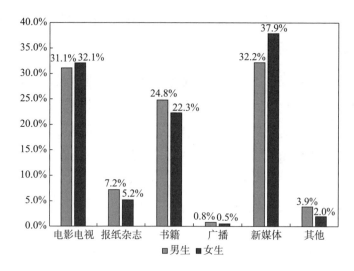

图 8-18　不同性别大学生对影响个体道德思想最大媒体的认知状况

以学科为条件进行数据分析发现，受访文科大学生认为对道德思想影响最大的媒体由高到低依次是新媒体（36.9%）、电影电视（30.6%）、书籍（24.1%）、报纸杂志（6.0%）、其他（2.0%）、广播（0.4%）。受访理科大学生认为由高到低依次是电影电视（34.1%）、新媒体（32.6%）、书籍（21.7%）、报纸杂志（7.0%）、其他（4.0%）、广播（0.6%）。受访工科大学生认为由高到低依次是新媒体（36.4%）、电影电视（30.6%）、书籍（23.6%）、报纸杂志（4.9%）、其他（3.2%）、广播（1.3%）。可见，不同学科背景的大学生均认为新媒体、电影电视、书籍影响最大（见图 8-19）。

以政治面貌为条件进行数据分析发现，受访党员大学生认为对道德思想影响最大的媒体由高到低依次是新媒体（36.7%）、电影电视（32.4%）、书籍（22.0%）、报纸杂志（5.3%）、其他（2.8%）、广播（0.8%）。受访团员大学生认为由高到低依次是新媒体（35.2%）、电影电视（31.4%）、书籍（23.7%）、报纸杂志（6.2%）、其他（2.9%）、广播（0.6%）。受访群众大学生认为由高到低依次是新媒体（31.9%）、电影电视（31.6%）、书籍（25.3%）、报纸杂志（6.6%）、其他（3.6%）、广播

（1.0%）。可见，不同政治面貌受访者对影响个体道德思想最大媒体的认知不存在显著差异（见图 8 – 20）。

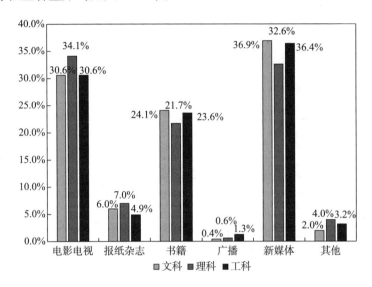

图 8 – 19　不同学科大学生对影响个体道德思想最大媒体的认知状况

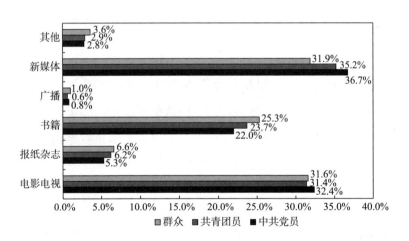

图 8 – 20　不同政治面貌大学生对影响个体道德思想最大媒体的认知状况

以是否独生子女为条件进行数据分析发现，受访独生子女大学生认为对道德思想影响最大的媒体由高到低依次是新媒体（37.5%）、电影电视（29.7%）、书籍（23.2%）、报纸杂志（5.8%）、其他（3.4%）、广播

（0.4%）。受访非独生子女大学生认为是新媒体（33.3%）、电影电视（33.2%）、书籍（23.8%）、报纸杂志（6.3%）、其他（2.5%）、广播（0.9%）。这表明是否独生子女在该问题上的认知不存在显著差异（见图8-21）。

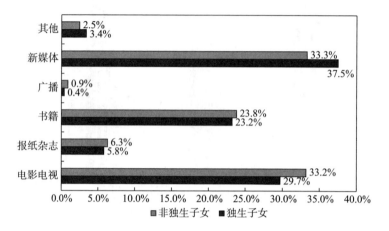

图8-21　是否是独生子女大学生对影响个体道德思想影响最大媒体的认知状况

六、大学生对"最能约束人的道德行为的因素"的认知状况及差异性分析

客观和主观的、历史和现实的等多种因素往往交织在一起，相互作用、共同影响和约束个人的道德行为。调查数据显示，受访大学生更加看重法律政策的硬约束力。调查数据显示，受访大学生认为最能约束人道德行为的因素由高到低依次是，法律政策（38.5%）、家风家训（19.7%）、良心谴责（15.6%）、社会舆论（11.5%）、风俗习惯（11.1%）、媒体监督（1.9%）、其他（1.7%）。这说明受访大学生对法律政策的道德约束力认同度最高，其次是家风家训和良心谴责。社会舆论和风俗习惯属于社会道德规范，对人道德行为的约束力认可度相近，不容忽视。相对于个体道德品质形成的影响力，媒体监督对人道德行为的约束力最小（见图8-22）。

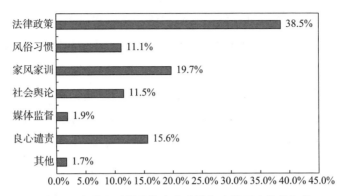

图 8 - 22 大学生对最能约束人道德行为的因素的认知状况

课题组分别以性别、学科、政治面貌、是否独生子女为条件进行差异性分析发现,不同类别大学生在该问题的认知上不存在显著差异($p >$ 0.05),对法律政策的认同度均超过三成。

以不同性别为条件进行数据分析发现,受访男性大学生认为最能约束人道德行为的因素由高到低依次是法律政策(38.9%)、家风家训(19.0%)、良心谴责(14.0%)、风俗习惯(12.3%)、社会舆论(11.6%)、媒体监督(1.9%)、其他(2.3%);受访女性大学生的认同度由高到低依次是法律政策(38.1%)、家风家训(20.4%)、良心谴责(17.0%)、社会舆论(11.4%)、风俗习惯(10.0%)、媒体监督(2.0%)、其他(1.1%)。相对而言,受访女性大学生更看重良心谴责对个人道德行为的约束力(见图 8 - 23)。

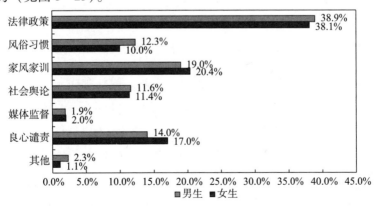

图 8 - 23 不同性别大学生对最能约束人道德行为的因素的认知状况

以不同学科为条件进行数据分析发现，受访文科大学生认为最能约束人道德行为的因素由高到低依次是法律政策（38.3%）、家风家训（18.4%）、良心谴责（15.5%）、社会舆论（12.2%）、风俗习惯（12.0%）、媒体监督（2.0%）、其他（1.6%）。受访理科大学生的认同度依次是法律政策（40.0%）、家风家训（20.3%）、良心谴责（14.0%）、社会舆论（11.2%）、风俗习惯（11.2%）、其他（1.7%）、媒体监督（1.6%）。受访工科大学生的认同度依次是法律政策（38.2%）、家风家训（21.8%）、良心谴责（16.6%）、社会舆论（10.3%）、风俗习惯（9.6%）、媒体监督（2.1%）、其他（1.4%）。可见，不同学科背景受访者对最能约束人道德行为的因素这一问题的认知差异不显著（见图8-24）。

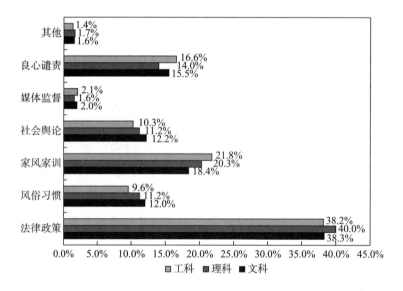

图8-24　不同学科大学生对最能约束人道德行为的因素的认知状况

以是否独生子女为条件进行数据分析发现，受访独生子女大学生认为最能约束人道德行为的因素由高到低依次是法律政策（39.8%）、家风家训（18.9%）、良心谴责（16.0%）、社会舆论（12.1%）、风俗习惯（9.7%）、媒体监督（1.8%）、其他（1.7%）。受访非独生子女大学生的认同度由高到低依次是法律政策（37.4%）、家风家训（20.4%）、良心谴责（15.2%）、风俗习惯（12.1%）、社会舆论（11.1%）、媒体监督

（2.0%）、其他（1.8%）。表明是否独生子女对最能约束人道德行为的因素这一问题的认知差异不显著（见图8－25）。

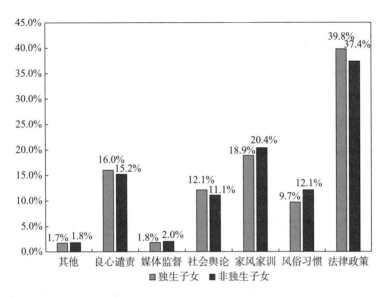

图8－25 是否独生子女大学生对最能约束人道德行为的因素的认知状况

以政治面貌为条件进行数据分析发现，受访党员大学生认为最能约束人道德行为的因素由高到低依次是法律政策（40.7%）、家风家训（19.9%）、良心谴责（14.5%）、社会舆论（12.0%）、风俗习惯（9.6%）、媒体监督（2.2%）、其他（1.1%）。受访团员大学生的认同度由高到低依次是法律政策（38.1%）、家风家训（19.8%）、良心谴责（15.9%）、社会舆论（11.4%）、风俗习惯（11.0%）、媒体监督（1.9%）、其他（1.9%）。受访群众大学生的认同度由高到低依次是法律政策（36.5%）、家风家训（18.0%）、良心谴责（15.7%）、风俗习惯（14.4%）、社会舆论（11.6%）、其他（2.5%）、媒体监督（1.3%）。表明不同政治面貌的受访大学生对最能约束人道德行为的因素这一问题的认知差异不显著（见图8－26）。

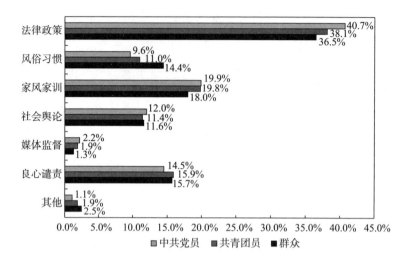

图 8-26　不同政治面貌大学生对最能约束人道德行为的因素的认知状况

第二节　大学生个人品德状况的特点及原因分析

个人品德是大学生把外在道德规范内化为自己的心理特点、内在品性和行为方式的结果，是大学生品德修养和道德行为的统一，兼具公德和私德双重属性。新时代大学生个人品德认知状况与家庭品德引导、社会道德环境熏陶、学校个人品德教育实效性密切相关。前文调研数据显示，受访大学生个人品德总体状况向好，且呈现自身鲜明特征。

一、大学生个人品德认知的主要特点

课题组对相关调查数据进一步研究发现，新时代大学生个人品德呈现以下主要特点：道德主体性逐步凸显，道德认知模糊或冷漠现象在一定范围内存在；道德价值取向上更敬重义务心和责任心，部分大学生的利己主义价值取向不容忽视；对道德自律原则认同态度积极，更加重视法律政策对个人道德行为的硬约束力。

（一）道德主体性和道德冷漠并存

多数受访大学生在人生目标和道德修养方面具有自觉性和主动性，表达了良好的道德意愿和道德期待，个人品德认知彰显了鲜明的主体性特点；部分受访大学生在该问题上体现出被动性和消极性倾向，道德认知冷漠现象在一定范围内存在，应予以重视。

1. 多数大学生的道德主体性彰显

人无德不立，品德是为人之本，也是个体寻求人生意义和尊严的内在要求。人是道德的主体，没有人的参与也就无所谓道德。从本质上讲，品德关涉"做什么人""怎样做人"的问题。因此，品德是人生理想和人生修养目标的重要内容。道德主体性是人的主体性在道德行为中的具体体现，指个人在追求向上向善的道德活动中的自我约束性和自我超越性。调查数据显示，71.3%的受访大学生将"做一名品德完善的人"作为自己重要的人生追求和奋斗目标，反映出新时代大学生对自身发展具有较高期望。有什么样的人生目标和道德期望就意味着用什么方式去改造社会、完善自我。大学生树立崇高的理想信念是更好地实现人生价值、提升人生境界的前提。心之所向，身之所往。高尚的人生追求能够唤醒大学生的道德意识和道德责任，从而引导大学生自觉把个人道德素养提升与增强本领才干结合起来，把个人理想同社会发展、国家繁荣、民族复兴结合起来。克己修身方有德性。人性是复杂的，"人在道德上是善恶并存的：善恶面对面地存在于人'最初场所'的中心。"[①] 为了抑制人性恶，做品德完善之人，多数大学生把个人品德完善与人生理想和人生目标紧密结合起来，在日常生活中自觉遵守道德规范，锤炼个人道德品质，守护正义。84.7%的受访大学生对个人道德品质完善和美好生活有较高的期待，他们在平时注重自身品德完善。

"人能弘道，非道弘人。"[②]（《论语·卫灵公》）。意思是说，人是道德

① 齐格蒙特·鲍曼. 后现代伦理学 [M]. 张成岗，译. 南京：江苏人民出版社，2003：12.
② 孔子. 论语 [M]. 杨伯峻，杨逢彬，注译. 长沙：岳麓书社，2018：200.

的主体承担者，个人品德要求人们发挥主观能动性以弘扬"道"，即注重自身品德修养提升，崇尚正义、传播真理，以使更多人知晓"道"、信仰"道"。新时代大学生把道德品质完善作为自己的人生奋斗目标，主动追求崇高和意义，重视个人品德践履，彰显了道德的主体性要求。大学生道德主体性发挥对于进一步激发大学生积极投身现代化建设的内在动力，催生向上向善的道德行为，形成讲道德、尊道德、守道德的舆论氛围和生活秩序意义重大。

2. 少数大学生的道德认知模糊或冷漠应予以重视

个人品德是主体在长期的道德实践中，使"道德原则、义务、高尚纳入到了我们的个性、本性之中，成了一种真正稳定地属于我自己的东西"①。良善品质不是主体偶发道德行为的结果，而是在长期反复的道德实践中，不断将道德规范内化、沉淀为自己稳定的行为方式和道德习惯的结果。正如黑格尔所言："一个人做了这样或那样一件合乎伦理的事，这不能说他是有德的；只有当这种行为方式成为他性格中的固定因素时，他才可以说是有德的。"② 道德冷漠的形成与主体的价值取向、情感态度相关，如道德行为中的忽视、无视或不履行道德义务等都是心理冷漠的表现。

调查数据显示，近两成以上的受访大学生对自身道德修养选择"无所谓"和"说不清"，表面看似乎是对个体道德修养持价值中立态度，然而，当面对多种利益诱惑和自由选择时，对个体道德修养持消极、不重视态度的大学生往往会主动摒弃主流道德规范和价值观念，表现出消极的心理倾向和情感态度。因为，当道德主体缺少道德情感能力或共情能力时，很难做出恰当的道德判断和道德选择。极少数大学生明确表示"不会"和"不重视"，反映了该类大学生群体的道德感差，主动放弃道德义务，在个人品德认知上冷漠无情。

（二）敬义与重利交织

义利之辩在中国传统哲学中占核心位置。儒家重义轻利，肯定谋取合

---

① 何怀宏. 伦理学是什么 [M]. 北京：北京大学出版社，2015：180－181.
② 黑格尔. 法哲学原理 [M]. 范扬，张企泰，译. 北京：商务印书馆，2011：215.

乎道义的个人利益，主张以义统利，倡导通过完善个人品德修养来积极关照外部世界，要求人们做任何事情都是为了道义考量、扶危济困、匡扶正义，而不是为了个人利益。调查数据显示，新时代大学生个人品德认知呈现出敬义和重利交织的矛盾状况。

1. 多数受访大学生对道德义务和责任高度认同

义是人之为人的本质要求，是个人品德的重要内容。义优先于利在中国传统思想史上一直占主导地位，敬义体现了主体积极的人生态度和向善的价值取向。敬义促使主体不断进行自我约束，自觉抑制"利己心""嫉妒心""恶念"等消极心理和负面情感，守护"责任心""同情心""诚心""爱心"等积极心理和正向情感态度。《周易》记载："君子敬以直内，义以方外，敬义立而德不孤。"品德修养完善之人秉持道义，严肃认真，要求自我约束和担当责任，用心做合乎正义之事。大学生敬重义务意味着社会责任感强、家国情怀深厚、遵纪守规、自律自强。因为，"离开了祖国需要、人民利益，任何孤芳自赏都会陷入越走越窄的狭小天地。"[①]调查数据表明，新时代大学生普遍认同责任心（76.5%）是大学生最需要具备的德性（见图 2 –13），不同类别大学生对"责任心"的认同比例均在七成以上（图 8 –6—图 8 –7）。这说明，责任担当是新时代大学生最应当具有的个人品德，同时也反映了大学生关于个人品德修养应然状态的认知和意愿。爱国是大学生对自己祖国最深沉、最持久的情感，是大学生的首要美德，也是大学生成长成才根本所在。关于"您对'国家兴亡，匹夫有责'的看法？"的前文调查数据也显示出新时代大学生勇于担当国家发展和民族振兴重任的精神，60.8%的大学生表示"很有意义，国家兴亡关乎我们每个人"。说明多数大学生对道德原则的核心问题以及自己所处的时代认知比较清晰，表达了愿意在为国家奉献、为社会服务、为集体尽责中奉献自己聪明才智的道德愿望。关于"您对身边同学的考试作弊、论文抄袭等行为的看法是？"的前文调查数据显示，76.6%的大学生群体明确

---

① 习近平 . 在纪念五四运动 100 周年大会上的讲话 [M]. 北京：人民出版社，2019：7.

表示自己坚决不会作弊和抄袭。反映了新时代大学生认同遵规守纪的道德规范，积极守护校纪校规，具有较高的责任意识和规则意识。

2. 部分受访大学生利己主义价值取向

利己主义是一种不容忽视的价值倾向和道德认知。利己主义者宣称："即使一个人可能为他人的利益所行动，他也应该只做他认为对自己最有利的事情，一种道德生活就是不断追求自己的最大利益的生活。"① 道德实践中，利己主义只关心自我利益，他人的、集体的、社会的、国家的利益只是顺势而为，不是主动关切的范围，或者说他人只是实现自我利益的手段。利己主义分为心理利己主义与伦理利己主义。前者认为个人的自私本性决定其在心理动机上是自私自利的，它直接影响主体做出利己的道德选择和道德判断；后者关涉道德原则和规范，强调应该这么做，它为主体的价值选择提供理论依据。

前文调查数据显示，部分大学生道德认知模糊，存在利己主义价值取向。32.7%的大学生对"天下兴亡，匹夫有责"比较认同，但自己并没有切身行动，这说明部分大学生虽有较为正确的道德认知，具有初步的国家意识和责任意识，但由于对个人与祖国之间关系认知模糊，道德义务和道德责任意识淡薄，道德践行能力较弱。4.0%的大学生表示"不太认同，感觉离自己的现实生活很远"。说明少数大学生割裂或错置个人利益与国家前途命运的关系，否认个人发展对于国家繁荣的现实意义。另有0.5%的大学生明确表示"完全不认同，认为只要自己过得好就行"（见图1－37）。这说明，极少数大学生坚持以自我利益为出发点和归宿，否认自我与国家之间的相互依存和情感依恋关系，割裂个人价值实现与国家发展、民族复兴和前途命运的密切联系。严禁考试作弊和论文抄袭是大学生不可抗拒的义务和责任，具有权威性和普遍性。在对这一道德规范认知清晰的情况下，16.3%的大学生从自己的情感和利害关系出发，考虑到自己有时也会偶尔为之，想象自己作弊或抄袭也会被发现，于是心有不忍而给予作

---

① 程炼. 伦理学导论［M］. 北京：北京大学出版社，2008：8.

弊者更多的理解和宽容，反映了典型的心理利己主义价值取向。与此同时，当面对个人利益与集体利益之间的矛盾冲突时，18.1%的大学生选择"先考虑个人利益，再考虑集体利益"，2.3%的大学生选择"只考虑个人利益"，18.4%的大学生选择"说不清"，这一结果更为直观地反映了部分受访大学生的利己主义价值取向（见图1-32）。

（三）认同自律与重视他律相交融

自律是个人品德的基础，也是个人品德修养的最高原则，是品德良善之人应有的内在修为。马克思历来看重道德自律对陶冶个人品格、完善道德修养的重要性，强调"道德的基础是人类精神的自律，而宗教的基础是人类精神的他律"①。所谓道德自律，"就是道德主体借助于对自然和社会规律的认识，借助于对现实生活条件的认识，自愿地认同社会道德规范，并结合个人的实际情况践行道德规范，从而把被动的服从变为主动的律己。"② 由此看来，自律以尊重规律和法则为前提，以他律为条件，具有主动性、自觉性和约束性。所谓他律是指道德主体在道德行为中被动消极地受主体以外的价值准则和道德力量支配。因此，判断自律还是他律的主要依据是，"道德价值的根据在哪里，是在主体自身的理性自身，还是在主体理性之外的什么力量"③。在道德实践中，一个人"越是能承担起巨大事业的社会责任，就越显示出他的主体性、主动性和自律能力。相反，一个不能承担社会责任和义务的人，正是缺乏主体性和自律能力的人"④。新时代大学生个人品德认知呈现出较高的道德自律认同，要更加重视外在制度规范对人的道德行为的硬约束力。

1. 受访大学生普遍认同道德自律原则

自律是个人品德修养的基础，道德规范只有通过个人的自律才得以实现其意义和价值。习近平总书记强调，做人做事第一位的是修身立德，大

---

① 马克思恩格斯全集：第1卷［M］．北京：人民出版社，1995：119．
② 宋希仁．"道德的基础是人类精神的自律"释义［J］．道德与文明，2003（3）：4-7．
③ 宋希仁．马克思恩格斯道德哲学研究［M］．北京：中国社会科学出版社，2012：52．
④ 宋希仁．马克思恩格斯道德哲学研究［M］．北京：中国社会科学出版社，2012：58．

学生要"学会谦让，学会宽容，学会自省，学会自律"①。"个人借以律己的道德准则虽然是在个人脑子里形成，在个人的心中存在，但它的内容不是从娘胎里带来的，也不是从天上掉在人的脑子里，而是来自社会生活和个人的实践。"② 新时代大学生认同自律原则是指，大学生对于道德规范、校纪校规的自觉认同，并愿意接受道德规范、人际交往原则和校纪校规的制约，这种约束力来自主体内心的自觉自愿，而不是外部强加。自律之人胸怀道德义务和道德责任，会自觉把外在原则和规范的约束力内化为自己的道德信仰和行为习惯，自律之人会主动进行自我约束、自我克制、自我调整，在道德实践中往往会呈现出从容、淡定、适度、理性，即"从心所欲，不逾矩"的文明状态。

家风家训是一个家庭在世代延续中沉淀下来的精神力量成果，渗透在日常生活的每个细节，它通过潜移默化的方式影响大学生的个性心理和行为习惯，是孕育和滋养个人道德品性的始基。前文调查数据显示，新时代大学生普遍重视自身的道德修养完善，19.7%的大学生认同家风家训对个人道德行为的约束力（在"最能约束人道德行为的因素"的认知中排第二）。家风家训具有超越家庭的属性，成为新时代大学生普遍认同的对人的道德行为具有约束力的精神力量。15.6%的大学生认同良心谴责对人的道德行为的约束力（在"最能约束人道德行为的因素"的认知中排第三）。家风家训对道德品行潜移默化的影响和良心谴责对道德行为的规约能够塑造人们合乎道德的价值倾向和内在的良心。良心即善良的道德意识，它源于人们做一个好人的道德需要。良心"不但具有使人可能达到无私利的人的道德最高境界之作用，而且具有使每个人遵守道德的巨大作用"。③ 当人们看到自己做事符合外在的道德规范要求时，随即认为自己是一个品德完善之人，并因此产生由衷的愉悦感、满足感、自豪感、欣慰感等正面的道德情感，进一步激发自己继续做好人的动力。当自己做事不符合道德规范

---

① 习近平谈治国理政：第1卷［M］．北京：外文出版社，2018：173.
② 宋希仁．马克思恩格斯道德哲学研究［M］．北京：中国社会科学出版社，2012：57.
③ 王海明．良心本性论［J］．甘肃理论学刊，2007（4）：29－47.

的基本要求时，就会因做违背道德初心而陷入良心谴责的郁闷和痛苦之中，并通过自己的道德良心进行反思、忏悔，即进行良心谴责。

多数大学生认为大学生在网络空间应自律。调查数据显示，关于"网络虚拟社会生活中可以随心所欲"的观点，48.2%的大学生表示"反对"，27.4%的大学生选择"坚决反对"，也就是说，75.6%的大学生认为个人在网络空间应自觉自律，遵循网络空间的法律法规，文明上网，不能随心所欲（见图5-20）。黑格尔认为，良心是人与自己相处时，无任何外界事物干扰的孤独状态，"已不再受特殊性的目的的束缚"，[①] 是发自内心深处的主体力量。越是在无人监督、道德规范失灵时，人的善良意志和道德良心越需要唤醒。前文调研数据表明，新时代大学生普遍认同道德自律，意识到提升自律意识和自律能力的必要性与迫切性。

2. 受访大学生更加重视制度规范对道德行为的约束力

认同道德自律并没有否定制度规范的他律性。相反，新时代大学生更加看重制度规范对人的道德行为约束力的有效性。道德自律不是闭门思过，而是以他律为前提基础。"道德是社会的人的道德，是国家的成员的道德，或者说道德是在其发展过程中终究要成为客观的、现实的个人确定自身的德，而不是虚幻的东西。"[②] 道德自律要求大学生主动自觉地认同和遵循社会主义道德原则和道德规范体系，使之内化为自己的内心信念、沉淀为自己的品德修养。系统完备定型的制度体系是外在道德规约的重要内容，也是新时代大学生个人品德形成和完善的根基。

前文调查数据显示，新时代大学生对"法律政策对人道德行为约束力"（38.5%）的认同度最高，这表明部分大学生更为看重制度规范对人道德行为的约束力，同时认识到建设中国特色社会主义法治体系，依法治国、培养法治思维的重大意义和现实价值。法律政策是以国家强制力为后盾，对社会秩序和人的道德行为发挥调节和约束作用，具有权威性、惩戒

---

① 黑格尔. 法哲学原理［M］. 范扬，张企泰，译. 北京：商务印书馆，2011：176.

② 宋希仁. 马克思恩格斯道德哲学研究［M］. 北京：中国社会科学出版社，2012：54.

性和威慑性等硬约束力。大学生对于社会舆论（11.5%）和风俗习惯（11.1%）对人道德行为约束力的认同度相近，二者均属于道德主体之外的社会道德规范力量，共同反映了外部规范对大学生道德行为的约束力。

马克思历来主张自律与他律的辩证统一。中国社会治理现代化进程中，法治与德治、他律与自律各司其职，发挥着不同的功能，即法安天下，德润人心。法治和德治相互影响、相互作用，法律的有效实施有赖于道德支持，道德践行也离不开法律约束，二者共同构成了人的道德行为边界。"做品德完善的人""过美好生活"是个人品德在理想与现实上的诉求。亚里士多德曾经指出，品德完善的人最优良，"如果不讲礼法、违背正义，他就堕落为最恶劣的动物。"① 也就是说，没有了制度的约束力，个人德性将会丧失，良好社会秩序、美好生活更是不可能实现。党的十八大以来，习近平总书记高度重视个人品德建设，一方面，推进道德立法工作；另一方面，用法治承载道德理念，不断完善相关法律制度和政策法规，坚持严格执法、公正司法，推进全民守法普法。人们的爱国奉献意识、责任担当意识、文明意识、奋斗精神、自强自律意识等不断提升。社会主义法治对个人品德建设的保障和促进作用充分彰显。对自律和他律的认知态度反映了新时代大学生理想自我和现实自我的矛盾和冲突。道德品质的应然状态是自律，说明新时代大学生普遍对自身品德修养有较高的意愿和期待。

二、影响大学生个人品德认知特点形成的主要因素

新时代大学生个人品德认知特点是多种因素共同作用的结果。前文调查数据显示，受访大学生认为社会环境的影响（34.1%）、市场经济的负面影响（19.0%）、道德教育乏力（13.1%）以及多元价值观念的影响（12.6%）等因素是当前道德问题的共同致因（见图 1-12）。另外，网络新媒体以及大学生自身因素不可忽视。

---

① 亚里士多德. 政治学 [M]. 吴寿彭，译. 北京：商务印书馆，2009：9.

（一）陌生人社会的信任危机是引发大学生道德认知冷漠的直接原因

道德认知冷漠产生的主观因素是个人道德认知偏差和道德勇气不足。"人创造环境，同样，环境也创造人。"① 人是具体的现实的人，个人品德状况受自身所处社会环境道德的制约。就当下而言，商业社会的趋利本质以及由此带来的激烈竞争对大学生个人品德认知的负面影响不容忽视。弗洛姆指出："现在的人际关系中，再也找不到多少爱与恨，人们有表面上的友好和更多表面上的公平。但在表面之下是人与人之间的距离与相互冷漠，以及大量的难以捉摸的互相不信任。"② 相关调查数据表明了新时代大学生认同道德冷漠现象的基本事实。当问及"当前我国最突出的道德问题"时，36.0%的受访大学生认为是道德冷漠，比例最高；其次是诚信缺失问题（34.0%）（见图 8-27）。与此同时，43.8%的大学生认为周围"能够始终坚持诚实守信的人不多"，1.6%的大学生认为"现在根本无诚信可言"（见图 1-35）。可见，道德冷漠与诚信缺失关系密切，诚信缺失以及由此而产生的社会信任危机成为道德冷漠现象产生的直接原因。

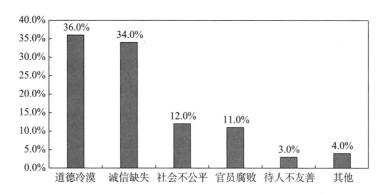

图 8-27　大学生认为当前我国最突出的道德问题

---

① 马克思恩格斯选集：第 1 卷 [M]. 北京：人民出版社，2012：172-173.
② 埃里希·弗洛姆. 健全的社会 [M]. 王人庆，等译. 北京：国际文化出版公司，2007：121.

现代社会由封闭条件下的僵化计划经济模式转向开放条件下的以自由竞争为驱动力的市场经济运行方式，由传统的"熟人社会"交往模式转向"陌生人"之间的现代人际交往方式。社会经济转型带来认知习惯、行为方式、生活方式、价值取向等观念层面的调整和变革。一方面，陌生人社会赋予人们更多的平等权和自由选择权，使个人品德的主体性得到彰显。市场经济条件下，"每一个人，在他不违反正义法律时，都应听其完全自由，让他采取自己的方法，追求自己的利益，以其劳动即资本和任何其他人或其他阶级相竞争。"① 可见，自由不是随心所欲，而是以法治为前提，对个体而言，自由权越多意味着责任就越大。陌生人社会的良序运行对人们的道德素养寄予更高期待；另一方面，变动不居的社会秩序带来人际关系疏离。现代社会的基本经济形态是竞争、利益为主要诉求的商品生产和商品交换。频繁的人员流动、复杂的交往关系、多元的现实利益削弱了原有道德规范、价值观念的神圣性和约束力。变动不居的社会转型尚在进行中，熟人社会的信任格局逐步瓦解，甚至在某种意义上处于失灵状态，曾经在熟人社会给人们提供确定性、人生意义的道德规范和信任机制遭到质疑并走向衰落，而与陌生人社会发展诉求相适应的新的信任机制尚在建设和完善之中，对大学生的道德理念和道德信仰带来巨大困扰和冲击。我们在震撼于大批"感动中国人物""最美人物"的善行善举的同时，关于"理性人""沉默人""冷漠人"的新闻报道常见于报端，这无疑增加了人们的恐惧感。面对复杂的社会环境，人们更倾向于把安全感交给"法律和警察"，② 寄希望于通过外在力量建立契约型信任机制。

当道德的力量被质疑，人们的道德情感和道德勇气更显不足，基于保全自我利益，"谨慎小心""不要与陌生人说话"③ 成为家长给孩子的第一

① 亚当·斯密. 国民财富的性质和原因的研究：下卷 [M]. 郭大力，王亚南，译. 北京：商务印书馆，1974：252.

② 弗里德里希·包尔生. 伦理学体系 [M]. 何怀宏，廖申白，译. 北京：中国社会科学出版社，1988：425.

③ 齐格蒙特·鲍曼. 流动的现代性 [M]. 欧阳景根，译. 上海：上海三联书店出版社，2002：171.

忠告，耳濡目染中内化为大学生消极被动的个性心理和行为态度。大学生的心理机制还不成熟、社会经验不足，面对复杂的道德行为很难做出理性的道德判断，无疑加重了异地求学大学生的内心不安和无助。自我利益保全、道德勇气不足、相互信任缺失直接导致部分大学生的道德冷漠。日常生活中，该群体往往忽视德性的自我培育，放弃对人生意义的追寻，其本质是拒斥道德规范，逃避道德义务和社会责任。

（二）多元价值观念是利己主义价值观产生的主要原因

多元利益诉求和多元价值观是市场经济社会的主要特征，也给大学生的道德认知和道德判断带来困扰。改革开放以来，随着社会主义市场经济体制的建立和不断完善，社会生产力得到极大的解放和发展，个人的主观能动性被激发出来。市场经济条件下，整体经济格局逐渐调整与分化，经济组织形式和经营方式日益多样化。利益主体为了实现利润诉求最大化，在激烈的自由竞争中持续生存，形成了多元价值观念。前文调查结果显示，市场经济的负面影响（19.0%）及多元价值观念的影响（12.6%）是当前道德问题的主要致因。一方面，市场经济催生了平等、自由、竞争、效率、理性等现代道德价值观念，个人的积极性、主动性、创造性等主体意识得到激发，道德主体性得到彰显；另一方面，市场经济相关规则还不完善，个人利益、多元道德价值观得到广泛认同和保护的同时，一定程度上助长了利己主义价值观在全社会范围内的传播。新时代大学生正处在人生理想确立、道德价值观的定型期，其道德选择和道德评价由于多元道德观念影响呈现出不确定和模棱两可性。多组调查数据显示，部分大学生在个人品德认知上持"无所谓"和"说不清"的情感态度，更有极少数大学生漠视社会责任，追逐绝对自由和享乐主义价值观。

经济全球化背景下，随着中西思想文化交流的日益频繁，自由主义、个人主义、享乐主义、消费主义的生活方式和价值观念传入国内，与中国现有的思想文化、价值观念发生碰撞，削弱了人们对为人民服务和集体主义价值观的情感认同。利益诉求和价值观念的多元化抽离了义利观存在的原有基石，动摇了大学生对社会主义道德观的坚定信仰。随着信息技术的发展，网络新媒体成为影响大学生道德价值观的最重要渠道。西方敌对势力往往借助互联网，以影视、综艺等为载体大肆传播资本主义意识形态，以瓦解或颠覆社会主义核心价值观为诉求。网络信息内容良莠不齐、网络语言内容低俗化、网络诈骗等网络道德失范问题时有发生，给大学生的思想认知、道德价值观带来巨大冲击。受错误思想观念和不良道德行为的影响，大学生极易混淆或错置道义与功利的关系，轻视或远离义务心和责任心，进而导致自我利益、"个人利益"优先的道德价值选择。一旦失去道德规范约束、利己主义则会片面发展为"拔一毛而利天下，不为也"的极端利己主义。

（三）高校个人品德教育的实效性和针对性有待提升

党的十八大以来，党中央高度重视大学生个人品德建设，形成了以立德树人为总目标，以服务人民、报效祖国为价值导向，以社会主义核心价值观的践行为载体，以中华传统美德为思想文化来源的一系列公民道德建设举措。习近平总书记在全国高校思想政治工作会议上指出："要用好课堂教学这个主渠道，思想政治理论课要坚持在改进中加强，提升思想政治教育亲和力和针对性，满足学生成长发展需求和期待，其他各门课都要守好一段渠、种好责任田，使各类课程与思想政治理论课同向同行，形成协同效应。"① 高校围绕时代新人培育，不断强化人生价值观教育、理想信念教育和爱国主义教育，推进思政课程与课程思政同向同行，引导大学生在理论学习中升华个人品德认知，在日常生活中做到明礼遵规、自强自律，深化对爱国奉献、勤劳善良、宽厚正直的道德体悟。新时代大学生的思想境界、价值观念、思维方式和精神风貌等发生了积极向善的变化，道德主体性进一步彰显。

同时也要看到，当前高校个人品德教育资源还没有得到充分整合，教学单位、相关职能部门存在各自为政的道德教育态势。思想政治工作、思

---

① 习近平.把思想政治工作贯穿教育教学全过程　开创我国高等教育事业发展新局面［N］.人民日报，2016 - 12 - 09（001）.

想政治理论课在个人品德教育的实效性上有待进一步提升，各类专业课程在"守好一段渠，种好责任田"的基础上，其隐性德育价值没有充分挖掘，大学生个人品德完善得不到应有的重视，在多元利益诉求和多元价值观冲击下，大学生道德认知上的困惑没有得到及时解决。前文调查数据显示，群众大学生、理科和工科类大学生在个人品德认知上的问题更为显著。这说明高校在个人品德教育理念、内容、方法上需要创新，拒绝整齐划一和强硬灌输现象。

新媒体成为对新时代大学生个人品德状况影响的最大媒体，高校对网络新媒体的德育功能还有待进一步挖掘。大学生是网络原住民，网络新媒体成为大学生人际交往、学习生活的重要手段和重要空间。调查数据显示，受访大学生认为对道德品质影响最大的媒体是新媒体（35.2%），其次是电影电视（31.6%）、书籍（23.5%）（见图8－17）。与此同时，调研数据显示，网络道德生活中的信息瞬息万变，难以辨别真假，可谓"乱花渐欲迷人眼"，诸如网络语言暴力（43.1%），网络语言、内容低俗化（23.4%），网络谣言（17.9%），网络诈骗（11.0%）等不良信息给大学生的道德认知带来巨大纷扰（见图4－5）。共有66.8%的受访大学生认为"新媒体"和"电影电视"是对道德品质影响最大的媒体，随着网络下载速率提升，网络资费下降，大学生使用手机观看影视剧及视频资料的频率日益提高，通过手机APP阅读已经成为新的读书方式。由此可见，传统媒体与新媒体在多元发展过程中呈现融合态势，共同影响着人们的思想认知和日常交往方式，网络新媒体在信息传播、舆论监督、价值引领等方面的作用日益彰显，网络信息对大学生的思想观念和道德行为进一步向纵深拓展。鉴于网络信息对大学生道德思想的巨大影响力（66.8%）和媒体监督（1.9%）对道德行为监督乏力的状况，高校应加大校园网络道德治理力度，及时回应大学生的心理期待和道德认知困惑。

（四）大学生生存环境和道德心理的差异性是主观因素

个人品德本质上是人的品行和实践智慧，是人对道德原则持续内化、沉淀为个体的个性心理的结果，是人的"内在律令"。制度规范对个人品德修养的关照和保障往往是有限的，当消极的人生态度、多元的利益诉求、参差不齐的道德行为得不到及时纠正和正确的引导时，大学生的道德心理往往会失衡，道德失范现象也会时而发生。社会道德环境越是复杂，给大学生的心理认知带来的巨大冲击和困惑就越是强烈。罗尔事件、高铁霸座等公共性事件，在引起新时代大学生高度关注和持续热议的同时，也使大学生认识到道德认知偏差一定会招致非理性的道德选择和道德行为。

新时代大学生成长在物质财富富足的时代，宽裕的经济生活给部分大学生带来错觉，似乎不用奋斗也可以享有物质财富和幸福生活，或者说，殷实的经济基础没有激发部分大学生向上向善的动力，反而动摇了大学生对远大目标和道德理想的不懈追求。部分大学生尽情享受当下，对未来发展持"佛系"态度，"万事随缘""无所谓"成为其座右铭。部分大学生逃避道德义务和责任，对国家和社会发展漠不关心，对周围的道德现象表现得冷漠无情。更有些大学生为了确证自己的存在，微博、朋友圈高调炫富。以上种种道德心理和道德行为成为影响新时代大学生个人品德认知的主观因素。

第三节　完善大学生个人品德修养的对策思考

个人品德是社会公德、职业道德、家庭美德的坚实基础，是社会文明和整个道德体系的支撑。品德是个人的魂，决定着人生的方向和高度。习近平总书记指出："一个人只有明大德、守公德、严私德，其才方能用得其所。修德，既要立意高远，又要立足平实。要立志报效祖国、服务人民，这是大德，养大德者方可成就大业。"[①] 也就是说，大学生修养好身心，立德铸魂，才能齐家治国平天下。通过对本调查结果所呈现的主要特点及其有关影响因素进行分析发现，大学生个人品德建设应以社会主义核

---

① 习近平谈治国理政：第 1 卷 [M]．北京：外文出版社，2018：173.

心价值观为引领，围绕有理想有本领有担当的时代新人培育，发挥好家庭美德教育、道德环境熏陶、学校道德教育引导的协同育德立人作用。同时，新时代大学生要"把正确的道德认知、自觉的道德养成、积极的道德实践紧密结合起来，不断修身立德，打牢道德根基"，[①] 在日常生活中提升自省自律能力，养成良好的道德修为。

一、用良好的家风家教涵养大学生个人道德品质

道德品质是人类自我完善的精神追求，是通向美好生活的必然选择。中华优秀道德文化基因是个人道德品质养成的源头活水，她熔铸在中国人的血脉中，以良好家教家风的形式传承下来，成为现代家庭文明观念的根。调查数据显示，大学生认为家庭环境（39.2%）对道德品质的影响最大（见图 1-40），家风家训（19.7%）对大学生道德行为的约束力排第二（见图 8-22）。因此，要重视家庭美德教育，用良好的家风家训筑牢大学生个人品德的根基。

家风是家庭的一种文化氛围，蕴含教化意涵，是个人精神成长的开始，也是心灵的归宿；家训是长辈对晚辈的谆谆教诲和殷切希望。良好家风家训是家庭美德的集中体现，也是家庭成员个人品德修养的重要载体。洛克指出："家庭教育不仅是基础教育，而且是主导的教育，给孩子深入骨髓的教育，是任何学校教育及社会教育所永远代替不了的。"[②] 诸葛亮对其子的殷切教诲："静以修身，俭以养德。非淡泊无以明志，非宁静无以致远。夫学须静也，才须学也，非学无以广才，非志无以成学。"（《诸葛亮·诫子书》）。《颜氏家训》教育子孙要仰慕贤才，要在潜移默化中学习；《朱子家训》引导子女学会自省，谨言慎行；林则徐"苟利国家生死以，岂因祸福避趋之"，均体现了鲜明的家国情怀。上述良好家风家训仍彰显着其时代价值和永恒魅力，是个人良好品德修养的底色。

家庭教育是大学生个人道德品质养成的起点，是扣好人生第一粒扣子

① 习近平. 在纪念五四运动 100 周年大会上的讲话 [M]. 北京：人民出版社，2019：11.
② 约翰·洛克. 约翰·洛克的家庭教育 [M]. 海鸣，译. 福州：海峡文艺出版社，2005：3.

的重要基础。家庭教育感情真挚、贴近生活，教育效果往往是润物无声、深入骨髓的。"家庭教育涉及很多方面，但最重要的是品德教育，是如何做人的教育。"① 家庭品德教育伴随孩子成长的全过程，是大学生个人品德养成的起点。习近平总书记指出："广大家庭都要重言传、重身教，教知识、育品德，身体力行、耳濡目染，帮助孩子扣好人生的第一粒扣子，迈好人生的第一个台阶。"② 新时代大学生，尤其是女性和独生子女大学生更加看重家庭教育在涵育个人道德品质过程中的作用，他们在情感上依恋家庭，重视家庭教育，认同家风家训对人的道德行为的约束作用。他们普遍认为责任心、诚心和孝心是新时代大学生最需要具备的德性，反映出大学生对担当责任、诚实待人和孝老爱亲的认同和重视，对个人在该方面的品德修养充满期待。

家长要转变单纯的智育教育理念，引导孩子在家庭劳动和日常生活中养成承担责任、诚信待人、敬重长辈的好习惯。结合孩子的心理期待，家长就共同关注的影视节目、热点话题等进行讨论，帮助大学生正确认识自我与外部世界的关系，引导大学生认识到国家和民族好，家庭和个人才能幸福的真谛，深化大学生对爱国、责任心、诚心、孝悌等价值观念的道德认知和情感认同。利用周末、节假日等关键节点组织家庭聚会，营造尊老爱幼、夫妻和睦、与人为善的家庭氛围，深化大学生对敬重长辈和赡养老人的道德认知。

家长要尤为关注男性、非独生子女大学生的家庭美德教育。在对男性、非独生子女进行家庭品德教育时，要引导他们积极参与家庭聚会，并在其中"自觉传承中华孝道，感念父母养育之恩、感念长辈关爱之情，养成孝敬父母、尊敬长辈的良好品质"③，在耳濡目染中体会"在家庭里做一个好成员"的意义。家长要身体力行做好表率，教会男孩子和非独生子女

---

① 习近平谈治国理政：第2卷［M］．北京：外文出版社，2017：354.
② 习近平谈治国理政：第2卷［M］．北京：外文出版社，2017：355.
③ 中共中央党史和文献研究院．十九大以来重要文献选编：中［M］．北京：中央文献出版社，2021：231-232.

用"忠诚、责任、亲情、学习、公益的理念"[①] 来观察社会与认知自我，激发高尚的道德情操，强化道德信念。在家庭生活中，家长要用爱心、善念滋养大学生的心灵，使美德教育像空气一样洒落在家庭每个角落，渗透在家庭成员的饮食起居和言谈举止之中，筑牢大学生个人品德修养的根基，"让美德在家庭中生根，在亲情中升华"。[②]

二、用系统完善的社会制度规范大学生道德品行

大学生个人品德完善需要良好的道德舆论氛围和道德信任机制，完善的制度体系是重建社会信任的关键，良好的社会信任机制能够滋养大学生的道德情感。因此，要重视以社会主义核心价值观营造良好的道德环境，充分利用大众传媒、网络新媒体持续弘扬和广泛践行核心价值观，引领社会思潮，凝聚社会道德价值共识，为新时代大学生个人品德完善提供良好的舆论氛围和道德环境。有关部门要运用报刊、电视、网络等公共平台宣传道德知识、道德规范，对道德领域的热点、难点问题进行引导，以事说理、以案明理，做出及时的道德评价；对违背公序良俗的言行和现象，及时进行批评、驳斥，激浊扬清，弘扬正气。在凝聚道德共识的基础上进一步弘扬主流价值观，在回应和解决大学生的道德认知困惑和道德价值观混乱问题基础上营造健康的道德环境。鉴于网络新媒体对大学生的道德思想影响最大，有关部门应特别重视媒体从业人员的道德素养和道德责任培育，让优质的信息资源净化、充盈网络空间，用青年人经常使用的网络平台定向推送弘扬主旋律的优秀文艺作品陶冶大学生道德情操，激发大学生的道德愿望。如，定期评选和表彰"感动中国人物"和"全国道德模范"，对品德失范、诚信缺失的公众人物坚决说不，引导大学生树立正确的道德价值观和偶像观。

---

① 中共中央党史和文献研究院. 十九大以来重要文献选编：中 ［M］. 北京：中央文献出版社，2021：232.

② 中共中央党史和文献研究院. 十九大以来重要文献选编：中 ［M］. 北京：中央文献出版社，2021：231.

个人品德建设是一个系统工程，需要道德教育的正向引导，完善的法律法规更是不可或缺。习近平总书记指出："要既讲法治又讲德治，重视发挥道德教化作用，把法律和道德的力量、法治和德治的功能紧密结合起来，把自律和他律紧密结合起来，引导全社会积极培育和践行社会主义核心价值观，树立良好道德风尚，防止封建道德文化沉渣泛起。"① 《纲要》也进一步强调要充分发挥制度保障作用，运用法律的手段治理道德领域的突出问题。调查数据显示，当前我国最突出的问题是道德冷漠和诚信缺失。由于诚信缺失是道德冷漠产生的直接原因，用法治手段治理道德问题要从惩治诚信缺失入手。要建立起惩戒失信失德行为的常态化机制，形成扶正祛邪、惩恶扬善的舆论氛围，引导大学生走出狭隘的利己主义价值观，积极投身各类志愿服务活动。发挥法律法规对个人品德建设的保障和促进作用，用法治的力量惩治个人的失信失德行为，在全社会形成诚信者行遍天下、失信者寸步难行的道德环境。加快制定和完善个人守信联合激励和失信联合惩戒机制，激励大学生敬畏诚信制度，重新审视自己的道德价值观，增强对个人诚信行为的认同感。简言之，滋养大学生的道德情感需要通过完善法律法规重建社会信任机制，净化社会道德环境，促使"旁观者"向"行动者"转变。使大学生在互相信任的道德氛围和丰富的道德实践中不断汲取道德滋养，从而自觉用善行感召他人，用道义的光辉润泽人心，将道德冷漠从社会土壤中驱逐出去。

三、发挥高校在涵育大学生个体优良品德过程中的主阵地作用

习近平总书记在北京大学师生座谈会上指出："要把立德树人内化到大学建设和管理各领域、各方面、各环节，做到以树人为核心，以立德为根本。"② 高校是大学生个人品德完善的主阵地，个人品德教育内容和要求要注重融入贯穿，"体现到各学科教育中，体现到学科体系、教学体系、

① 何民捷. 既讲法治又讲德治——学习习近平同志参加重庆代表团审议时关于法治与德治的重要论述 [N]. 人民日报, 2018 - 03 - 16 (007).
② 习近平在北京大学师生座谈会上的讲话 [N]. 人民日报, 2018 - 05 - 03 (002).

教材体系、管理体系建设中，使传授知识过程成为道德教化过程。"① 因此，高校应整合校内所有力量，在落实立德树人的教育教学过程中深化大学生的道德认知，培养高尚的道德情操，激发大学生向上向善的道德力量。

一是引导各类课程协同育德，助力大学生个人品德完善。大学生个人品德养成是一个长期的过程，它要求教育理念和教育内容的一惯性、教育过程的持续性。因此，要发挥好思想政治理论课在立德树人过程中的引领作用，其他各类课程要在"守好一段渠、种好责任田"的基础上，挖掘其间接德育价值，使其与思政课程协同助力大学生个人品德修养的完善。首先，优化思政课程设置和教材内容安排，分阶段、分群体、分专业，重点对大学生进行民族精神和时代精神教育、理想信念教育、集体主义精神教育，对大学生开展社会主义核心价值观和道德规范教育，使大学生自觉认清形形色色的社会思潮和错误观念，消除大学生思想道德上的迷雾和困惑。其次，发挥"课程思政"的间接育德功能。根据相关调查数据，高校尤其要发挥、挖掘理科和工科类课程的隐性德育功能，引导大学生正确认知自我与他人、社会、国家的关系，在学好专业本领的同时，正确认识新时代赋予青年人的历史使命。正如爱因斯坦在一次对年轻人的演讲中所指出的："如果你想使你们一生的工作有益于人类，那么只懂得应用科学本身还是不够的，关心人的本身，应当始终成为一切技术上奋斗的主要目标，保证我们的科学思想成果造福于人类，而不至于成灾祸，在你们埋头图表和方程时，千万不要忘了这一点。"② 学习本领，增长才干不能违背法律、道德和良知，激励大学生把个人理想追求融入国家和民族发展的事业中去，高校应该引导大学生在日常生活中，明礼遵规、正直诚信、自强自律，不断提升大学生的思想水平、政治觉悟和道德品质，鼓励大学生注重自身的道德修养提升，使自己成为德才兼备、内外兼修、知行合一的时代新人。最后，不断提升教师的思想道德素养。师者，人之模范、表率也，

---

① 中共中央党史和文献研究院．十九大以来重要文献选编：中［M］．北京：中央文献出版社，2021：231.

② 爱因斯坦文集：第三卷［M］．许良英，等译．北京：商务印书馆，2010：89.

要"让有信仰的人讲信仰，让有爱国情怀的人讲爱国"。① 因此，高校要强化师德师风建设，引导教师以德立身、以德立学、以德施教，为人、为学、为教，要以德贯之；要时时、事事、处处自省、慎独，以模范、表率作为行为要求，让教师更好地成为大学生个人品德修养完善的引路人。

二是发挥好高校"多主体"协同实践育德功能，在道德实践中培养大学生的道德情操，磨炼道德意志。社会实践是大学生将道德情感内化于心、外化为行的重要环节，对于激发大学生的爱国情感、强化责任心、锤炼道德品质意义重大。习近平总书记在全国高校思想政治工作会议上强调："要更加注重以文化人以文育人，广泛开展文明校园创建，开展形式多样、健康向上、格调高雅的校园文化活动，广泛开展各类社会实践。"② 高校要落实"党委统一领导，党政齐抓共管"的重大部署，整合马克思主义学院、教务处、共青团、学生处以及各教学单位，以"立德树人"根本任务为导向，将军事训练、志愿服务、社团活动、创新性实验、艺术实践教育以及红色教育基地等实践活动统筹起来，通过参加志愿服务活动，使大学生感悟互助合作、帮助他人的意义和价值；在军事训练、参观红色教育基地等实践活动中感悟理想信念的力量，厚植大学生的爱国情感；在艺术实践教育中，通过优秀人物的塑造，激发大学生向真向善向美的精神力量，健全大学生的道德人格。宣传部、网络处、校园管理处等单位要用好校园微博账号、微信公众号、宣传栏、显示屏等全媒体公共平台进行社会主义核心价值观宣传，营造明德守礼的浓厚氛围，用互助友好的校园环境滋养大学生的道德情怀。

三是加强校园网络管理，营造良好的网络道德环境。作为"网络新青年"，大学生对新媒体有着天然的喜好与兴趣，与传统媒体相比较，大学生更容易接受新媒体，也更愿意关注和使用新媒体。习近平总书记指出："互

---

① 中共中央党史和文献研究院. 十九大以来重要文献选编：中 [M]. 北京：中央文献出版社，2021：317.

② 习近平. 把思想政治工作贯穿教育教学全过程　开创我国高等教育事业发展新局面 [N]. 人民日报，2016－12－09（001）.

联网是一个社会信息大平台，亿万网民在上面获得信息、交流信息……"①网络新媒体自身具有传播速度快、交互性强等特点，为道德实践提供了新的载体，有利于善行善念的传播。高校要"运用新媒体新技术使工作活起来，推动思想政治工作传统优势同信息技术高度融合，增强时代感和吸引力"②。高校在使用网络新媒体引导大学生进行道德实践过程中，要加强规范化管理，完善相关制度政策，为网络道德实践有序开展提供保障。我国互联网快速增长，虽然国家在立法层面也相继出台了相关规章制度，但网络立法管控的相对滞后却是不争的事实。网络已成为当前意识形态斗争的主阵地，我们不去占领守护，就会被西方敌对势力占领，成为其渗透宣传西方意识形态话语的重要途径。因此，我们必须管好新媒体，绝不能让互联网成为法外之地，绝不能让新媒体沦为西方敌对势力进行意识形态渗透、颠覆我国政权、威胁国家安全的工具。道德教育的最终目的是内化社会道德规范，使其转化为大学生良好的品德行为。因此，应加强网络社交平台和网络公众号管理、网上热点话题和突发事件的正确引导，加大校园网络突出问题的治理力度，清理诸如欺诈、谩骂、色情等不良信息，依法惩治网络违法犯罪，为个人道德品质完善营造清朗的网络道德空间。

四是完善激励褒奖制度，发挥党员大学生的道德模范作用，激发大学生向上向善的道德意愿和道德行为。首先，完善个人品德激励褒奖制度。学校党委、各教学单位必须做好统筹工作，"要全面贯彻党的教育方针，坚持社会主义办学方向，坚持育人为本、德育为先，把思想品德作为学生核心素养、纳入学业质量标准，构建德智体美劳全面培养的教育体系。"③将个人品德修养纳入大学生奖学金及各类优秀评选系统；将是否有爱国奉献精神和担当精神作为发展大学生党员的核心条件，以此激励大学生积极向上向善、严格自律、乐于助人，在内省中不断提升自身的道德水平。其

---

① 习近平. 在网络安全和信息化工作座谈会上的讲话［N］. 人民日报，2016－04－26（002）.

② 习近平谈治国理政：第2卷［M］. 北京：外文出版社，2017：378.

③ 中共中央党史和文献研究院. 十九大以来重要文献选编：中［M］. 北京：中央文献出版社，2021：231.

次，鼓励党团员、班干部发挥示范带头作用。习近平总书记在同各界优秀青年代表座谈时提出殷切期望："青年模范人物是广大青少年学习的榜样，肩负着更多社会责任和公众期望，在青少年中乃至全社会都有着很强的示范带动作用。希望青年模范们再接再厉、严于律己、锐意进取，用自身的成长历程、精神追求、模范行动为广大青少年作好表率。"① 因此，高校要教育引导广大青年党员、团员以及学生干部时刻铭记习近平总书记的希望与要求，以身作则，自觉肩负时代使命，积极践行社会主义核心价值观，发挥好党员团员及学生干部的模范带头作用。使普通大学生在日常生活中，"学有榜样、行有示范"②，激发见贤思齐、向上向善的追求与愿望。

四、以自我教育改善大学生的个体道德修为

自律是个人品德的最高境界，也是新时代大学生个人品德完善的重要途径。调查数据显示，大学生普遍认同道德自律原则，认同良心谴责对人道德行为的约束力。内省自律是个人认同和尊重一定社会的道德原则和道德规范，并把这种外在的"约束力量当作他自己内心的约束力量加以尊重"③。其本质在于自我管理和自我约束。

学思并重是个人品德形成和完善的前提。孔子主张"君子学以致其道"，二程强调："知之深，则行之必至，无有知之而不能行者。"④ 深入细致的道德学习是大学生进行内省自律活动、做出正确道德选择的前提。大学生要通过对善的知识学习，了解什么是好品质，人应该过什么样的生活；在深化道德认知的基础上思考自己的人生意义，确立人生目标和人生理想；在对道德榜样、最美人物等群体先进事迹的学习中，运用自己的同理心和同情能力感受平凡人的善举，激发自己的向上之心和道德之力，提升自己的道德境界；在理解什么是真善美与假恶丑、知晓国家发展及社会

---

① 习近平谈治国理政：第 1 卷［M］．北京：外文出版社，2014：53 – 54.
② 中共中央党史和文献研究院．十九大以来重要文献选编：中［M］．北京：中央文献出版社，2021：232.
③ 廖申白．伦理学概论［M］．北京：北京师范大学出版社，2009：275.
④ 李敖．周子通书·张载集·二程集［M］．天津：天津古籍出版社，2016：289.

治理现代化对自己的道德期待的基础上，自觉规范自己的言行，勇于担当社会责任，选择过有意义有价值的生活。

内省慎独是个人品德完善的重要途径。"学而不思则罔"，大学生在道德认知和道德思考的基础上，通过"吾日三省吾身"，检查自己在日常生活中的行为是否符合道德规范和道德原则，反省自己的做法是否损害到他人的、集体的和国家的利益，是否伤及无辜。通过"见贤思齐""见不贤而内省"，大学生诉诸良心进行自我肯定、自我谴责、自我修正，能够使自己的德性趋向完善，道德修养境界获得提升。其一，内省使大学生自觉守护道德信念，尊崇美德，坚决抵制恶行。尤其在网络新媒体背景下，法律规范的约束力相对有限，内省慎独律更为重要和必要。其二，慎独是指在没有人在场监督或独处时仍守护心中的善良意志、道德良心、道德信念，用道德规范严格要求自己。慎独是主体慎言谨行、自觉遏制自己的欲望而达到道德修养的自为自律境界，充分彰显了个人品德的主体性。慎独自省使大学生对于自己的不道德行为由于良心不安而感到内心恐惧，也可使大学生对于自己的善念善行更加坚定和自信，即使在独处或无人监督的情况下，也能超越外界纷繁复杂的物欲干扰，陶冶道德情操，坚守道德信念。具体而言，内省慎独能够促使大学生静以修身、俭以养德，通过自我教育、自我培育端正道德认知、守护个人道德信念、提升个人品德的修养境界。

正确的道德认知是大学生个人品德完善的前提，在日常生活中，实现知行合一是个人品德的本质要求。孔子曰"听其言而观其行"[①]，王阳明指出："知者行之始，行者知之成。"[②]（《传习录》）。这些都强调了道德实践对于大学生个人品德修养完善的重要性。换言之，新时代完善大学生品德修养，需要引导大学生在正确的道德认知指导下，回归日常生活，把自己的专业知识及艺术特长与重大活动、敬老救孤、法律援助、文化支教、环境保护等主题活动结合起来，在积极参与道德实践中弘扬奉献、友爱、互助、进步的志愿精神，反思自身道德修养的不足，自觉锤炼个人的道德品

---

①　孔子. 论语 [M]. 杨伯峻，杨逢彬，注译. 长沙：岳麓书社，2018：59.

②　张文治. 国学治要：全3册 [M]. 北京：北京理工大学出版社，2014：1139.

质，养成良好的生活方式和道德习惯。大学生应在积极参与绿色家庭、绿色校园、绿色出行以及垃圾分类等行动中，深化人与自然关系的道德认知和情感认同，进而增强节约意识、环保意识和生态意识，养成节约适度、低碳的生活方式。

总之，内省自律促使大学生立足于日常生活，不断进行自我检视、自我鞭策，"见善则迁，有过则改"①（《周易·益》），将道德信仰外化为自己的道德习惯。内省自律促使大学生从点滴小事做起，在培养对于家人、同学、集体的爱心、诚心、责任心和公心的过程中，培养自己对于家庭美德、职业道德和社会公德的认同感和敬畏感，在道德实践中增强自己的社会责任感和历史使命感，养成良好道德品行，提升个人思想道德境界。

---

① 刘玉建. 两汉象数易学研究［M］. 南宁：广西教育出版社，1996：817.

第九章　大学生对中华传统美德的
认同状况调查与分析

党的二十大报告指出："实施公民道德建设工程，弘扬中华传统美德，加强家庭家教家风建设……推动明大德、守公德、严私德，提高人民道德水准和文明素养。"① 青年大学生是祖国的未来、民族的希望，大力弘扬中华传统美德，加强对青年大学生的中华优秀道德文化传统教育，对于培养中华优秀道德文化传统的继承者和弘扬者，推动社会主义公民道德建设具有基础性作用。

第一节　大学生对中华传统美德认同状况及差异性分析

中华传统美德是中华民族传统文化的核心，是不同时代人们行为方式、风俗习惯、价值观念和文化心理的集中体现，也是中国历代思想家对中华民族道德实践经验的总结、提炼和概括。它既是中华文明的鲜明标识、精髓，也是社会主义道德建设的不竭源泉。为了考察青年大学生对中华民族传统美德的认知、认同的基本状况，课题组设计了"您认为当代中国最值得传承的中华传统美德是什么？""您对'国家兴亡，匹夫有责'的传统爱国观念的看法"以及"您对'己所不欲，勿施于人'的传统为人处

---

① 习近平. 高举中国特色社会主义伟大旗帜　为全面建设社会主义现代化国家而团结奋斗——在中国共产党第二十次代表大会上的报告［M］. 北京：人民出版社，2022：44.

世之道的看法?"三个问题。在此基础上,又设置了爱国、诚信、仁爱、孝悌、礼义、和谐和勤俭等多个关涉美德传统的观测点,设计问卷,开展调查。

一、大学生对最值得传承的中华传统美德的认同状况及差异性分析

（一）大学生对最值得传承的中华传统美德认同状况的数据分析

为了解当前我国大学生对于中华优秀传统道德的基本看法,诸如诚信、仁爱、孝悌、礼义、和谐、知耻和勤俭的认知、认同情况,课题组设计了"您认为当代中国最值得传承的中华传统美德是什么?"一题。调查数据显示,受访大学生认为当代中国最值得传承的中华传统美德依次是诚信（76.6%）、仁爱（43.9%）、孝悌（42.1%）、礼义（37.6%）、和谐（31.9%）、知耻（27.5%）和勤俭（18.3%）（见图4-13）。

（二）大学生对最值得传承的中华传统美德认同状况的差异性分析

课题组以性别、学科、政治面貌和是否独生子女为依据,对这一问题的调查数据进行差异性分析,发现不同性别、学科、政治面貌以及是否为独生子女大学生群体对于当代中国最值得传承的中华传统美德的看法差异性不显著（$p > 0.05$）。

其一,从不同性别大学生的数据分析比较中可以看出,男性受访大学生认为当代中国最值得传承的中华传统美德依次是诚信（75.6%）、仁爱（43.2%）、孝悌（40.4%）、礼义（35.6%）、和谐（30.5%）、知耻（28.5%）和勤俭（19.8%）;女性受访大学生认为当代中国最值得传承的中华传统美德依次是诚信（77.4%）、仁爱（44.4%）、孝悌（43.6%）、礼义（39.4%）、和谐（33.1%）、知耻（26.7%）和勤俭（17.0%）。不同性别大学生对七个指标的认同比率略有差异,但其前后排序完全一致（见图9-1）。

其二,从不同学科大学生的数据分析比较中可以发现,文科受访大学生认为当代中国最值得传承的中华传统美德依次是诚信（75.8%）、仁爱

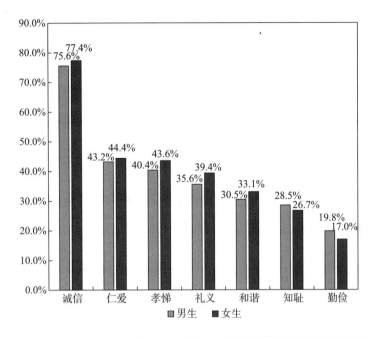

图 9 - 1　不同性别的大学生认为当代中国最值得传承的中华传统美德

（45.6%）、孝悌（40.7%）、礼义（39.5%）、和谐（30.3%）、知耻（28.1%）和勤俭（16.7%）；理科受访大学生认为当代中国最值得传承的中华传统美德依次是诚信（76.3%）、孝悌（43.6%）、仁爱（43.4%）、和谐（34.2%）、礼义（33.5%）、知耻（23.8%）和勤俭（18.6%）；工科受访大学生认为当代中国最值得传承的中华传统美德依次是诚信（78.2%）、孝悌（43.3%）、仁爱（40.2%）、礼义（37.2%）、和谐（31.5%）、知耻（31.5%）和勤俭（21.2%）。可以看出，不同学科受访大学生对于七个指标的排序略有差异；但是在最值得传承的中华传统美德中，共同对"诚信"表现出最高认可度，对"勤俭"的认同度最低。

其三，从不同政治面貌大学生的数据分析比较中可以看出，党员受访大学生认为当代中国最值得传承的中华传统美德依次是诚信（77.5%）、仁爱（44.8%）、孝悌（43.8%）、礼义（37.2%）、和谐（31.8%）、知耻（26.4%）和勤俭（19.5%）；团员受访大学生认为当代中国最值得传承的中华传统美德依次是诚信（77.1%）、仁爱（44.0%）、孝悌

（42.4%）、礼义（37.8%）、和谐（32.0%）、知耻（28.0%）和勤俭（17.9%）；群众受访大学生认为当代中国最值得传承的中华传统美德依次是诚信（70.3%）、仁爱（40.4%）、礼义（37.1%）、孝悌（35.3%）、和谐（30.5%）、知耻（26.6%）和勤俭（19.0%）。党员和团员受访大学生对于七个指标的排序完全一致，对于每一指标的认同程度有微小差异，受访群众大学生对于七个指标的排序与党员、团员受访大学生略有差异。

其四，从是否独生子女大学生的数据分析比较中可以看出，受访独生子女大学生认为当代中国最值得传承的中华传统美德依次是诚信（76.5%）、仁爱（42.3%）、孝悌（40.1%）、礼义（38.7%）、知耻（29.8%）、和谐（29.1%）和勤俭（16.2%）；受访非独生子女大学生认为当代中国最值得传承的中华传统美德依次是诚信（76.7%）、仁爱（45.2%）、孝悌（43.8%）、礼义（36.8%）、和谐（34.0%）、知耻（25.6%）和勤俭（20.0%）。是否独生子女大学生对于七个指标的排序略有差异，但是在最值得传承的中华传统美德中，他们同样表现出对诚信的认可度最高，对勤俭的认可度最低（见图9-2）。

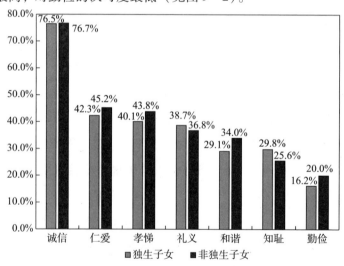

图9-2 独生子女和非独生子女大学生认为
当代中国最值得传承的中华美德

总体调研数据和差异性数据分析结果均显示：受访大学生对中华传统美德中勤俭的认同度最低。这表明中华优秀传统美德的存在内容和存在形式应随着时代的发展、变化和需要，不断赋予新的内涵和表现形式。

二、大学生对"己所不欲，勿施于人"的传统为人处世态度的认同状况及差异性分析

（一）大学生对"己所不欲，勿施于人"为人处世态度认同状况的数据分析

"己所不欲，勿施于人"出自《论语·颜渊》，是先秦儒家倡导的基本处世原则，也是中华传统优秀道德文化的鲜明标志。调查数据显示，绝大多数受访大学生（83.0%）对于"己所不欲，勿施于人"传统为人处世度持认同态度。其中，43.9%的大学生选择"非常赞同"，39.1的大学生选择"赞同"，14.0%的大学生选择"比较赞同"，仅有3.0%的受访大学生选择"不赞同"和"说不清"（见图9-3）。

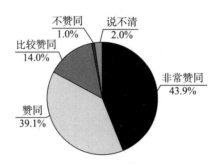

图9-3 大学生对"己所不欲，勿施于人"为人处世观点的认同情况

（二）大学生对"己所不欲，勿施于人"为人处世态度认同状况的差异性分析

课题组以性别、学科、政治面貌、是否独生子女为依据，对调查数据进行差异性分析。数据显示，不同性别、学科、政治面貌、是否独生子女的大学生群体对"己所不欲，勿施于人"为人处世态度的看法存在显著差异（$p < 0.05$）。

其一，不同性别的大学生对"己所不欲，勿施于人"的看法存在显著差异（$p < 0.05$）。其中，女生的得分（1.70）显著低于男生的得分（1.80）（得分越低代表越认同），表明相较于男生，女生对"己所不欲，勿施于人"的认同程度更高（见图9-4）。

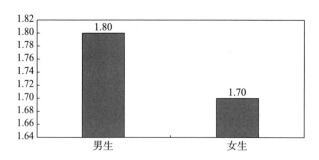

图9-4 不同性别大学生对"己所不欲，勿施于人"为人处世态度差异性

其二，不同学科大学生对"己所不欲，勿施于人"的认同度差异明显（得分越低代表越认同）。单因素方差分析的数据结果表明，文科、工科、理科大学生对这一问题的看法存在显著差异（$p < 0.05$），文科学生的得分（1.71）显著低于工科（1.75）和理科学生的得分（1.81）。这说明相较于理科和工科，文科受访大学生对"己所不欲，勿施于人"传统为人处世态度的认同程度最高（见图9-5）。

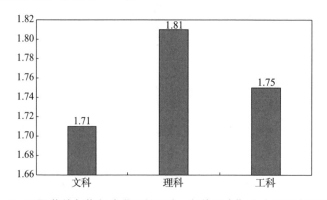

图9-5 不同学科大学生对"己所不欲，勿施于人"为人处世态度差异性

其三，不同政治面貌的受访大学生，即党员、团员、群众对"己所不欲，勿施于人"的认同度差异较为明显（得分越低代表越赞同）。数据显示，党员、团员、群众对"己所不欲，勿施于人"的看法存在显著差异（$p < 0.05$）。其中，党员的得分（1.65）显著低于团员（1.75）和群众（1.96）的得分，团员的得分也显著低于群众的得分（见图9-6）。这表明相较于团员、群众，党员受访大学生对"己所不欲，勿施于人"的认同度最高，团员受访大学生次之。表明个体政治信仰、政治立场在一定程度上会影响其为人处世原则的选择。

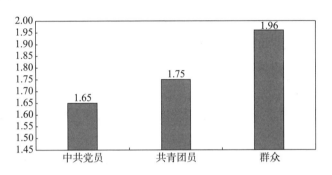

图9-6　不同政治面貌大学生对"己所不欲，勿施于人"为人处世态度差异性

其四，独生子女和非独生子女受访大学生对"己所不欲，勿施于人"的认同度差异较为明显（得分越低代表越认同）。数据显示，独生子女和非独生子女受访大学生对"己所不欲，勿施于人"的看法存在显著差异（$p < 0.05$），独生子女的得分（1.70）显著低于非独生子女的得分（1.78）。这说明相较于非独生子女，独生子女对"己所不欲，勿施于人"的认同度更高（见图9-7）。

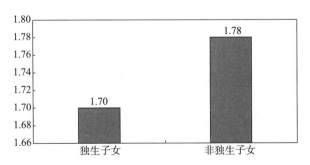

图9-7　独生子女和非独生子女大学生对"己所不欲，勿施于人"为人处世态度差异性

第二节 大学生认知与践行中华传统美德的 总体状况、存在问题与原因分析

重视并加强对青年大学生的中华优秀传统文化教育，特别是中华优秀道德文化传统的涵育，对于培养中华优秀传统美德的继承者和弘扬者，推动传统美德的传承与创新，加强社会主义道德建设具有基础作用。《纲要》特别指出："中华传统美德是中华文化精髓，是道德建设的不竭源泉。要以礼敬自豪的态度对待中华优秀传统文化，充分发掘文化经典、历史遗存、文物古迹承载的丰厚道德资源，弘扬古圣先贤、民族英雄、志士仁人的嘉言懿行，让中华文化基因更好植根于人们的思想意识和道德观念。"① 因此，让中华传统美德的基因深深植入青年大学生的思想意识和道德观念，也是新时代公民道德建设的重要目标和任务之一。党的十八大以来，全国各级各类高校普遍重视并加强对青年大学生的中华优秀传统文化教育，取得了一系列突出成效。

一、大学生认知、践行中华传统美德取得的成绩

前文调查数据显示，受访大学生对中华传统美德的认同、学习和践行意愿越来越高，对中华传统美德中的仁爱、诚信、孝悌、爱国等主要德目，均保持着很高的认同态度。究其原因主要在于：

一是中共中央、国务院出台了一系列政策和举措，如中共中央办公厅、国务院办公厅印发《关于实施中华优秀传统文化传承发展工程的意见》，提出"中华优秀传统文化蕴含着丰富的道德理念和规范，如天下兴亡、匹夫有责的担当意识，精忠报国、振兴中华的爱国情怀，崇德向善、见贤思齐的社会风尚，孝悌忠信、礼义廉耻的荣辱观念，体现着评判是非

---

① 中共中央党史和文献研究院. 十九大以来重要文献选编：中 [M]. 北京：中央文献出版社，2021：230.

曲直的价值标准，潜移默化地影响着中国人的行为方式"①。教育部颁布了《关于完善中华优秀传统文化教育指导纲要》，指出培养学生感悟传统美德与时俱进的品质，自觉以中华传统美德律己修身，践行中华优秀传统美德，弘扬中华优秀传统文化。② 这些文件的颁布实施，大大增强了各地高校对中华优秀传统文化教育的关注和重视。例如，许多高校在本科生通识教育中增加优秀传统文化教育课程的开设，在哲学社会科学及相关学科专业中增加中华优秀传统文化研究领域和研究方向，为广大青年学生了解、认识和学习中华优秀传统道德创造了良好的条件。

二是社会各界积极开展形式多样、丰富多彩的弘扬传承优秀传统文化活动，创新传统文化的传播内容和传播方式。习近平总书记在十八届中共中央政治局第十二次集体学习时强调"要继承和弘扬我国人民在长期实践中培育和形成的传统美德，坚持马克思主义道德观、坚持社会主义道德观，在去粗取精、去伪存真的基础上，坚持古为今用、推陈出新，努力实现中华传统美德的创造性转化、创新性发展，引导人们向往和追求讲道德、尊道德、守道德的生活，让 13 亿人的每一分子都成为传播中华美德、中华文化的主体"③。为了响应习近平总书记提出的对中华优秀传统文化进行创造性转化和创新性发展的新要求，社会各界积极开展形式多样、丰富多彩的弘扬传承优秀传统文化的活动，创新传统文化的传播内容和传播方式。例如，中央电视台开发建设了《诗词大会》《平语近人》《群英会》等优秀传统文化的新栏目，强调通过诵读中华传世经典传承中华传统美德，借助"家庭国学联盟"的方式，以习近平新时代中国特色社会主义思想为指导，以中国特色社会主义文化为统领，以家庭为单位传承和弘扬中华优秀传统文化，培育和践行社会主义核心价值观，普及国学常识，再造书香门第。这些活动不仅在全社会掀起了诵读学习传统经典，弘扬传承传统习俗的热潮，而且在一定程度上激发了大学生对中华优秀传统文化、传

---

① 关于实施中华优秀传统文化传承发展工程的意见［N］. 人民日报，2017 – 01 – 26 (006).

② 《完善中华优秀传统文化教育指导纲要》印发［EB/OL］. (2014 – 04 – 01)［2023 – 05 – 09］. http://www.gov.cn/xinwen/2014 – 04/01 content_ 2651154. htm.

③ 习近平谈治国理政：第 1 卷［M］. 北京：外文出版社，2018：160 – 161.

统美德的认同感。

二、大学生认知、践行中华传统美德存在的主要问题

前文调查数据显示，受访大学生对中华优秀传统道德认同情况总体状况和趋势向好，也存在一些突出问题。诸如部分大学生对中华传统道德存在认知偏差、知行不一或不能与时俱进等较为突出的问题。

（一）部分受访大学生对中华民族的传统美德存在认知偏差

前文调查数据显示，受访大学生对中华优秀传统道德的认同度显著提升。一是绝大多数的受访大学生认为，中华传统诚信、仁爱、孝悌、礼义、和谐、知耻和勤俭等美德都应该被继承和弘扬。例如，对于"己所不欲，勿施于人"的传统为人处世态度认同率占受访大学生总数的97.0%，对"国家兴亡、匹夫有责"的传统爱国观念的认同率占93.5%，对传统诚信的认同率占76.6%。与此同时，课题组通过对问卷中其他问题的交叉分析和个别访谈发现：受访大学生对优秀传统道德文化的全面认知和了解程度不够。二是受访大学生对不同类别传统道德德目的认同或理解程度存在偏差或模糊认知。调查数据显示，对"当代中国最值得传承的中华传统美德"的调查结果显示，受访大学生对诚信的认可度高达76.6%，但是对中华民族的传统美德勤俭的认同率只有18.3%，表明受访大学生对优良道德传统尚未形成系统、全面的认知，尤其对勤俭这一传统美德普遍存在不当理解；对"现代家庭生活中最应坚持的传统道德规范"这一问题的调研数据显示，受访大学生对勤俭持家（35.1%）和邻里团结（29.0%）的认同率明显偏低（见图9-8）。

（二）部分受访大学生对中华民族传统美德存在较为明显的知行不一现象

调查数据显示：受访大学生对优秀传统美德普遍存在认知、认同态度高和践行意愿偏低的矛盾。例如，受访大学生对传统诚信认同率高达76.6%，但选择能够忠实践行诚信的人只占受访大学生总数的50.6%，认为"诚信是福"的受访大学生也只占受访大学生总数的54.4%。对于"国

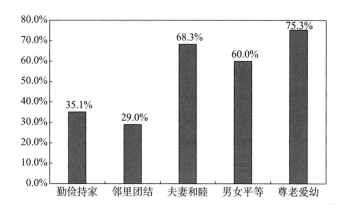

图9-8　大学生认为现代家庭生活中最需要坚持的传统道德规范

家兴亡，匹夫有责"这一中华民族传统美德，93.5%的受访大学生认为它与每个人的利益、命运息息相关，但被问及自身能否身体力行、付诸实践时，做出肯定答复的仅占受访大学生的60.8%。调查数据显示，多数受访大学生认为，道德冷漠和诚信缺失是当前我国社会生活各个领域表现最为突出的道德问题（见图9-9）。这一数据与受访大学生对传统诚信道德的高认同率形成对比，表明部分受访大学生对中华民族优秀传统道德的认知更多停留在思想意识层面的认知、认同，未能真正转化为自身的道德行为准则或行为习惯。国内学者的相关研究也表明，在道德结构维度上，受访青年学生的道德意志的得分最高，平均分为4.05；其次是道德认知，平均分为3.65；再次是道德情感，平均分为3.46；最后是道德行为，平均分为2.83。① 在道德时代发展维度上，传统道德平均分4.30，转型期道德平均分3.28，前者明显高于后者。

另外，调查数据显示，28.7%的受访大学生对将"做一名品德完善的人"作为自己人生的重要目标持消极态度（见图9-10），15.3%的受访大学生对"您平时就十分注重自身的道德修养和完善吗"这一问题态度消极（见图9-11）。

---

① 王伟忠，郑小方. 大学生道德社会化的多维透视：基于浙江省大学生的实证研究 ［J］. 中国青年研究，2016（03）：102-107.

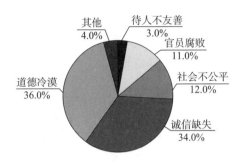

图9-9 大学生认为当前我国最突出的道德问题

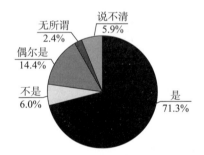

图9-10 大学生对"是否将'做一名品德完善的人'
作为自己的人生重要目标"问题的态度

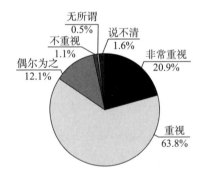

图9-11 大学生对"平时十分注重自身的道德修养完善"问题的态度

这表明相当一部分受访大学生不重视，甚至忽视个体道德修养的提升和道德人格的完善，且没有将个体道德人格提升确定为自身的道德理想。这一调研数据也从一个侧面佐证部分受访大学生在中华传统美德方面出现的明显知行不一现象。古人云："履，德之基也，德者，行也，非言也。"[1]躬行践履是个体德性涵养的基础，也是把中华传统美德落到实处的重要手段，更是对其实现创造性转化与创新性发展的根本。

三、大学生在认知、践行中华传统美德过程中存在问题的原因分析

调查数据显示，影响大学生对中华民族道德传统认知、认同的因素十分复杂，它们依次是：家庭环境（39.2%）、社会环境（30.1%）和学校环境（24.4%）（见图9－12）。

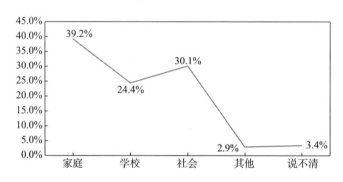

图 9－12　大学生对"道德品质影响最大的环境"问题的态度

（一）家庭环境影响

家庭是社会的基本细胞，是个体道德养成的起点，也是个体道德品性萌芽、开始的地方，担负着个体道德启蒙的重要作用。影响个体道德品行形成或塑造的家庭环境影响因素很多，涉及家庭生活的方方面面，主要包括家风家教，家庭氛围，经济条件，居住环境以及父母或家庭主要成员的性格、品性、教养和教育观念等。这些因素都会在潜移默化中影响大学生对传统家庭道德的态度和行为选择。前文调查数据显示，受访大学生对我国家庭传统美德勤俭持家、邻里团结的认同度普遍较低。究其原因，课题组认为，一是由于改革开放以来，我国经济社会发展取得了巨大成就，广

---

[1]　姜军，孙镇平. 中国伦理化法律的思考［M］. 北京：华文出版社，1999：69.

大社会成员的家庭经济状况、生活条件都得到了显著提高，绝大多数家庭都能为子女提供良好的生活和学习条件。加之当前我国社会的核心家庭成员多为独生子女，他们多数出生于改革开放后，深受改革开放成果的惠泽，相对富足优越的物质成长环境，很大程度上影响了他们对中华民族勤俭持家等传统家庭美德的认同和接纳。二是随着改革开放政策的不断深入，特别是市场经济影响下，我国居民住房制度、户籍制度发生的根本性变革，广大民众的居住环境、居住方式、社会交往以及生活理念也随之发生了根本性的变化，新的居住方式和独立社区拉大了人与人之间的距离，邻里之间缺乏亲密度和同质性，甚至彼此都不曾相识，而且新的社会交往关系将邻里关系排在亲属、朋友和同事等对象之后，这些都在一定程度上影响了和谐团结邻里关系的确立，也在很大程度上影响了大学生对我国传统熟人社会中形成的邻里团结、互助美德传统的认同和接纳程度。三是长期困扰广大民众优质教育资源短缺的社会现象，一定程度上影响了家长正确教育观念的确立，许多家长迫于子女成长压力、求学压力和就业压力，逐渐将子女培养的重心转移到子女智力的开发、学习成绩的提高上，忽视了对孩子心智和心理健康状况的关怀，道德品质的培养，道德人格的塑造。这种教育理念引发的直接后果，就是对中华民族传统家庭美德教育的忽视和缺位。

（二）社会环境影响

《纲要》指出，在国际国内形势发生深刻变化，我国经济社会深刻变革的大背景下……一些地方、一些领域不同程度地存在道德失范现象，拜金主义、享乐主义、极端个人主义仍然比较突出；一些社会成员道德观念模糊甚至缺失，是非、善恶、美丑不分等现象，强调这些问题存在或者出现，既与我国"市场经济规则、政策法规、社会治理还不够健全"有关，也与"不良思想文化侵蚀和网络有害信息的影响"有关。[①]

本次调查过程中相关问题的调研数据与《纲要》中的上述结论与高度吻

---

① 中共中央党史和文献研究院. 十九大以来重要文献选编：中［M］. 北京：中央文献出版社，2021：227.

合。例如，调查数据显示，当前导致我国道德问题最重要的原因是社会环境的影响（34.1%），其次是市场经济的负面影响（19.0%）（见图 1 – 11）。另外，35.2%的受访大学生认为新媒体是影响大学生道德思想状况的重要因素（见图 9 – 13）。

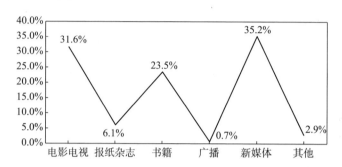

图 9 – 13 大学生对"哪种媒体对道德思想影响最大"问题的态度

课题组认为，部分受访大学生在此次问卷调查过程中，表现出对不同类别民族传统美德的认同或理解程度存在偏差或模糊认知，如对勤俭持家和邻里团结的认同率明显偏低，在对爱国、诚信等传统美德方面存在明显知行不一等现象，这源于我国改革开放以来经济社会领域发生的深刻变革，市场经济自发性、逐利性负面因素影响范围的扩大，以及西方多元价值观念、多种社会思潮的冲击，特别是充斥于互联网空间的各种网络有害信息，如部分国外媒体对我国民族传统文化，特别是民族传统价值观念的恶意抹黑、诋毁，极大影响了大学生对我国优良传统美德认知、认同的态度，以及正确传统道德价值观的塑造和确立。

（三）学校环境的影响

苏联著名教育家苏霍姆林斯基说："要记住，你不仅是教课的教师，也是学生的教育者、生活的导师和道德的引路人。"[①] 因此，结合基础教育、职业教育、高等教育等不同学段的学习特点、学习要求，对大学生进

———————

① Ｂ. Ａ. 苏霍姆林斯基. 给教师的建议：修订本 全1册［Ｍ］. 杜殿坤，编译. 北京：教育科学出版社，1984：99.

行优良道德传统教育，充分发挥教师作为学生道德、生活引路人的作用，提升大学生传统道德教育的针对性、实效性，也是学校道德教育的重要目标。调查数据显示，部分受访大学生认为，道德教育乏力（13.1%）是引发我国道德问题的主要原因之一（见图1-12）。从学校传统文化教育课程设置层面看，当前我国高校的确存在传统文化教育的教育时效和针对性不强，教育效果不好等突出问题。究其原因，一方面，与多数学校对传统文化道德教育课程的开设处于自发阶段，未能建立完善的传统文化道德教育体制机制有关。尽管有些学校在通识教育中开设了一些涉及传统文化或传统道德教育的课程，但教育规模普遍很小，教育内容也缺乏系统性、针对性，多数学校没有建立起将优良传统道德文化有机融入通识课程和专业课程中的课程建设机制，使得大学生很难形成对自己国家民族优秀道德传统的系统、全面、准确的认识。因此，如何结合高等教育的学情特点和大学生群体的道德认知规律，开发优质传统文化或传统道德教育资源，建立科学完善的高校传统道德文化教育体系，实现传统道德文化与现代文化、现实社会的有机融合，是新时代解决学习道德文化教育乏力问题的迫切需要。

　　另一方面，大学生正处于个性、人格形成的关键阶段。他们个体意识、自我意识、创新意识强烈，而自律、自省意识相对较弱，对自身未来的职业、生活理想关注较多，而对个体自身道德理想的确立和道德人格的塑造重视不够。这些主观因素在一定程度上影响了部分受访大学生对民族优良传统道德的认同、践行。调查结果显示，近四成的受访大学生认为，最能约束人道德行为的因素是法律政策（见图8-23）。这表明，外在法律法规依然是大学生普遍认同的有效道德行为约束力量。事实上，内心信念、良心、风俗习惯以及社会舆论才是约束人们遵守道德、敬畏道德的真正力量。因此，将优良传统道德内化为大学生个体道德品质和道德行为习惯，同样需要大学生自身建立起对优秀传统道德的强烈求知欲望、情感共鸣和行为认同。

　　总之，社会是一个人终身都要面对的大环境。纷繁复杂的社会环境和现实问题，都可能影响甚至改变大学生的道德价值观念和行为选择。学校作为大学生道德教育的主阵地，是传统道德教育的主渠道，在大学生道德品格的形成、塑造过程中发挥着极为重要的作用。多数调查结果说明，增强大学生对民族优良传统道德的认同与传承，提高大学生的传统道德修养，塑造优良道德品格，一方面要充分发挥大学生个体自身的主体性作用；另一方面要正视优秀传统道德这一客体的特殊性，将教育重点放在学校教育上，辅之以良好的家庭教育和优良社会环境氛围的营造。

第三节　引领大学生继承和弘扬中华民族优秀传统道德的对策思考

党的十八大以来，习近平总书记围绕传承中华民族优良道德传统做了一系列重要论述。提出中华传统美德是中华文化精髓，蕴含着丰富的思想道德资源，强调只有不忘本来才能开辟未来，只有善于继承才能更好创新。[①] 因此，引导大学生正确认识和把握中华优秀传统道德在公民道德建设中的重要地位，通过深入发掘文化经典、历史遗存、文物古迹承载的丰厚道德资源，不断增强民族传统道德的吸引力、感染力，及其应对各种思想文化和社会思潮交流交融交锋时的影响力，坚定大学生对中华民族优良道德传统的文化自信和历史自信，激发大学生对中华民族优良道德传统的道德认同、情感共鸣，使之成为大学生群体道德精神生活和行为实践的鲜明标识，需要社会、学校、家庭，乃至大学生个体协同发力、群策群力。

一、注重发挥社会教育的引领推广作用

首先，充分发挥社会主义核心价值观的教育引领作用。党的二十大报

---

① 习近平谈治国理政：第 1 卷［M］．北京：外文出版社，2018：164．

告指出："社会主义核心价值观是凝聚人心、汇聚民力的强大力量。"① 习近平总书记也多次强调"我们要以更大的力度、更实的措施加快建设社会主义文化强国，培育和践行社会主义核心价值观，推动中华优秀传统文化创造性转化、创新性发展，让中华文明的影响力、凝聚力、感召力更加充分地展示出来"②。社会主义核心价值观作为社会主义核心价值体系的内核，既反映了社会主义核心价值体系的丰富内容和实践要求，为高校立德树人提供了价值依据和价值遵循，也为新时代党和国家凝聚人心、汇聚民力提供了强大的思想和精神力量。其本身蕴含着十分丰富的传统道德价值理念，从孔子的"仁""爱"、孟子的"民本""仁政"、荀子的"义""礼"，到老子的"道法自然"、庄子的"万物齐一"等理念，无不体现出社会主义核心价值观理念与中华民族传统道德价值观念的高度融通与契合性。因此，立足新发展阶段，积极引导大学生继承和弘扬中华民族优良的道德传统，应坚持以社会主义核心价值观为主线，建构大学生传统道德教育内容体系，将社会主义核心价值观在国家、社会、个人层面的道德要求，贯穿高校传统道德教育的全过程，积极打造具有鲜明地域或行业特色的传统道德教育模式，不断强化大学生对中华传统美德的认同感，激励大学生自觉成为中华传统美德的坚定继承者和弘扬者。

其次，重视发挥数字技术和新媒体平台的教育推广作用。习近平总书记指出："数字技术正在以新理念、新业态、新模式全面融入人类经济、政治、文化、社会、生态文明建设各个领域和全过程，给人类生产生活带来广泛而深刻的影响。"③ 数字时代传播的"无屏障性"、更新的快速性、迭代的动态性，一方面大大增大了高校思想政治教育工作的难度，使高校思想政治教育的政治环境、社会环境、文化环境等更加多元和复杂，工作对象、教学模式、育人过程等受到冲击，也深刻地冲击和影响着大学生的

---

① 习近平. 高举中国特色社会主义伟大旗帜　为全面建设社会主义现代化国家而团结奋斗——在中国共产党第二十次代表大会上的报告 [M]. 北京：人民出版社，2022：44.
② 习近平. 在第十三届全国人民代表大会第一次会议上的讲话 [J]. 求是，2020 (10)：2.
③ 习近平向 2021 年世界互联网大会乌镇峰会致贺信 [N]. 人民日报，2021 – 09 – 27 (001).

思想观念、价值取向、行为模式和生活方式；另一方面也极大提升了高校思政工作的针对性、时效性和渗透力，对新时代大学生思想政治素质、价值取向和道德观念的形成和塑造产生了诸多积极影响和积极作用。置身在数字化变革时代，面对大数据和人工智能这一人类社会发展总趋势，高校能否因事而化、因时而进、因势而新地推进传统思政工作的数字化转型，打造数智化育人环境，实现学校思政工作传统优势与数字思政的深度融合，已经成为新时代推动高校思政工作创新发展，检验高校思政工作效度的关键因素。也正是从这个意义上，课题组认为，借助社会生活各个领域的各类数字新媒体教育平台，对大学生开展形式新颖、灵活多样的民族优秀传统美德宣传和教育，是新时代加强和改进传统美德教育针对性、时效性，提升教育效果的必然选择。具体做法包括：一是加大力度鼓励和支持主流媒体精心打造弘扬和传承优秀道德文化传统的节目，通过充分利用文化资源贡献工程、公共电子阅览室建设工程、数字图书馆推广计划等推动弘扬民族优秀传统美德精品佳作产生。二是相关监管部门或单位要持续加强对各类数字新媒体的监督、管理，确保各类媒体传播宣传的节目、作品或栏目内容的科学准确性、权威公正性，努力为青年大学生打造一个清朗、洁净的数字新媒体环境。

二、充分发挥学校教育的主阵地作用

首先，充分发掘传统文化中承载的丰厚道德资源。《纲要》提出，要充分发掘文化经典、历史遗存、文物古迹中所承载的丰厚道德资源。因此，新时代加强高校传统道德教育，应紧密结合立德树人的根本任务，把传统道德中蕴含的丰富道德资源融入高校各类课程或教材体系。例如，结合思政课、专业课、选修课、通识课等各类不同课程的课程特点，有针对性地开展以"天下兴亡、匹夫有责"为重点的家国情怀教育，以仁爱共济、立己达人为重点的社会关爱教育，以勤俭持家、俭以养德为重点的家庭道德教育以及以正心笃志、崇德弘毅为重点的人格修养教育等，不断提升大学生对优秀传统道德文化的认同感。与此同时，有条件的高校应该积极开设中华优秀传统道德文化教育的专门课程，帮助大学生系统全面了解和掌握中华优秀传统道德文化，激发青年大学生传承、弘扬中华民族优秀传统道德的主动性、自觉性。调查数据显示，受访大学生中的文科学生对传统道德的认同度明显高于理科、工科受访大学生。因此，理工科高校应该结合自身鲜明的地域或行业优势，不断拓展文史类课程，充分挖掘和利用地方或行业传统文化资源，建设一批具有鲜明地域或行业特色的传统道德文化课程，为理工科大学生全面了解中华优秀传统文化创造更加便利的条件。

其次，涵育大学生对中华优秀传统道德的礼敬自豪态度。习近平总书记指出："中华文化源远流长，积淀着中华民族最深层的精神追求，代表着中华民族独特的精神标识，为中华民族生生不息、发展壮大提供了丰厚滋养。"① 中华优秀传统文化是中华民族语言习惯、文化传统、思想观念、情感认同的集中体现，凝聚着中华民族普遍认同和广泛接受的道德规范、思想品格和价值取向，具有极为丰富的思想内涵。传统道德文化给予我们的不仅是丰富的道德资源，更是一种对高尚道德境界和崇高道德人格的价值追求，对于坚定新时代大学生的历史自信、文化自信具有重要作用。新时代涵育大学生传统美德的礼敬自豪态度一是通过对中国古代思想文化典籍和文物古迹的深入研究，引导大学生认识和理解传统道德文化的思想精髓，强化大学生对传统道德文化的主体意识，增强大学生传承和弘扬优秀传统道德的能力，帮助大学生建立起对传承优秀道德文化的使命感和责任感。二是挖掘古圣先贤、民族英雄、志士仁人的嘉言懿行，诸如精忠报国的岳飞、负荆请罪的廉颇、以身报国的张自忠等，激发大学生对民族优秀道德文化传统的情感认同、情感共鸣。三是以传统道德的优秀基因激发大学生的主动道德需求。中华传统道德蕴含着天人合一的思想观念、求同存异的处世方法、中和之道的辩证思维、以文化人的教化思想、天下大同的美好理想、情景交融的美学追求以及简约自守的生活理念等，是中国人民

---

① 习近平谈治国理政：第 1 卷 [M]. 北京：外文出版社，2018：164.

思想观念、风俗习惯、生活方式和情感样式的集中表达，是中华优秀传统道德文化基因的集中反映。因此，通过全面系统的传统道德文化教育，强化传统道德文化基因对大学生道德意志、道德行为习惯的影响，让民族优良道德文化基因逐渐渗透到大学生的思想和灵魂深处，并内化为大学生的道德愿望和道德追求，以及明辨是非善恶的道德判断能力。

最后，丰富校园传统道德文化建设。良好的校园文化氛围对学生传统道德的养成具有重要作用。加强校园文化建设，通过开展丰富多彩的以优秀传统文化为主题的校园精神文明活动，开展以弘扬传统道德文化为主题的课内外社会实践活动，不断优化校园和学生园区的传统道德文化环境。例如，创办校园思政公众号，开设专门的优秀传统文化思想专栏，向大学生介绍古代圣贤的优秀事迹和重要理论；举办优秀传统道德专题学术报告会、优秀传统道德知识竞赛、研读优秀传统文化书籍、大学生礼敬传统文化等系列活动；参加扶贫、支教等志愿服务和公益活动，引导大学生从社会现实中认识勤俭、团结、诚信等传统美德的时代价值；鼓励大学生走出校园，走近历史遗迹、文化古迹，亲身感受体会中华传统文化的博大精深，深化大学生对优秀传统道德的认识，促使大学生做传统美德的积极弘扬者和践行者。

三、积极营造传承传统美德的良好家风

党的十八大以来，习近平总书记曾多次在不同场合强调家风的重要性，指出"天下之本在国，国之本在家，家之本在身"①。"家风是社会风气的重要组成部分……家风好，就能家道兴盛、和顺美满；家风差，难免殃及子孙、贻害社会，正所'积善之家，必有余庆；积不善之家，必有余殃'。"② 强调家庭是社会的细胞，是人们身体的住处、心灵的归宿，也

---

　　① 中共中央党史和文献研究院．习近平关于注重家庭家教家风建设论述摘编［M］．北京：中央文献出版社，2021：11.

　　② 中共中央党史和文献研究院．习近平关于注重家庭家教家风建设论述摘编［M］．北京：中央文献出版社，2021：24.

是个体道德养成的起点。因此，通过多种方式让民族传统美德在现代家庭中生根，在亲情中升华，努力营造弘扬和传承传统美德的良好家风，也是新时代增进大学生中华优秀传统美德认同的重要路径。

众所周知，中华传统道德最鲜明的特点就是重视人伦日用。它倡导融德性培育于子女之日常生活之中，正所谓"圣人教人，只是就日用处开端"①。因此，营造弘扬传统美德的良好家风，首先，应该引导广大家庭重言传身教、以身作则、耳濡目染，用传统道德文化中的美好道德价值观念塑造孩子的心灵，提升子女的传统美德意识。例如，可以将传统文化节日、传统具有重要意义的历史事件或历史节点有意识地融入家庭日常生活中；有目的、有计划地引导子女阅读、观看反映民族传统美德的书籍及影视作品等；可以通过社区、街道等政府或社会组织举办以"邻里团结""尊老爱幼""孝敬父母"为主题的"我向社区献爱心"等精神文明建设活动，增加大学生与街道、社区的联系，为大学生正确认识传统邻里关系创造良好环境；可以充分发掘传统家训中孝悌、诚信、忠诚、责任、勤俭等传统家庭道德观念，让家庭成员在日常生活、言谈举止之间相互影响，在家庭、邻里成员之间相互扶持、帮助的过程中感受中华民族传统美德的强大生命力，激励大学生积极认同和践行民族传统道德。

其次，家长是大学生的第一任教师，家庭传统道德教育是大学生形成传统道德意识的根基。因此，不断增强家长的传统道德教育观念，提升家长的传统道德素养对于增强大学生对中华优秀传统道德的认同，引导大学生积极践行民族传统美德至关重要。这就要求家长们一方面要主动自觉地学习、认识和理解中华民族博大精深的传统道德资源；另一方面还要建立起对民族传统道德文化的正确态度，即家长在对子女进行传统道德教育时，既不能单纯地强调回归传统，也不能片面地完全摒弃传统，而是把传统道德与现代社会实际需要有机融合起来，不断赋予传统美德以新时代内涵。

---

① 陆九渊. 陆九渊集：理学丛书［M］. 锺哲，点校. 北京：中华书局，1980：536.

四、提升青年大学生的传统美德素养

提升青年大学生的传统美德素养首先是增强青年大学生自身对中华美德传统的全面认知。英国著名教育家纽曼曾说："不论哪种形式的自我教育，即使在最严格的意义上，也都比过多地依靠课堂教学而实际上对心智的养成无多大裨益的教育制度可取。"① 因此，构建大学生的传统道德知识、情感、观念和行动的全面自我认知系统，是提升大学生传统美德素养的重要前提。具体地说，一是鼓励大学生积极开展系统全面的道德文化传统自主学习，通过中华优秀传统道德内容的了解、认识和把握，增强自身对民族道德文化传统的道德认知能力、认知水平，以及自身对中华优秀道德传统的礼敬自豪态度；涵育自身传统道德自律意识，坚持从日常点滴小事做起，做敬业乐群、扶正扬善、扶危济困、勤俭持家、诚信友善、孝老爱亲等传统美德的积极传承者、实践者。二是鼓励大学生主动摒弃道德功利主义、实用主义等错误思想观念的影响，努力将传统文化中蕴含的崇高道德理念转化为自身最高层次的道德价值追求。

其次，主动提升自身对优秀传统美德的创造性转化与创新性发展的能力。习近平总书记强调"青年是社会上最富活力、最具创造性的群体，理应走在创新创造前列"②，优秀传统道德只有彰显时代内涵，体现当代价值才有现实意义。因此，在传承和弘扬中华传统美德过程中，青年大学生应主动地发扬开拓、进取、创新的精神品格，推动中华优秀传统道德与现代文化、现代生活的积极融合，不断赋予传统美德以鲜明的时代特色和时代内涵。具体地说，一是要始终以马克思主义为根本指导，"坚持马克思主义道德观、坚持社会主义道德观，在去粗取精、去伪存真的基础上，坚持古为今用、推陈出新，努力实现中华传统美德的创造性转化、创新性发

---

① 约翰·亨利·纽曼. 大学的理想［M］. 徐辉，顾建新，何曙荣，译. 杭州：浙江教育出版社，2001：68.

② 中共中央文献研究室. 十八大以来重要文献选编：上［M］. 北京：中央文献出版社，2014：279.

展"①。对那些属于精华的传统道德，要按照古为今用、推陈出新的原则进行客观、科学的分析，在不断赋予其时代新意的基础上继承；对那些属于糟粕的传统道德，要坚决加以摒弃。二是坚持传统与现代道德有机融合的原则，将优秀的传统道德同现代社会发展的实际要求相结合，对其内涵进行创新性发展与改造。正如习近平总书记指出，要"认真汲取中华优秀传统文化的思想精华和道德精髓，大力弘扬以爱国主义为核心的民族精神和以改革创新为核心的时代精神，深入挖掘和阐发中华优秀传统文化讲仁爱、重民本、守诚信、崇正义、尚和合、求大同的时代价值"②，与此同时，还要深入阐释中华优秀传统道德中"天行健，君子以自强不息""天下兴亡，匹夫有责""以德治国""君子喻于义""与人为善"等传统美德的时代意义，并结合新的时代需求对其进行创造性继承与发展，使之成为现代大学生精神与道德生活的鲜明标识。

---

① 习近平谈治国理政：第 1 卷 [M]．北京：外文出版社，2018：160.
② 习近平谈治国理政：第 1 卷 [M]．北京：外文出版社，2018：164.

后　记

　　本书是由中国地质大学（北京）杨峻岭教授作为课题负责人的教育部人文社会科学基金后期资助项目"当代中国大学生道德状况调查与分析"（20JHQ020）的最终成果。

　　课题组于 2017 年 5—6 月，赴北京、上海、湖北、四川、甘肃、吉林、广东等全国 7 个省市的 30 多所高校开展调研。杨峻岭教授负责调研问卷设计、调研活动的组织安排协调工作；上海开放大学侯劭勋老师负责完成调研问卷的分层抽样设计。当时参与实地调研的成员有：中国地质大学（北京）马克思主义学院马克思主义理论专业博士研究生武淑梅，硕士研究生曹亚冰、靳志俊、杨东丽、马榕璠、乔方刚、冯元元、曹嘉羽和兰州大学新闻传播学院的臧子叶、张萌、戴霞、郑娅丽等。

　　2018—2020 年，课题组先后在中国地质大学（北京）国际会议中心召开了 4 次课题推进会和统稿会，2019 年 6 月完成调研报告的初稿，2020 年 5 月获批教育人文社会科学后期资助项目。

　　本书是在该项目结项成果的基础上进一步完善、补充、修订完成的。其中，杨峻岭教授负责书稿框架结构设计及统稿工作。各章撰写分工如下：前言—卢焕华［中国地质大学（北京）马克思主义学院副教授］；第一章—杨峻岭［中国地质大学（北京）马克思主义学院教授］，第二章—马榕璠（中共运城市委党校副教授），第三章—张晋［中国地质大学（北京）马克思主义学院副教授］，第四章—李婧琳［中国地质大学（北京）马克思主义学院讲师］、刘思源［中国地质大学（北京）马克思主义学院博士研究生]，第五章—邹秀春（北京体育大学教授），第六章—王洁敏（北方工业大学马克思主义学院副教授），第七章—刘函池［中国地质大学（北京）马克思主义学院讲师］，第八章—王雅丽（河北大学马克思主义学院教授），第九章—柴虹［中国地质大学（北京）水资源与环境工程学院教师］。

中国地质大学（北京）马克思主义学院卢焕华副教授对本书数据图表进行了认真核对调整，知识产权出版社贺小霞编辑为本书的出版付出了辛勤劳动。中国地质大学（北京）马克思主义学院博士研究生刘思源、杨东丽、李毅博、刘雄、吴福霞、赵彩霞等多位同学为本书终稿校对做了许多工作。值本书付梓之际，向诸位老师同学致以诚挚谢意！

由于本人的学术底蕴、研究视野以及思维建构能力所限，书稿难免有不尽如人意之处，恳请各位同仁批评指正。

参考文献

一、经典著作、文献文件汇编类

[1] 马克思恩格斯选集：第 1 卷［M］．北京：人民出版社，2012．

[2] 马克思恩格斯全集：第 3 卷［M］．北京：人民出版社，1960．

[3] 马克思恩格斯全集：第 20 卷［M］．北京：人民出版社，1971．

[4] 马克思恩格斯全集：第 18 卷［M］．北京：人民出版社，1964．

[5] 毛泽东选集：第 3 卷［M］．北京：人民出版社，1991．

[6] 邓小平文选：第 2 卷［M］．北京：人民出版社，1994．

[7] 习近平谈治国理政：第 1 卷［M］．北京：外文出版社，2014．

[8] 习近平谈治国理政：第 2 卷［M］．北京：外文出版社，2017．

[9] 习近平谈治国理政：第 3 卷［M］．北京：外文出版社，2020．

[10] 中共中央文献研究室．十八大以来重要文献选编：上［M］．北京：中央文献出
版社，2014．

[11] 中共中央文献研究室．十八大以来重要文献选编：中［M］．北京：中央文献出
版社，2016．

[12] 中共中央党史和文献研究院．十九大以来重要文献选编：中［M］．北京：中央
文献出版社，2021．

[13] 全国人民代表大会常务委员会法制工作委员会．中华人民共和国法律汇编：1990
［M］．北京：人民出版社，1991．

[14] 全国人民代表大会常务委员会法制工作委员会．中华人民共和国法律汇编 2017：
上［M］．北京：人民出版社，2018．

[15] 全国人民代表大会常务委员会法制工作委员会．中华人民共和国法律汇编 2020：
下［M］．北京：人民出版社，2021．

［16］新时代爱国主义教育实施纲要［M］. 北京：人民出版社，2019.

［17］中共中央党史和文献研究院习近平关于注重家庭家教家风建设论述摘编［M］. 北京：中央文献出版社，2021.

［18］习近平. 在纪念五四运动100周年大会上的讲话［M］. 北京：人民出版社，2019.

［19］中共中央文献研究室. 习近平关于协调推进"四个全面"战略布局论述摘编［M］. 北京：中央文献出版社，2015.

［20］习近平. 高举中国特色社会主义伟大旗帜　为全面建设社会主义现代化国家而团结奋斗：在中国共产党第二十次代表大会上的报告［M］. 北京：人民出版社，2022.

［21］习近平. 决胜全面建成小康社会夺取新时代中国特色社会主义伟大胜利：在中国共产党第十九次全国代表大会上的报告［M］. 北京：人民出版社，2017.

［22］新时代公民道德建设实施纲要［M］. 北京：中国法制出版社，2019.

［23］习近平. 青年要自觉践行社会主义核心价值观：在北京大学师生座谈会上的讲话［M］. 北京：人民出版社，2014.

［24］习近平. 论党的宣传思想工作2020版［M］. 北京：中央文献出版社，2020.

二、著作类

［1］沈壮海，王晓霞，王丹，等. 中国大学生思想政治教育发展报告2017［M］. 北京：北京师范大学出版社，2018.

［2］"当代中国社会公民道德发展研究"课题组. 当代中国公民道德发展：下册［M］. 南京：江苏人民出版社，2015.

［3］李伟，王汝秀，杨芳. 承载与失落：高校道德建设研究［M］. 北京：中国社会科学出版社，2010.

［4］罗国杰. 伦理学：修订本［M］. 北京：人民出版社，2014.

［5］马云志. 坚定中国特色社会主义的"四个自信"［M］. 北京：人民出版社，2017.

［6］宋希仁. 社会伦理学［M］. 太原：山西教育出版社，2008.

［7］论语译注［M］. 杨伯峻，译注. 北京：中华书局，2006.

［8］王淑芹. 大学生诚信伦理研究［M］. 北京：人民出版社，2013.

［9］李斌. 社会学［M］. 武汉：武汉大学出版社，2009.

［10］阎力. 当代社会心理学［M］. 上海：华东师范大学出版社，2009.

［11］李建明．社会心理学［M］．北京：人民卫生出版社，2007．

［12］联合国教科文组织国际教育发展委员会．学会生存：教育世界的今天和明天
［M］．华东师范大学比较教育研究所译．北京：教育科学出版社，1996．

［13］黎靖德．朱子语类：第1卷［M］．长沙：岳麓书社，1997．

［14］张天龙．万金家书［M］．北京：中国文联出版社，1986．

［15］许罡．家风建设是党员干部的必修课［M］．北京：东方出版社，2017．

［16］曾钊新，李建华．道德心理学［M］．长沙：中南大学出版社，2002．

［17］李华兴，吴嘉勋．梁启超选集［M］．上海：上海人民出版社，1984．

［18］席彩云．当代社会公德教育研究［M］．武汉：湖北人民出版社，2008．

［19］吕不韦．吕氏春秋［M］．任明，昌明，译注．上海：书海出版社，2001．

［20］蔡元培．中国人的修养［M］．北京：中国长安出版社，2012．

［21］何怀宏．伦理学是什么［M］．北京：北京大学出版社，2015．

［22］程炼．伦理学导论［M］．北京：北京大学出版社，2008．

［23］宋希仁．马克思恩格斯道德哲学研究［M］．北京：中国社会科学出版社，2012．

［24］廖申白．伦理学概论［M］．北京：北京师范大学出版社，2009．

［25］李敖．周子通书·张载集·二程集［M］．天津：天津古籍出版社，2017．

［26］李秋零．康德著作全集：第6卷［M］．北京：中国人民大学出版社，2007．

［27］黑格尔．法哲学原理［M］．范扬，张企泰译．北京：商务印书馆，2011．

［28］亚里士多德．政治学［M］．吴寿彭，译．北京：商务印书馆，2009．

［29］埃里希·弗洛姆．健全的社会［M］．王人庆，等译．北京：国际文化出版公
司，2007．

［30］亚当·斯密．国民财富的性质和原因的研究：下卷［M］．郭大力，王亚南译．
北京：商务印书馆，1974．

［31］弗里德里希·包尔生．伦理学体系［M］．何怀宏，廖申白，译．北京：中国社
会科学出版社，1988．

［32］齐格蒙特·鲍曼．流动的现代性［M］．欧阳景根，译．上海：上海三联书店出
版社，2002．

［33］B. A. 苏霍姆林斯基．给教师的建议：全1册（修订本）［M］．林殿坤，译．北
京：教育科学出版社，1984．

［34］约翰·洛克．约翰·洛克的家庭教育［M］．海鸣，译．福州：海峡文艺出版

社，2005.

［35］齐格蒙特·鲍曼. 后现代伦理学［M］, 张成岗, 译. 南京：江苏人民出版社，
　　　2003.

［36］约翰·亨利·纽曼. 大学的理想［M］. 徐辉, 顾建新, 何曙荣, 译. 杭州：浙
　　　江教育出版社，2001.

［37］安东尼·吉登斯. 失控的世界：全球化如何重塑我们的生活［M］. 周红云, 译.
　　　南昌：江西人民出版社，2001.

［38］爱因斯坦文集：第三卷［M］. 许良英, 等译. 北京：商务印书馆，2009.

三、报纸类

［1］深化群众性精神文明创建活动　着力培养担当民族复兴大任的时代新人［N］. 人
　　民日报，2019 - 09 - 06（001）.

［2］习近平. 在庆祝中国共产主义青年团成立100周年大会上的讲话［N］. 人民日
　　报，2022 - 5 - 11（002）.

［3］习近平. 在北京大学师生座谈会上的讲话［N］. 人民日报，2018 - 05 - 03
　　（002）.

［4］习近平. 青年要自觉践行社会主义核心价值观［N］. 人民日报，2014 - 05 - 05
　　（002）.

［5］习近平. 在布鲁日欧洲学院的演讲［N］. 人民日报，2014 - 04 - 02（002）.

［6］习近平在中共中央政治局第七次集体学习时强调在对历史的深入思考中更好走向
　　未来　交出发展中国特色社会主义合格答卷［N］. 人民日报，2013 - 06 - 27
　　（001）.

［7］张烁. 把思想政治工作贯穿教育教学全过程开创我国高等教育事业发展新局面
　　［N］. 人民日报，2016 - 12 - 09（001）.

［8］习近平. 做党和人民满意的好老师［N］. 人民日报，2014 - 09 - 10（002）.

［9］习近平. 在2015年春节团拜会上的讲话［N］. 人民日报，2015 - 02 - 18（002）.

［10］习近平. 在会见第一届全国文明家庭代表时的讲话［N］. 人民日报，2016 -
　　　12 - 16（002）.

［11］习近平. 把思想政治工作贯穿教育教学全过程　开创我国高等教育事业发展新局
　　　面［N］. 人民日报，2016 - 12 - 09（001）.

［12］何民捷. 既讲法治又讲德治——学习习近平同志参加重庆代表团审议时关于法治

与德治的重要论述［N］. 人民日报, 2018 – 03 – 16（007）.

［13］习近平. 把思想政治工作贯穿教育教学全过程开创我国高等教育事业发展新局面［N］. 人民日报, 2016 – 12 – 09（001）.

［14］习近平. 在网络安全和信息化工作座谈会上的讲话［N］. 人民日报, 2016 – 04 – 26（002）.

［15］关于实施中华优秀传统文化传承发展工程的意见［N］. 人民日报, 2017 – 01 – 26（006）.

［16］习近平. 动员社会各界广泛参与家庭文明建设推动形成社会主义家庭文明新风尚［N］. 人民日报, 2016 – 12 – 13（001）.

［17］俞文. 完善坚持正确导向的舆论引导工作机制［N］. 光明日报, 2019 – 12 – 11（003）.

［18］深化群众性精神文明创建活动　着力培养担当民族复兴大任的时代新人［N］. 人民日报, 2019 – 09 – 06（001）.

四、期刊类

［1］赵爱玲. 论为人民服务及其在社会主义道德体系中的核心地位［J］. 学校党建与思想教育, 2005（12）.

［2］段文阁. 独生子女的协作关系与道德发展［J］. 湖南师范大学社会科学学报, 2002（3）.

［3］吴潜涛, 杨峻岭. 全面理解爱国主义的科学内涵［J］. 高校理论战线, 2011（10）.

［4］颜永容, 周攀. 爱国主义认知研究［J］. 西南民族大学学报：人文社会科学版, 2012（S2）.

［5］佟德志, 王旭, 朱炳坤. 大学生理性爱国态度及其影响因素：基于全国大学生4054 份社会调查问卷的分析［J］. 思想教育研究, 2019（06）.

［6］江晓晖. 全媒体时代大学生爱国主义教育探析［J］. 教育评论, 2019（09）.

［7］沈东. 冲击与回应：新时代青年理性爱国主义的"社会化"转向［J］. 中国青年研究, 2019（05）.

［8］杨峻岭. 当代大学生践行社会主义荣辱观状况分析［J］. 思想教育研究, 2014（12）.

［9］周静, 曲翊佼. 大学生爱国主义情感现状及教育对策分析［J］. 新西部：下旬刊,

2019（8）.

［10］高永中．认真学习习近平同志关于中华文化的重要论述以高度的文化自觉深化党史文化研究［J］．中共党史研究，2014（10）.

［11］习近平．思政课是落实立德树人根本任务的关键课程［J］．求是，2020（17）.

［12］徐少亚．论我国行政体制改革的价值选择及其实现［J］．南京政治学院学报，2016，32（01）.

［13］杨启光．新时代我国家庭视角的教育政策创新体系建构［J］．南京社会科学，2022（03）.

［14］张传忠．探析当代大学生社会公德之现状［J］．前沿，2012（20）.

［15］邹秀春．论建立道德榜样的回报机制：以"受助不感恩"为个案的讨论［J］．学校党建与思想教育，2008（05）.

［16］生活垃圾分类制度实施方案［J］．中华环境，2017（08）.

［17］尹翼婷．社会公德培育从何入手［J］．人民论坛，2017（29）.

［18］蔡禾，贺霞旭．城市社区异质性与社区凝聚力：以社区邻里关系为研究对象［J］．中山大学学报：社会科学版，2014（2）.

［19］郭清香．孝文化的现代价值及其实践探析［J］．中国特色社会主义研究，2017（2）.

［20］宋希仁．"道德的基础是人类精神的自律"释义［J］．道德与文明，2003（3）.

［21］王海明．良心本性论［J］．甘肃理论学刊，2007（4）.

［22］王伟忠，郑小方．大学生道德社会化的多维透视：基于浙江省大学生的实证研究［J］．中国青年研究，2016（03）.

［23］习近平．在第十三届全国人民代表大会第一次会议上的讲话［J］．求是，2020（10）.

［24］王迎迎．当代大学生道德观念与道德行为状况的调查分析［J］．思想理论教育，2018（02）.

［25］卢家楣，徐雷，蔡丹，等．当代大学生道德情感现状调查研究［J］．教育研究，2016，37（12）.

［26］张华．大学生道德人格：结构、特征及生成途径［J］．教育探索，2016（11）.

［27］张岚．论道德榜样对大学生道德发展的影响［J］．学校党建与思想教育，2016（02）.

［28］王迎迎．大学生道德观念与行为调查分析［J］．思想教育研究，2015（11）．

［29］荣梅．大学生道德培育问题探讨：基于传统文化的视角［J］．教育探索，2014（03）．

［30］张旭新．当代大学生道德教育的困境与反思［J］．思想教育研究，2013（01）．

［31］汪荣，荣霞．中国传统文化对大学生思想道德观的建塑与提升［J］．山西财经大学学报，2012，34（4）．

［32］韩承敏．道德楷模生活世界里的向善力量：兼谈青年大学生道德教育［J］．学校党建与思想教育，2012（31）．

［33］陈宁．当代大学生道德情感现状调查及教育研究：以上海市部分高校为例［J］．思想教育研究，2011（06）．

［34］贺永平，周鸿．大学生网络道德失范的原因与对策［J］．教育与职业，2011（11）．

［35］于振梅．当代大学生诚信道德缺失的原因及教育对策［J］．教育与职业，2010（32）．

［36］阮博．当代大学生道德观的基本特点和发展趋势［J］．理论导刊，2010（04）．

［37］曾秋菊．关于大学生网络道德状况的调查与分析：基于郑州六所高校的问卷调查［J］．学校党建与思想教育，2009（09）．

［38］韦耀阳．大学生道德敏感性影响因素及对策［J］．现代教育管理，2009（06）．

［39］娄先革．大学生思想道德现状及特点分析［J］．中国成人教育，2009（09）．

［40］金鑫，张耀灿．关于大学生思想道德及教育状况的调查与分析：基于湖北七所高校的问卷调查［J］．学校党建与思想教育，2009（02）．

［41］刘志翔．大学生主体政治道德意识缺失的新特点及原因［J］．黑龙江高教研究，2009（01）．

［42］闫春娥．关于当代大学生道德认知与道德行为分离现象的分析［J］．教育与职业，2008（23）．

［43］胡艳萍，仇小梅．大学生思想道德现状调查分析与对策研究［J］．广西民族大学学报：哲学社会科学版，2007（B12）．

［44］张兰玲．浅谈大学生公民道德教育内容的时代性［J］．教育探索，2007（12）．

［45］王强，吴云．道德信仰在大学生理想信念教育中的作用机制：以"生活世界"为根基的哲学解读［J］．江苏高教，2007（05）．

［46］桂溪涓．当代大学生思想道德观念变化的原因探析［J］．教育与职业，2007
（17）．

［47］高静文．当代大学生思想道德状况调研报告：从对新疆大学法学院调查谈起
［J］．陕西师范大学学报：哲学社会科学版，2006（S2）．

［48］王雯姝，杜晶波．当前大学生学术道德缺失现象分析及引导［J］．清华大学教育
研究，2006（03）．

［49］张建国．当前大学生思想道德状况分析报告［J］．中国青年研究，2006（05）．

［50］曹勇．论当代大学生道德观念变化发展的六大趋势［J］．黑龙江高教研究，2005
（09）．

［51］吴昌政．当代大学生思想道德倾向探析［J］．苏州大学学报，2005（05）．

［52］谢惠媛．大学生道德认知状况调查［J］．高教探索，2005（05）．

［53］周俊波．论大学生道德反刍特征与引导［J］．黑龙江高教研究，2004（06）．

［54］刘军．大学生道德价值观新变化的思考［J］．社会主义研究，2004（03）．

［55］黄东桂．大学生思想道德状况的调查与分析［J］．广西大学学报：哲学社会科学
版，1999（S3）．

［56］蔡娟．当代大学生的道德价值观及引导［J］．江苏高教，1998（05）．

［57］段鑫星，池忠军，谷建国．大学生思想道德状况的调查分析［J］．中国青年政治
学院学报，1998（02）．

［58］王树林．对21世纪大学生思想道德教育的几点认识［J］．中国高教研究，1997
（05）．

［59］高素慧．当代大学生道德价值观念变迁的原因分析与对策［J］．中国高等教育，
1997（10）．

［60］邵龙宝．当代大学生道德价值观现状调查分析［J］．高等教育研究，1997
（05）．

［61］杨芷英．当代大学生道德观念与道德行为的分离与协调［J］．教学与研究，1997
（02）．

［62］张立民．浅析市场经济对大学生思想道德的影响［J］．西北大学学报：哲学社会
科学版，1995（02）．

［63］杜月梅．传统道德对大学生的影响（调查报告）［J］．道德与文明，1995（02）．

［64］黄建钢．北京大学学生道德状况的调查［J］．青年研究，1993（04）．

［65］逸功．道德、道德境界及大学生品德教育之我见［J］．现代教育管理，1992（06）．

［66］王季桃．浅析社会主义商品经济下大学生的道德心理［J］．山西财经学院学报，1992（01）．

五、外文文献

［1］SPINELLO R，TAVANI H，eds. Defining the Boundaries of Computer Crime：Piracy，Break－ins，and Sabotage in，Cyberspace，Sudbury［M］．MA：Jones&Bartlett，2001．

［2］STUFFLEBEAM D L，MADAUS G F，KELLAGHAN T. Evaluation models－viewpoints on educational and human services evaluation［M］．Berlin：Springer Netherlands，2000．

［3］POWER F C. Introduction：Moral Education and Pluralism，The Challenge of Pluralism［M］．Notre Dame，Indiana：University of Notre Dame Press，1992．

［4］CHEN C，TONG H H. Network Connectivity：Concepts，Computation，and Optimization［M］．San Francisco CA：Morgan& Claypool Publishers，2022．

［5］PRAMANI K S，SHARMA A，BHATIA S，et al. An Interdisciplinary Approach to Modern Network Security［M］．CRC Press，2021．

［6］HUNTINGTON S P. Who Are We? The Challenge to Americans National Identity［M］．New York：Simon & Schuster，2004．

［7］CHECKOWAY B. Public Service：Our New Mission［M］．New York：Academe，2000．

［8］MAXWELL K. Governance Networks for Sustainable Cities：Connecting Theory and Practice in Europe［M］．London：Taylor and Francis，2022．

［9］JOHNSON T A. Cyber－Security［M］．New York：Routledge，2015．

六、网络资源：

［1］电视专题片《国家监察》第四集《护航民生》［EB/OL］．（2020－01－15）．http：//news. cctv. com/2020/01/15/ARTITptRhJYGpbXyC6cMd1f8200115. shtml.

［2］《完善中华优秀传统文化教育指导纲要》印发［EB/OL］．（2014－04－01）［2023－05－09］．http：//www. gov. cn/xinwen/2014－04/01/content_ 2651154. htm.

附录　全国大学生道德状况调查问卷

问卷编号：＿＿＿＿＿＿＿

访员编码：＿＿＿＿＿＿＿

被访者姓名：＿＿＿＿＿＿＿

调查地点：＿＿＿＿＿＿省（市、自治区）＿＿＿＿＿＿＿（学校）

调查日期：＿＿＿年＿＿＿月＿＿＿日

亲爱的同学：

您好！我们是"全国大学生道德状况调查"课题组的调查员，我们正在进行一项国家哲学社会科学基金重点项目的调查研究。根据随机抽样的原则，我们在全国范围内抽取到您作为我们的调查对象，因此有一些相关问题想向您了解。请您根据自己的情况如实填写问卷，对于您的回答我们将予以严格保密，并仅用于课题研究。

请您在认同的观点后打"√"。

感谢您的支持与配合！

祝您学习进步，生活愉快！

第一部分

A1. 您的性别：（　　　）

①男　②女

答案：　①　　②

A2. 您的年级：（　　　）

①一年级　②二年级　③三年级　④四年级　⑤五年级　⑥研究生

答案：①　②　③　④　⑤　⑥

A3. 您的学科类别：（　　　）

①文科　②理科　③工科　④农科　⑤医科　⑥其他

答案：①　②　③　④　⑤　⑥

A4. 您的政治面貌：（　　　）

①中共党员　②共青团员　③民主党派　④群众

答案：①　②　③　④

A5. 您有宗教信仰吗？（　　　）

①有　②无　③不知道

答案：①　②　③

A6. 您是独生子女吗？（　　　）

①是　②不是

答案：①　②

A7. 您的父母所从事的职业：（　　　）

①国家公务员　②国有企业员工　③科教文卫专业技术人员　④商业服务人员　⑤私营企业主　⑥个体从业人员　⑦农业劳动者　⑧农村外出务工人员　⑨军人　⑩其他

答案：①　②

第二部分

B1. 您对当前我国道德风尚的整体印象如何？（单选）

①非常满意　②满意　③比较满意　④不满意　⑤很不满意　⑥不清楚

答案：①　②　③　④　⑤　⑥

B2. 您认为当前我国最突出的道德问题是什么？（单选）

①诚信缺失　②道德冷漠　③官员腐败　④社会不公平　⑤待人不友善　⑥其他

答案：①　②　③　④　⑤　⑥

B3. 您认为导致道德问题的最大原因是什么？（单选）

①市场经济的负面影响　②社会环境的影响　③多元价值观念的影响　④道德教育乏力　⑤道德奖惩机制不完善　⑥榜样影响力弱化　⑦不重视个人修养　⑧其他

答案：①　②　③　④　⑤　⑥　⑦　⑧

B4. 您对为人民服务的社会主义道德原则的基本态度是什么？（单选）
①非常赞同　②赞同　③比较赞同　④不赞同　⑤说不清

答案：

B5. 如果赞同，您认为哪些人最应该坚持为人民服务的道德原则？（单选）

①所有公民　②所有公职人员　③普通共产党员　④领导干部　⑤说不清

答案：①　②　③　④　⑤

B6. 当个人利益与集体利益发生冲突时，您的选择是什么？（单选）

①只考虑个人利益　②先考虑个人利益，再考虑集体利益　③先考虑集体利益，再考虑个人利益　④无条件服从集体利益　⑤说不清

答案：①　②　③　④　⑤

B7. 您对"国家兴亡，匹夫有责"的看法如何？（单选）

①很有意义，国家兴亡关乎我们每个人　②比较认同，但没有切身行动　③不太认同，感觉离自己的现实生活很远　④完全不认同，只要自己过得好就行了　⑤说不清

答案：①　②　③　④　⑤

B8. "当今中国爱国与爱社会主义、爱中国共产党是一致的"，您对这

种提法的态度如何？（单选）

①非常赞同　②赞同　③比较赞同　④不赞同　⑤很不清楚

答案：① ② ③ ④ ⑤

B9. 您认为当代中国最值得传承的中华传统美德是什么？（至多选三项）

①仁爱　②诚信　③和谐　④孝悌　⑤礼义　⑥知耻　⑦勤俭
⑧其他

答案：① ② ③ ④ ⑤ ⑥ ⑦ ⑧

第三部分

C1. 您认为我国社会哪个领域存在的道德问题最严重？（单选）

①社会公共生活领域　②职业生活领域　③家庭生活领域　④其他

答案：① ② ③ ④

C2. 您是否将"做一名品德完善的人"作为自己的人生重要目标？（单选）

①是　②不是　③偶尔是　④无所谓　⑤说不清

答案：① ② ③ ④ ⑤

C3. 您平时十分注重自身的道德修养完善吗？

①非常重视　②重视　③偶尔为之　④不重视　⑤无所谓　⑥说不清

答案：① ② ③ ④ ⑤ ⑥

C4. 您认为当代大学生最需要具备的德性有哪些？（至多选三项）

①公心　②爱心　③诚心　④孝心　⑤责任心　⑥其他

答案：① ② ③ ④ ⑤ ⑥

C5. 您对"己所不欲，勿施于人"这种为人处世态度的看法如何？（单选）

①非常赞同　②赞同　③比较赞同　④不赞同　⑤说不清

答案：① ② ③ ④ ⑤

C6. 当有老人摔倒在你面前急需救助时，您会怎么做？（单选）

①主动给予帮助、救护　②当有人救护时，自己会帮一把　③装作没看见，赶紧离开　④围观、看热闹　⑤其他

答案：① ② ③ ④ ⑤

C7. 当您看到小偷在公交车上行窃，您会如何处理？（单选）

①装作没看见，尽快躲开　②无阻止之力，只好听之任之　③先看看周围的人怎么做再做决定　④上前阻止　⑤设法提醒　⑥设法报警　⑦其他

答案：① ② ③ ④ ⑤ ⑥ ⑦

C8. 某银行女职员与持刀抢劫银行的歹徒英勇搏斗而致残，您对这种行为的看法如何？（单选）

①很崇高，我也会这样做　②很钦佩，但我不能肯定自己能做到
③很钦佩，但我不愿意这样做　④不太值得，因为生命的价值高于一切
⑤说不清

答案：① ② ③ ④ ⑤

C9. 您愿意过低碳生活吗？（单选）

①愿意　②不愿意　③不清楚

答案：① ② ③

C10. 您在日常生活中会对垃圾进行分类吗？（单选）

①经常　②偶尔　③从不

答案：① ② ③

C11. 您认为大学生的未来从业态度应该是？（单选）

①爱岗敬业，精益求精　②尽职尽责，做好分内之事　③马马虎虎，敷衍塞责　④其他

答案：① ② ③ ④

C12. 有人认为，诚实守信的人往往吃亏，对这种说法您怎么看？（单选）

①非常赞同　②赞同　③比较赞同　④不赞同　⑤说不清

答案：① ② ③ ④ ⑤

C13. 如何评价您周围人的诚信程度？（单选）

①绝大多数人讲诚信　②能够始终坚持诚实守信的人不多　③现在根本无诚信可言　④说不清

答案：① ② ③ ④

C14. 您对身边同学的考试作弊、论文抄袭等行为的看法是？（单选）

①内心很鄙视　②理解，但自己从不作弊或抄袭　③理解，自己有时也偶尔为之　④说不清

答案：① ② ③ ④

C15. 您认为现代家庭生活中最需要坚持的道德规范有哪些？（至多选三项）

①尊老爱幼　②男女平等　③夫妻和睦　④勤俭持家　⑤邻里团结

答案：① ② ③ ④ ⑤

C16. 您认为现代大学生尽孝最应该做什么？（至多选三项）

①赡养老人　②敬重长辈　③顺从长者意愿　④追念先祖　⑤事业成功，回报父母　⑥其他

答案：① ② ③ ④ ⑤ ⑥

C17. 对于部分大学生婚前性行为，您的态度是什么？（单选）

①这是一种不道德的行为，坚决反对　②不道德，自己不做，但可以理解　③只要真心相爱，不应指责　④只要两人同意，没有爱情也行　⑤属于个人隐私，不应评论　⑥说不清

答案：① ② ③ ④ ⑤ ⑥

C18. 您对网络虚拟社会生活中可以随心所欲的观点的态度是？（单选）

①赞同　②比较赞同　③反对　④坚决反对　⑤说不清

答案：① ② ③ ④ ⑤

C19. 您认为当前网络道德生活中最突出的问题？（　　　）（单选）

①网络语言暴力　②网络谣言　③网络语言、内容低俗化　④网络诈骗　⑤人肉搜索　⑥其他

答案：① ② ③ ④ ⑤ ⑥

第四部分

D1. 有人认为，共产党员的道德水平应该比一般群众高，您赞同这种说法吗？（单选）

①非常赞同　②比较赞同　③不赞同　④无所谓　⑤不知道

答案：① ② ③ ④ ⑤

D2. 您认为您周围的大学生共产党员的模范带头作用发挥得如何？（单选）

①很好　②较好　③一般　④较差　⑤很差　⑥说不清

答案：① ② ③ ④ ⑤ ⑥

D3. 您认为对您的道德品质影响最大的环境是？（单选）

①家庭　②学校　③社会　④其他　⑤说不清

答案：① ② ③ ④ ⑤

D4. 您认为当前中国社会最应该接受道德教育的群体是？（单选）

①党政干部、公众人物　②青少年　③企业家　④农村外出务工人员　⑤其他　⑥不知道

答案：① ② ③ ④ ⑤ ⑥

D5. 您认为哪种媒体对您的道德思想影响最大？（单选）

①电影电视　②报纸杂志　③书籍　④广播　⑤新媒体　⑥其他

答案：① ② ③ ④ ⑤ ⑥

D6. 您认为最能约束人的道德行为的因素是什么？（单选）

①法律政策　②风俗习惯　③家风家训　④社会舆论　⑤媒体监督　⑥良心谴责　⑦其他

答案：① ② ③ ④ ⑤ ⑥ ⑦